現代の商業論

―日本小売商業の理論・問題・国際化―

岩永忠康　著

五絃舎

はじめに

　現代の流通ないし商業は，経済の成熟化・国際化の進展や情報・物流の技術革新などによってダイナミックに変化を遂げている。このような流通ないし商業は，我々にとって大変身近な存在である。我々は衣食住等の生活必需品や豊かで贅沢なブランド品を小売店（小売商業：小売業）に行って購入して消費し生活している。その意味で，我々は商品・サービスを購入する商業を通して経済の一端を体験している。

　したがって，我々が小売店で商品を購入することは日常茶飯事なできごとで非常に身近で明確な事実である。このような出来事をさらに掘り下げてみると，小売店で購入する商品が生産者から消費者に届くまでのプロセスにおいて，どのような活動や働きが行われ，その過程になぜ商業が介在し，その商業がなぜ多くの商業に分化したり集積したりしているのか。さらに現代の社会経済の急激な変化の中で，商業がどのように変化し，どのように再編されているのかを理解することは大切なことである。

　現代の商業は，生産領域と消費領域に介在して商品流通を専門的・効率的に遂行するものである。特に，小売商業（小売業）は，商品流通機構の末端部分に位置し，消費者に直接に商品を販売するために，空間的・地域的範囲がきわめて狭い領域に制約されている。その意味で，小売業は地域に密着した地域産業・立地産業ないし生活文化産業として特徴づけられている。

　小売業は，生産者と消費者との間に介在するために，生産者が生産する生産力とともに消費者が購買する消費力や消費者の行動に大きく規定されている。そのために経済の発展や消費者の生活様式の変化によって，小売業内部における諸問題を発生させながら小売業内部が再編成されるという，いわば小売業の態様ないし在り方が変化しているのである。

近年，小売業は，社会経済の変化や情報・物流技術の発達という環境変化の下で，小売経営技術の革新や小売経営組織の改革によって大規模化・組織化・チェーン化ないし小売国際化・グローバル化することによって，近代化しつつ多様化（多様な近代的な小売業態の出現等）してきている。

本書は，このような商業の役割や活動ならびに実態や課題についての理論と実践を整理したものである。そのために，本書の構成は，第Ⅰ編「商業理論」，第Ⅱ編「小売商業の問題」，第Ⅲ編「小売国際化」，第Ⅳ編「現代日本の流通システム」の4編から成り立っている。そこで，本書の編別・章別構成における基本的な課題と論点について，簡単に説明しておこう。

第Ⅰ編「商業理論」においては，現代の流通の基本的な枠組みを提示したうえで，商業の存立根拠を述べながら商業の分化や革新について分析し，さらに小売商業の特徴と構造ならびに小売業態について分析している。そのうち，第1章「現代の流通」では，現代における流通の概念や役割についての基本的な枠組みや提示し，それに影響を与える環境要因について分析している。第2章「商業論」では，商業の理論を踏まえたうえで，商業分化の理論と商業の革新について考察している。第3章「小売商業」では，小売商業の特徴と役割を述べたうえで，現実の小売業種・業態や小売集積について考察している。

第Ⅱ編「小売商業の問題」においては，日本の小売商業における諸問題のうち中小小売商業問題と大型店問題について考察し，それらの問題の政策に関わる小売商業調整政策について分析している。そのうち，第4章「中小小売商業問題」では，中小小売業の現状とその存立根拠を論述したうえで，中小小売商業政策の経緯を説明し，さらに中小小売業集積としての商店街施策について考察している。第5章「大型店問題」では，大型店問題として大型店（大規模小売店舗）の出店・撤退の状況を説明したうえで，大型店に対する政策の経緯を紹介し，さらに大型店撤退問題の対策を通して地域再生の施策を提示している。第6章「小売商業調整政策」では，日本の伝統的な小売商業調整政策として百貨店法を説明し，次に大店法の成立と規制強化ないし規制緩和について考察し，さらに大店立地法とまちづくり三法について考察している。

第Ⅲ編「小売国際化」においては，小売国際化の一環として小売企業の海外出店を考察し，それが現地の小売業に与える影響について分析している。そのうち，第7章「小売企業の国際化」では，小売国際化の概念を述べたうえで，小売企業の国際化プロセスについて考察し，小売企業の海外進出戦略ならびに小売企業の海外進出・閉店の実態を考察している。第8章「台湾の日系百貨店」では，日系百貨店の海外出店を述べたうえで，台湾の百貨店の経緯と特徴を説明している。さらに日系百貨店の経営戦略を考察しながら，台湾の百貨店の課題と方向について考察している。第9章「中国の外資系小売企業」では，中国小売市場への小売外資参入の要因について中国小売市場開放政策を中心として考察している。さらに外資系大型小売企業の参入と経営戦略を説明したうえで，中国小売構造の特徴について考察している。

　第Ⅳ編「現代日本の流通システム」においては，商業活動に関わる商品流通の仕組みとしての日本の流通システムや日本の流通政策について考察するとともに，サプライチェーン・マネジメント（SCM）について分析している。そのうち，第10章「日本の流通システム」では，流通システムの概念を述べたうえで日本型流通システムを考察し，それに関わる日本型取引ならびに日本型取引慣行について考察している。第11章「日本の流通政策」では，流通政策の概念を述べたうえで，流通政策形成のメカニズムを考察している。さらに流通政策の目標と評価基準を述べたうえで，日本の流通政策の特徴とその転換について考察している。第12章「サプライチェーン・マネジメント」では，サプライチェーン・マネジメントの概念と特徴を述べたうえで，その理論的根拠と発展プロセスを考察している。さらにサプライチェーン・マネジメントの生成背景・要因を述べたうえで，その効果と課題を提示している。

　本書は，これまで発表した流通や商業に関する論文のうち，小売商業に関わる論文を中心として整理してものである。そのために，既存論文を大幅に修正しながら新たに商業論と小売商業を付け加えて『現代の商業論―日本小売商業の理論・問題・国際化―』というタイトルを付けた。したがって，本書は，流通や商業に関わる基本的な理論や知識を4編に整理しながら，現代の流通や

商業についての理論と現状に関わる基本枠組みや方向づけをしたものである。

　最後に，本書の出版を快くお引き受け，格別のご配慮とお手数を煩わせた五絃舎社長：長谷雅春氏に対し，心よりお礼を申し上げる次第である。

2014年2月27日

著者：岩永 忠康

目　次

はじめに

第Ⅰ編　商業理論

第1章　現代の流通 —————————————————— 13
　　はじめに ——————————————————————— 13
　　第1節　流通の概念 ————————————————— 13
　　第2節　流通の役割 ————————————————— 17
　　第3節　流通の環境変化 ——————————————— 24

第2章　商　業　論 —————————————————— 33
　　はじめに ——————————————————————— 33
　　第1節　商業の存立根拠 ——————————————— 33
　　第2節　商業の分化 ————————————————— 38
　　第3節　商業の革新 ————————————————— 44

第3章　小売商業 ——————————————————— 51
　　はじめに ——————————————————————— 51
　　第1節　小売商業 —————————————————— 51
　　第2節　小売構造 —————————————————— 56
　　第3節　小売業態 —————————————————— 63

第Ⅱ編　小売商業の問題

第4章　中小小売商業問題 ———— 75
　はじめに ———— 75
　第1節　中小小売商業の現状 ———— 75
　第2節　中小小売商業存立の根拠 ———— 77
　第3節　中小小売商業政策の経緯 ———— 82
　第4節　商店街施策 ———— 89

第5章　大型店問題 ———— 99
　はじめに ———— 99
　第1節　大型店問題 ———— 99
　第2節　大型店政策の経緯 ———— 107
　第3節　大型店撤退と地域再生 ———— 112

第6章　小売商業調整政策 ———— 117
　はじめに ———— 117
　第1節　百貨店法 ———— 117
　第2節　大店法の成立と規制強化 ———— 122
　第3節　大店法の規制緩和 ———— 128
　第4節　大店立地法とまちづくり三法 ———— 132

第Ⅲ編　小売国際化

第7章　小売企業の国際化 ———— 143
　はじめに ———— 143
　第1節　小売国際化の概念 ———— 144

第2節　小売企業の国際化プロセス ― 149
　第3節　小売企業の海外進出戦略 ― 154
　第4節　小売企業の海外進出・閉店の実態 ― 160

第8章　台湾の日系百貨店 ― 167
　はじめに ― 167
　第1節　日系百貨店の海外出店 ― 168
　第2節　百貨店の経緯と特徴 ― 173
　第3節　日系百貨店の経営戦略 ― 178
　第4節　百貨店の課題と方向 ― 182

第9章　中国の外資系小売企業 ― 187
　はじめに ― 187
　第1節　中国小売市場への小売外資参入 ― 187
　第2節　中国小売市場開放政策の背景と展開 ― 190
　第3節　外資系大型小売企業の参入と経営戦略 ― 194
　第4節　中国小売構造の特徴 ― 198

第Ⅳ編　現代日本の流通システム

第10章　日本の流通システム ― 207
　はじめに ― 207
　第1節　流通システムの概念 ― 207
　第2節　日本型流通システム ― 208
　第3節　日本型取引 ― 211
　第4節　日本型取引慣行 ― 218

第11章 日本の流通政策 —————————225
はじめに ————————————————————225
第1節 流通政策の概念 ——————————————225
第2節 流通政策形成のメカニズム ———————————229
第3節 流通政策の目標と評価基準 ———————————231
第4節 日本の流通政策の特徴 —————————————233
第5節 日本の流通政策の転換 —————————————237

第12章 サプライチェーン・マネジメント —————243
はじめに ————————————————————243
第1節 サプライチェーン・マネジメントの概念 —————243
第2節 サプライチェーン・マネジメントの
　　　　理論的根拠と発展プロセス ———————————247
第3節 サプライチェーン・マネジメントの生成背景・要因 —250
第4節 サプライチェーン・マネジメントの効果と課題 ——257

初出一覧 ————————————————————262
索　　引 ————————————————————264

第Ⅰ編　商業理論

第1章　現代の流通

はじめに

　現代の経済は，生産領域において多種多様な商品・サービスが大量に生産され，それらが流通領域の売買取引をへて，消費領域において消費されている資本主義経済として特徴づけられる。したがって，現代の経済においては生産と消費が複雑に分離されており，そのため両者を結びつける流通が不可欠なものとなっている。

　本章は，現代の経済における流通の基本的な枠組みや役割ならびに流通に与える環境要因について分析している。そこで，第1節では，経済における流通の位置や流通の成立過程について考察する。第2節では，現代における流通の基本的な役割を述べたうえで，現代の流通の基本的な特徴や流通取引パターンについて考察する。第3節では，流通を取り巻く環境要因として生産者サイドの変化（マーケティングの展開），消費者サイドの変化（消費構造や消費者行動の変化），流通における情報・物流技術の革新について考察する。

第1節　流通の概念

1．流通の成立過程

（1）流通の成立

　人は生活するために経済活動を行わなければならない。経済活動は，生産活動・流通活動・消費活動の3分野に分かれている。このうち生産活動は，人や組織が生活や事業に必要なニーズや欲求を満たす生産物・商品（財貨，略称

として財)・サービスを作り出す経済領域である。また消費活動は人や組織のニーズや欲求を満たすために財貨やサービスを消費・利用する経済領域であり，生産活動とともに人の生活や組織の事業に不可欠な経済活動である。

　これに対して，流通は生産領域で生産された商品やサービスを消費領域に橋渡しする経済領域である。そのために，流通を成立させる可能性は，生産と消費が分離し，それを結び付ける交換の発生を契機としている。したがってまた，流通は生産と消費の在り方や様式によって規定される歴史的概念である。

　自給自足経済において，人は生活手段として自ら消費・利用するために生産物を生産するのであり，そこに分業ないし流通は存在しなかった（なお，自給自足経済における部族内では性別等で生産の分業は行われていた）。つまり，自給自足経済における生産は消費を目的として行われていたのである。しかし，自給自足経済における部族相互での余剰生産物の交換＝物々交換を目的として部族間での分業が行われ，そこに生産と消費が分離し，それを結び付ける交換が発生したのである。この交換の発生が生産と消費を分離させ，それを橋渡しする流通が不可欠になってきたのである（岩永2013，p.4）。

(2) 物々交換

　交換の発生は，流通という経済領域を成立させる契機を与える。交換の原始的形態は，生産物の相互直接の交換である物々交換である。物々交換は生産物の使用価値（有用性）を異にする生産物と別の生産物の偶然性による交換である。つまり，交換相手が生産・保有する生産物を自らが欲しがっていると同時に，自ら生産・保有する生産物を交換相手が欲しがっているという欲望の両面一致の原則を不可欠としている。この物々交換は，1つの交換がそれ自体として完結する孤立的・個別的な交換であり，他の交換との関連性を一切持たず，社会的な交換の連鎖になっていない（西島2008，pp.20-21，岩永2013，pp.4-5）（図表1-1a 物々交換，参照）。

(3) 商品流通

　物々交換が恒常化し一般化していくと，生産物は当初から交換を目的として生産・保有される商品へと転化していく。商品は生産物の使用価値のみならず

図表 1-1 物々交換と商品流通（貨幣を媒介とした交換）

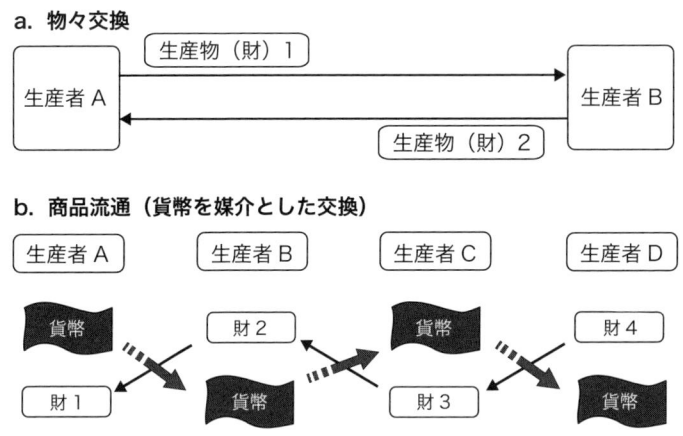

（出所）西島 2008, p.21 より作成。

他の生産物と交換するという交換価値を有していなければならない。商品生産が一般化するためには，交換の可能性を高めるためのツールとして一般的等価物（貨幣）が必要である。貨幣は，生産物固有の有用性を放棄し，すべての生産物に対して一般的等価物として機能する特殊な生産物（商品）である。

商品の生産者は，貨幣さえ入手すれば自ら欲する商品といつでも交換できることから，貨幣との交換を決して拒否することはない。つまり，貨幣は，欲望の両面一致の条件を片面一致へと緩和することによって，交換の可能性を飛躍的に高めたのである。

貨幣を媒介とした交換において，商品生産者は，最初に商品を貨幣に交換し，次に貨幣を商品に交換する，つまり販売と購買の2つの過程を経過する。物々交換は直接的・個別的な交換であったが，貨幣による交換は間接的・社会的な交換に変化する。最終的に必要な商品が貨幣を媒介として入手されるという意味では間接的であり，ある交換（売買関係）の前後には必ず別の交換が存在しているという意味では社会的である。したがって，貨幣を媒介とした交換は，常に他の交換を前提とし，それとの絡み合いにおいてのみ存在することができる（図表 1-1b 商品流通，参照）。この貨幣と商品との交換の社会的連鎖が商品流

通（略して流通）である（西島 2008, pp.21-22）。

　しかしながら，商品流通が貫徹するためには，本来統一していた販売と購買が社会的に一致しなければならない。販売に見合うだけの購買が行われないかぎり，商品流通は中断するかあるいは縮小してしまう。分裂した販売と購買が，同じ時に，同じ場所で，同じ相手と，同じ規模でなされないとすれば，つまり商品を販売してえたすべての貨幣でもって別の商品をその場で購買する必要性がなくなれば，必然的に新たな形態での矛盾（販売と購買の不一致，商品流通の矛盾）を招くことになる。貨幣が介入したからといってそれが消え去るわけでなく，形を変えて販売の偶然性として現れることになる（西島 2011, p.33, 森下 1977, p.9）。

(4) 商業の出現

　貨幣は，商品に内在する使用価値と交換価値との対立を一応解決したが，この対立を根本的に解消したわけではなかった。商品の内的な対立が商品と貨幣との外的な対立に展開されただけのことである（森下 1993a, p13）。確かに，貨幣の登場は，商品生産者から貨幣所有者への販売に際して，商品生産者の使用価値的制約を解放した。欲望の両面一致要件は欲望の片面一致要件で済むようになった。しかし，そこでは依然として貨幣所有者の使用価値的制約は残されたままである。貨幣所有者にしてみれば，その購買が自らの消費を目的としているかぎり，使用価値的制約から逃れることはできない。貨幣所有者は，商品の有用性を感じないならば，つまり商品が自らにとって何の役にも立たないならば，決してそれを購買しないのである。そこに貨幣介入による商品流通の限界である。

　この商品流通の限界を打ち破るためには，もはや消費を目的としない購買を介在させるよりほかない。もちろん，購買した商品を消費しないといっても，手元に置いてただ眺めるわけではない。それをさらに消費を目的とした貨幣所有者（つまり消費者）へと再販売するのである。もっぱらこうした行動をとるべく歴史的に登場したのが商業である。商業の購買は消費のための購買ではなく販売のための購買であり，商業の販売は生産したものの販売ではなく購買し

たものの販売である（森下 1977, p.28）。

　商業は，生産者と消費者の間に介入して彼らの売買（交換）を媒介するが，自身はいかなる商品も生産することはない。すなわち，商業とは，商業者（商人）の商品売買としてあらわれる商品流通の側面である。言葉を換えていえば，商業は，商品流通の全過程のうち，生産者ではなく，消費者でもない，商業者が両者の間に介入して行われる再販売購入の部分である（西島 2011, pp.33-34）。

　ともあれ，物々交換や商品流通の発生は分業による生産物の余剰ないし増加を契機としている。分業は商品量を増加させる技術的分業をベースとして多種多様な商品を増加させる社会的分業へと発展していく。商品が技術的・社会的分業によって飛躍的に増大していくと，商品流通が一般化してくる。このようにして社会的分業に基づく商品流通が発展した商品経済ないし市場経済では，生産と消費が分離し，それを橋渡しする流通が不可欠なものとなったのである。

　さらに，資本主義経済においては生産や流通の経済活動が利潤追求を規定的目的として行われている。そのために現代の資本主義経済では利潤追求を目指して商品の大量生産・大量流通・大量消費が恒常化し，この大量商品の生産と消費を結びつける流通が不可欠なものとなっているのである。

第2節　流通の役割

1.　流通の役割

（1）流通の役割

　商品生産が一般化・恒常化し，さらに資本主義経済の経済活動が利潤追求を規定的目的として行われて社会的分業がいっそう発展してくると，生産と消費の間にさまざまな懸隔（隔たり：ギャップ）が発生してくる。その主たる懸隔として人的懸隔，物的懸隔，情報懸隔があげられる。流通は生産と消費の間に介在し，その懸隔を架橋する経済領域である。したがって，流通は，商品生産に基づく社会的分業を契機として，生産と消費の懸隔を克服する役割を有するために，生産と消費の在り方や態様によって規定される。

流通を一般的に規定すれば，商品の生産から消費にいたる継起的段階であり，商品が生産者から消費者へ移転する現象ないし活動として捉えられる。この流通を生産と消費の懸隔を架橋する機能として機能的視点からみると，流通は商品の生産と消費との間の懸隔を人的，場所的・時間的，情報的に架橋する活動である。そして流通は，人的懸隔の架橋に焦点を合わせれば，商品の所有名義ないし所有権の移転に関わる商的流通（取引流通）であり，場所的・時間的懸隔の架橋に焦点を合わせれば，商品の場所的・時間的移転としての運送ないし保管といった物的流通であり，情報懸隔の架橋に焦点を合わせれば，商品の所有名義（所有権）の移転や場所的・時間的な移転の相互に関わる情報流通である。

したがって，流通は商的流通や物的流通・情報流通を含むものであり，その核心的なものは商品の社会的・人的移転に関わる商的流通であり（鈴木2005, p.95），それを支えるものが物的流通や情報流通等である。そこで，流通の役割ないし機能について立ち入ってみていこう。

(2) 流通の機能

流通機能については，学者によってさまざまな見解がみられるが，ここでは谷口吉彦による流通機能（原文：配給機能）[1]を紹介しておこう。

図表1-2　流通機能

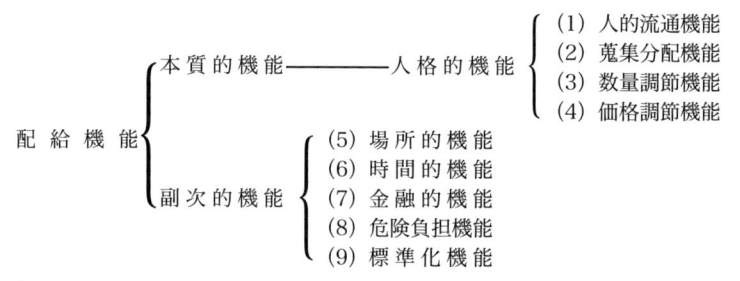

（出所）谷口1966, p.82。

谷口吉彦は，流通機能を本質的機能と副次的機能に分け，本質的機能は人格的機能であり，それには人的流通機能，蒐集分配機能（収集分散機能），数量調整機能，価格調整機能をあげている。また副次的機能には場所的機能，時間的機能，金融的機能，危険負担機能，標準化機能をあげている（谷口1966, p.82）。

流通の社会的機能のうち，本質的機能は生産と消費の人格的分離の克服すなわち人格的機能である。このうち，人的流通機能は一定の商品を生産者から消費者に向かって社会的に流通させる機能である。次に蒐集分配機能は，蒐集機能と分配機能に分かれ，前者が生産者から商品が蒐集されていく機能であり，後者が消費者へ商品が分散されていく機能である。また数量調整機能は商品の需要と供給とを数量的に調整して，両者を適合させる機能である。この数量調整機能には，生産部門からの供給の数量と消費部門からの需要の数量とを単に結合させることであり，その意味では消極的需給調整機能といえる。さらに積極的需給調整機能として，生産部門の供給の数量と消費部門の需要の数量を一方に基づいて他方を統制することで，両者の数量を結合される。たとえば，生産者が積極的に消費者の新たな需要を創造して数量を結合させる需要創造機能であり，逆に注文生産のように生産者が消費者の需要に受け入れて数量を結合させる供給統制機能がある。さらに価格調整機能は商品の数量の過不足に基づく商品価格の変動によって，需要を供給に適合し，供給を需要に適合する機能である（谷口 1966, pp.82-90）。

　次に流通の社会的機能のうち，副次的機能は生産と消費の場所的・時間的分離の克服などの物理的移転に関わる機能である。このうち，場所的機能は生産と消費の空間的・場所的分離を克服する機能であり，具体的には運送業である。次に時間的機能は生産と消費の時間的分離を克服する機能であり，具体的には貯蔵ないし保管業である。この機能が不可欠な事情としては，季節的な生産，季節的な消費，商品の品質・種類の季節的変動，生産も消費も季節的な商品などがあげられる。

　金融的機能は商品の授受と代金決済との間に商慣習に従って，この期間に代金の決済を猶予して信用を与える機能である。流通信用を必要とする第1の理由は，最後の流通段階における消費者信用にある。第2の理由は，流通段階における商品の数量的・時間的な不一致にある。

　危険負担機能は商品が生産者から消費者へ流通する過程において種々の危険（物質的危険・経済的危険）にさらされる場合，これらの危険を負担する機能である。たとえば，物質的危険としては手持商品の火災・盗難・風水害・腐敗・

変質の危険によるものであり，経済的危険としては価格変動や景気変動の危険，流行の変化・見込み違いなどの販売上の危険によるものである。

標準化機能は商品の品質・形態・大きさなどを最適な標準化に均一化する機能である。たとえば，生産者による大量生産された商品を消費者が必要とする少量商品に数量的分割する場合である。また多数の農家で生産された農産物が，蒐集によって大量に集荷され，そこで選別・分類・格付け・包装して標準化され，それぞれの需要地に適する商品が流通される場合である。

現代の社会では，この副次的機能としての機能の多くは，たとえば，運送業，倉庫業，金融業，保険業などそれぞれ独立にこの機能をはたすように分業化している（谷口 1966, pp.91-99）。

2. 現代の流通

(1) 現代の流通

現代の経済は，社会的・技術的分業に基づく多種多様な商品・サービスが大量に生産・流通・消費されている高度に発展した資本主義経済として特徴づけられる。資本主義経済は市場経済に基づく自由な経済活動を基本理念としている。そこでは，資源配分についての意思決定が個別の私的目標を追求する経済単位によって分散的に行われ，それらの個別的意思決定が市場機構を通じて相互に調整される仕組みになっている（村上・熊谷・公文 1973, p.252）。

現代の経済おいては，多くの生産者が多くの利潤を求めて大規模・大量生産を目指して生産活動を行い，市場には多種多様な大量の商品が出回り，それらの商品流通（取引）過程に商業が介在し利潤を求めて売買活動を行っている。そして，消費者がそれらの商品を生活手段として消費・利用するために購買することにより，生産と消費が結び付き，商品流通が実現されるのである（岩永 2013, p.6）。

(2) 流通経路と担い手

現代の経済において，一般に商品は，生産者から卸売業へ，卸売業から小売業へ，小売業から消費者へ，市場における売買取引によって流通している。こ

のように商品が市場関係に規定されながら，そこで行われる流通の継起的な段階が流通経路（流通チャネル）（風呂 1984, p.36）である。この流通経路は商品の種類によって異なり，同じ種類の商品が複数の流通経路をもつこともある。たとえば，最も基本的な流通経路は直接に生産者と消費者との間で行われる売買取引である。次に生産者と消費者との間に商業が介入する売買取引はいっそう発達した流通経路である。

　このように生産者から消費者までの流通経路には直接流通と間接流通の2つのタイプがある。ひとつは，生産者と消費者が直接向き合って取引（売買）する直接流通である。この直接流通を生産者サイドからみると，生産者が自ら生産した商品を消費者に直接販売するものである。たとえば，生産者が通信販売で直接に消費者に販売したり，生産者自らあるいは自社のセールスマンが直接に消費者の自宅等で訪問販売したりするものである。近年ではインターネット販売があげられる。それに対して，消費者サイドからみると，消費者自らが組織した消費生活協同組合（生協）等を通して生産者から直接購買するのが直接流通である。

　もうひとつは，生産者と消費者との間に商業が介在して，両者が間接的に向きあう間接流通である。現代の高度に分業が発展した資本主義経済のもとでは間接流通が一般的となっている。商業は流通の活動・機能を専門的業務として遂行することによって，生産者や消費者にとって経済的利益を与え，かつ商業自身も経済的利益をえることができる。ここに商業が介入・介在する経済的根拠が存在しているのである（岩永 2013, pp.7-8）。

　したがって，現代の経済における流通活動ないし流通機能は，商業を専門的業務としながら生産者や消費者によっても担当されている。そこで，生産者と消費者との取引・組み合わせによる流通取引パターンについて考察しよう。

(3) 流通取引パターン

　生産者と消費者との取引・組み合わせは，次の4つのパターンが考えられる（原田 2005, pp.71-74）。

① タイプⅠ→小規模・多数の生産者と小規模・多数の消費者
② タイプⅡ→大規模・少数の生産者と小規模・多数の消費者
③ タイプⅢ→小規模・多数の生産者と大規模・少数の消費者（産業用ユーザー）
④ タイプⅣ→大規模・少数の生産者と大規模・少数の消費者（産業用ユーザー）

このうち，タイプⅠ・Ⅱは，消費財のケースに多くみられる。たとえば，タイプⅠは，小規模・多数の生産者と小規模・多数の消費者との取引・組み合わせで，そこには多く商業（収集卸売業・中継卸売業・分散卸売業，小売業）が介在している。ここで取扱われる商品は，第一次産業で生産された野菜・魚介類などの消費財が典型的なケースである。

タイプⅡは，大規模・少数の生産者と小規模・多数の消費者との取引・組み合わせで，そこには分散卸売業・小売業の商業（販売会社・販売店）が介在している。ここで取扱われる商品は，第二次産業で生産された乗用車やテレビ・パソコンなどの消費財が典型的なケースである。

そこでタイプⅠ・Ⅱで消費財を取り扱う流通・商業のあり方を考えてみよう。タイプⅠの野菜・魚介類の流通は，一般的に長く多段階なものとなっており，数段階の卸売商業と1段階の小売業が介在して流通活動の重要な担い手となっている。特に生産者，消費者とも地理的に広く分散して存在している場合にはその傾向がより強くなる。これに対して，タイプⅡの乗用車やテレビの流通は，少数の大規模・寡占的メーカーが大規模工場で大量生産した商品を，各地の消費者に向けて分散した商業（販売店）を通したものとなっている（原田2003, pp.71-72）。このタイプⅡは，商業が大規模・寡占的メーカーに管理・系列化される場合が多く，その場合，商業系列化を通した流通になっている。

他方，タイプⅢ・Ⅳは，産業財のケースで多くみられ，そこには消費者を対象とした小売業は介在していない。このうち，タイプⅢは，小規模・多数の生産者と大規模・少数の消費者（産業用ユーザー）との取引・組み合わせで，そこには卸売業（収集卸売業）が介在している。ここで取扱われる商品は，たとえば第一次産業で生産されたバターとチーズの原料となる生乳やビールの原料となる麦類などの産業財が典型的なケースである。

第 1 章 現代の流通 23

図表 1-3 生産・消費と取引組み合わせ（流通チャネル）

① 生産者（小規模・多数）と消費者（小規模・多数）の場合

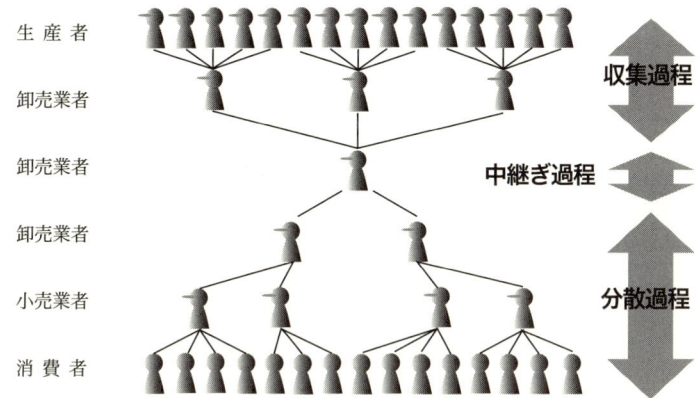

② 生産者（大規模・少数）と消費者（小規模・多数）の場合

③ 生産者（小規模・多数）と消費者：ユーザー（大規模・少数）の場合

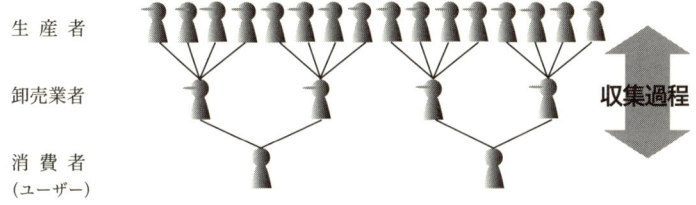

④ 生産者（大規模・少数）と消費者：ユーザー（大規模・少数）の場合

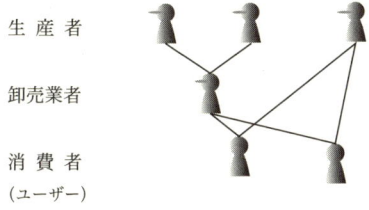

（出所）原田 2005, p.74 より作成。

タイプⅣは大規模・少数の生産者と大規模・少数の消費者（産業用ユーザー）との取引・組み合わせで，そこには卸売業が介在している。ここで取扱われる商品は，たとえば自動車の原料となる鋼板などの産業財が典型的なケースである（原田2005, pp.71-72）。

第3節　流通の環境変化

流通はそれを取り巻く環境変化によって大きな影響を受けている。つまり，流通は生産サイド（生産者によるマーケティング）や消費サイド（消費構造・消費者行動）の変化ならびに情報・物流革新によって大きく変化している。

1. 生産サイドの変化

現代の流通に最も規定的な影響を与えているのは，大規模化・寡占化した製造業者（メーカー）が大量生産・大量販売・大量消費を志向して積極的に市場に介入して流通・販売に関与する，いわゆるマーケティングの展開である。一般に，マーケティングの展開は，多数の生産者から商品を購入して社会的品揃え物（アソートメント）として多数の消費者に販売していた商業が，特定の大規模・寡占メーカーに従属化・系列化してその商品販売に専念していかざるをえない。さらに，大規模・寡占メーカーが消費者に直接的に販売する通信販売，訪問販売や子会社（販売会社，支店）等を設置するなど，直接流通によって商業が排除される場合もある。

そもそも，資本主義経済は市場経済に基づいているかぎり市場問題から免れることができない。しかし，この市場問題は資本主義の自由競争段階においてはそれほど緊急な課題となるまでにはいたらなかった。その理由としては，不断に市場を拡大しながら全体としての消費力がいちおう生産力の伸びに相応していたからである。さらに大きな理由としては，市場問題つまり販売問題ないし商品価値の実現がもっぱら商業の働きによって，いわば生産者全体に解決されていたからである。つまり，生産者は原則として商業を利用することによっ

て販売問題を解決し，生産に特化することができたのである。

　ところで，資本主義が自由競争段階から独占段階（寡占段階）になると，生産と資本の集積・集中によって形成された大規模・寡占メーカーの生産力は飛躍的に高められ，そのわりに消費力は増大しない。その結果，過剰生産が恒常化し，販売問題ないし市場問題が発生し，相対的に狭隘な市場をめぐって企業競争は激しさを増していった。そこで，大規模・寡占メーカーは，相対的に狭隘化した市場でその地位を維持・強化しながら独占利潤を獲得するために，生産力を飛躍的に増大させながら市場を確保・拡張することが不可欠の課題となってきたのである。

　こうなってくると，寡占メーカーは販売問題をもっぱら多くの生産者の共同代理人である商業に依存するというだけでなく，販売を自己の経営問題として自らの手で解決しようとする。しかも寡占メーカーは，生産独占に基づき独占価格を設定し，これを通じて商業を排除ないし制限し自ら販売に要した費用を他に転嫁することができる。こうして，その必要に迫られ，かつその能力をもつにいたった寡占メーカーは，市場問題を自らの経営問題としてこれに直面し，これを解決するための諸方策としてマーケティングを展開せざるをえなくなったのである（森下 1993b, pp.158-159, 岩永 2007, pp.4-5）。

　端的にいえば，マーケティングは商品やサービスを生産者から消費者へ流通させるのみならず，より積極的に市場を開拓・支配し，市場シェアの拡大を目的として展開されるものである。したがって，マーケティングは巨大生産企業ないし寡占メーカーによる市場創造のための統合的な適応行動と規定することができる。

　このようにマーケティングは，もともと大規模・寡占メーカーの市場問題を解決する戦略として発生・発展したものである。しかし，現代のマーケティングは，単に大規模・寡占メーカーの市場問題への対応戦略という枠組みを越えて，営利企業のみならず非営利企業を含めた事業・組織の戦略として拡大解釈され，多くの主体者や側面からマーケティングの理念や経営ノウハウが取り入れられ実践されている（岩永 2013, p.17）。

2. 消費者サイドの変化

　今日，多くの消費財分野で市場の飽和化・成熟化が進展している。消費ないし市場の成熟化によって到達した成熟社会は，高度経済成長による所得水準の上昇や余暇の増大などを背景として実現化された社会であり，それによって生活様式や消費様式が大きく変化してきている。つまり，成熟社会では，消費者の価値観・意識やライフスタイルが変化し，それにともなって消費構造ならびに消費者行動にも変化があらわれてくる。

(1) 消費構造の変化

　消費構造の変化を引き起こした要因には，次のようなものがあげられる（三村2007, pp.128-131, 渡辺2005, pp.117-118)。

　第1に人口・世帯構造の変化があげられる。年々の出生率の低下と平均余命の伸長によって，少子高齢化が急速に進み，人口構造に変化があらわれている。また世帯構造も核家族の世帯が一般化し，さらに単独世帯の比率が上昇してきている。

　第2に住居の郊外化とモータリゼーションの進展に基づく消費者行動の拡大があげられる。都市化の進展により，郊外での住宅開発や道路交通網の整備が盛んに行われるとともに，自動車保有世帯の増加によるモータリゼーションが進展している。これによって消費者の行動領域が拡大し，買い物行動も拡大してきている。

　第3に女性の社会進出の拡大があげられる。女性の有職率が高まるとともに，女性の社会的な地位の向上ないし行動や関心が拡大することによって，女性も社会活動の参加や行動の機会が多くなってきている。

　第4に自由・余暇時間の増加による生活の価値観や生活時間の変化があげられる。週休2日制の普及等による総実労働時間の短縮化とともに，家電製品の普及やサービスの外部化による家事労働の短縮化が自由時間や余暇時間の増加をもたらした。それによって日常生活に追われる時間から解放され，自分の価値観や欲求を求める時間，たとえば温泉・史跡めぐりの旅行やコンサート・スポーツ観賞等の時間消費型レジャー志向を求めるなど消費時間に対する価値

観が変化してきている。さらに，夜型行動ないし朝型行動など生活・活動時間も変化してきている。

第5に情報化とサービス化の進展があげられる。成熟社会の進展にともない基本的な消費財やモノの充足を背景に，サービス支出が伸びてきている。またコンピュータによる各種情報通信機器の発達によって，地理的・時間的な隔たりを越えた個人消費の領域が拡大してきている。

(2) 消費者行動の変化

既述の消費構造の変化は，また次のような消費者行動の変化を引き起こしている（渡辺2005, pp.118-120）。

第1に消費の多様化・個性化があげられる。衣食住に関わる生活に必要なモノやサービスの消費支出は充足している。そのために消費支出の多くの部分を趣味・余暇関連商品やサービス分野など選択的消費に振り向けることが可能となり，消費の個性化・多様化が顕著になってくる。それにより各世帯や個人が支出する範囲も多様化するとともに，それぞれの個性化が発揮されるようになってきている。

第2に消費の低価格志向と品質・価値重視があげられる。バブル経済崩壊後の長期不況下での実質所得の伸び悩みによって，消費者は，一方で生活必需品等の購買にはより価格を重視するようになっている。しかし，他方で趣味・余暇関連商品については一定以上の品質が保たれ自らの価値観に適合したブランド品ないし高級品を購買するといった行動も珍しくなくなってきている。

第3に消費単位の個人化があげられる。従来の消費の単位は世帯中心であったが，近年世帯を構成する各個人がそれぞれ独自に消費を行う傾向が強くなって，いわば消費単位が世帯中心から個人中心へ移行してきた。こうした傾向は，家族単位より個人単位の嗜好や趣味の差異，生活時間の差異などによるものと考えられ，選択的消費分野を中心として消費の多様化・個性化をさらに促す方向に作用している。

第4に消費のサービス化・外部化があげられる。消費が多様化・個性化し，消費単位が個人化するなかで，サービス分野への支出が増加傾向をみせている。

これを消費のサービス化という。またサービスへの支出は，これまで家庭内で行われていた労働を外部の専門業者に委託する消費の外部化が多くなってきている。たとえば，洗濯をクリーニング店に委託し，食事をレストランで享受するなどである。

　第5に消費の国際化があげられる。海外旅行経験者の増加，海外製品の輸入増加，eリテイルの普及，外資系小売企業の参入などにより，消費者の購買行動が国際化してきている。こうした傾向は，消費者の低価格志向をさらに助長する方向に作用する一方で，消費の多様化・個性化も促進している。

　第6に消費の環境志向・健康志向・安全志向の高まりがあげられる。環境問題への関心の高まりや高齢化社会への移行を背景に，健康面への効果・効能や安全性を基準として購買の意思決定を行う消費者が増えてきている。

3.　情報・物流技術の革新

(1) 情報技術の革新

　現代の高度情報化社会においては，IT革命と称されるように，コンピュータの発達に基づく情報技術（Information Technology:IT）を駆使した生産・流通業務の効率化や高速・大容量・低料金のコンピュータ・ネットワークの形成を通して社会・経済が大きく変化してきている。

　我々個人の生活においてもカードでの支払いやサービスの利用，携帯電話の利用，インターネットでの情報収集や商品購入等によるITの影響を受けている。また企業取引においても，POS（Point of Sale）システム，EOS（Electronic Ordering System: 電子的受発注システム），EDI（Electronic Data Interchange: 電子データ交換）は，商品の受発注に基づく取引業務の中核として，生産から販売にいたる取引業務の総合的な合理化システムとして利用されている。

　流通においても，情報技術の担い手であるPOSシステムをはじめEOSやEDIの情報システムの駆使によって，アメリカのアパレル産業界で取り組まれたQR（Quick Response），アメリカの食品業界で取り組まれたECR（Efficient Consumer Response），また多くの分野で取り組まれているSCMが，企業・組

織間の提携的な統合として競争優位を獲得するうえで有効な戦略となってきている。

1990年代に入ると，IT革命の波は急速に全世界へ広がっていった。その流れを決定的にしたのが，ハード面ではパソコンの高機能化・低価格化であり，ソフト面ではインターネットの普及・発展であった。さらに，通信の高速化と通信料金の低価格化が，それにいっそう拍車をかけた。つまり，1993年のWWW（World Wide Web）の開発，1994年のインターネットの商用の開始，1995年のWindows95の発売など，本格的なネットワークとしてインターネットの普及・発展が情報の共有化と双方向流通を飛躍的に拡大させたのである（大石2002, p.121，岩永2007, pp.198-199）。

最近，消費者ニーズの多様化や不確実性の高い経済環境下において，実需発生点にかぎりなく近い時点での情報投入，いいかえれば意思決定の延期化による組織間・部門間調整が優れた成果を発揮するようになってきた。それは，従来のバッファー在庫による需給の不確実性の調整を情報による調整に置き換えることである。

意思決定の延期化がもたらす利益は，①販売の不確実性の減少，②在庫費用の軽減，③ロジスティクスの効率化，④品質信頼性の確保などである。ここでのITの役割は，延期型システムを構成する組織間でPOSをはじめとする取引情報をリアルタイムで交換し，実需発生点に可能なかぎり近い意思決定と受発注を可能にする技術基盤を提供しているのである（木立2003, p.220-221，岩永2007, p.199）。

(2) 物流技術の革新

流通における物流技術の革新は，情報技術の革新と相まって多頻度小口配送を可能にしている。現代における市場の成熟化と消費者ニーズの多様化に起因する多種多様な商品の多頻度小口配送の実施は，物流コストを増加させることになるのであるが，ITの発達に基づく効果・効率的なロジスティクスの開発・実施によって予想される物流コストの増加を防止することが可能となった。たとえば，多頻度小口配送は，中央センターに商品が集中することで「多頻度共

同大口配送」に切り替わり，他社の輸送機関との間で物流コスト削減が可能となった。つまり，商品の流通フロー増大に対して単位当たりの物流コストの減少というスケールメリット（規模の利益）をもたらしたのである（岩永2007, pp.200-201, 柳2003, p.17）。

物流革新の重要な戦略としてサードパーティー・ロジスティクス（3PL）があげられる。サードパーティー・ロジスティクスとは，物流業者が生産者からアウトソーイングされて配送から在庫管理までを一括して請け負うことである。このサードパーティー・ロジスティクスは，荷主や物流業者にも，①専門化によるコスト削減の可能性，②顧客サービス向上の可能性，③市場に対する柔軟な対応による他企業に対する競争優位性があげられるなど，今後の物流革新の重要な戦略としてその役割が高まってきている（柳2004, pp189-190, 岩永2007, p.201）。

注

1) 流通機能の見解は，ドイツの商業機能学説による一連の学者によって展開され，さらにアメリカのマーケティング学者によっても展開された。わが国でも谷口吉彦，林久吉などの学者が代表としてあげられる。

   なお，流通，配給，マーケティング，商業という用語はそれぞれ意味・内容には差異がある。ここで考察する流通機能は，アメリカのマーケティング学者はマーケティング機能（翻訳：配給機能），ドイツの商業機能論学者は商業機能という用語を使用しているが，本章（第1章）では流通という用語で統一して考察している。ちなみに，谷口吉彦は流通を配給という用語を用いている。

   そこで，ドイツ商業機能学説の代表者（ザイフェルト）とアメリカ・マーケティング学者の代表者（クラーク）の流通機能をあげれば，図表1-4a,4bの通りである（森下1966, p.62)

（参考文献）

（1） 岩永忠康（2007）『マーケティング戦略論（増補改訂版）』五絃舎。
（2） 岩永忠康（2011）「現代流通のアウトライン」岩永忠康監修／西島博樹・片山富弘・岩永忠康編著『現代流通の基礎』五絃舎。
（3） 岩永忠康（2013）「現代流通のアウトライン」岩永忠康監修／西島博樹・片山富弘・岩永忠康編著『現代流通の基礎理論』五絃舎。
（4） 大石芳裕（2002）「カタログ制作におけるサプライチェーン・マネジメント」陶

図表1-4a　ザイフェルトの流通機能　　　図表1-4b　クラークの流通機能

架橋機能	A　交換機能
空間架橋機能	1　販売
時間架橋機能 ｛貯蔵機能／事前手当機能	2　集荷
	B　実物供給機能
価格平均機能	3　輸送
信用機能	4　保管
商品機能	C　補助的機能
数量機能	5　金融
品質機能	6　危険負担
品目取揃機能	7　市場情報
仲立機能	8　標準化
市場開拓機能	
利益擁護・協議機能	

（出所）森下 1966, p.62。　　　　　　　（出所）森下 1966, p.63。

山計介・宮崎昭・藤本寿良編『マーケティング・ネットワーク論』有斐閣。
（5）木立真直（2003）「ITによる流通システムの転換をめぐる展望」阿部真也・藤澤史郎・江上哲・宮崎昭・宇野史郎編著『流通経済から見る現代―消費生活者本位の流通機構―』ミネルヴァ書房。
（6）鈴木武（2005）『市場経済システムと流通問題』五絃舎。
（7）谷口吉彦（1966）『配給通論（再増補版）』千倉書房。
（8）西島博樹（2008）「流通と商業」岩永忠康・佐々木保幸編著『流通と消費者』慶応義塾大学出版。
（9）西島博樹（2011）「商業の基礎理論」岩永忠康監修／西島博樹・片山富弘・岩永忠康編著『現代流通の基礎』五絃舎。
（10）原田英生（2005）「流通・商業とそれを取り巻く環境」原田英生・向山雅夫・渡辺達朗『ベーシック 流通と商業―現実から学ぶ理論と仕組み―』有斐閣。
（11）風呂勉（1988）「流通経路の変遷」久保村隆祐・原田俊夫編『商業学を学ぶ（第2版）』有斐閣。
（12）三村優美子（2007）「消費市場の変化と消費者行動」木綿良行・懸田豊・三村優美子著『テキストブック　現代マーケティング論〔新版〕』有斐閣。
（13）村上泰亮・熊谷尚夫・公文俊平（1973）『経済体制』岩波書店
（14）森下二次也（1966）『現代商業経済論』有斐閣。
（15）森下二次也（1977）『現代商業経済論〔改訂版〕』有斐閣。
（16）森下二次也（1993a）『商業経済論の体系と展開』千倉書房。

(17) 森下二次也（1993b）『マーケティング論の体系と方法』千倉書房。
(18) 柳純（2003)「製販におけるサプライ・チェーンの構築とその意義」『福岡女子短大紀要』第61号。
(19) 柳純（2004)「サプライ・チェーン戦略の進展」鈴木武・岩永忠康編著『市場環境と流通問題』五絃舎。
(20) 渡辺達朗（2005)「進展する流通チャネルの再編成」原田英生・向山雅夫・渡辺達朗『ベーシック 流通と商業―現実から学ぶ理論と仕組み―』有斐閣。

第2章　商　業　論

はじめに

　現代の経済において生産領域と消費領域を結びつける流通領域を専門的・効率的に遂行するものが商業である。したがって，商業は，生産者と消費者との間に介在し，商品を生産者・業者から購入し業者・消費者へ販売する再販売購入活動を通して，商品流通を専門的・効率的に遂行しているのである。

　本章は，商業の存立根拠と分化の理論ならびに商業の革新について分析している。そこで，第1節では，流通における商業の介在根拠を述べたうえで，現実の商業の存立根拠について考察する。第2節では，商業の段階分化や部門分化の商業分化について論述する。第3節では，商業の革新として商業の経営・組織革新やそれに関わる物流・情報技術の革新ならびに小売国際化について考察する。

第1節　商業の存立根拠

1. 商業の介在根拠

　商業は，生産者と消費者との間に介入し，商品を生産者・業者から購入し業者・消費者へ販売する再販売購入活動を通して，商品流通を専門的・効率的に遂行することによって存立・介在の根拠が与えられる。この商業の介在・存立根拠は，生産者と消費者との商品流通（売買取引）に介入して売買集中の原理に基づく流通の効率化を達成するかぎり実現できるのである。

　商業は多数の生産者と消費者との間に介在し，そこで商品流通を専門的に担当

することによって，生産者や消費者と比べて，両者の制約を解放し，取引費用（探索・交渉費用等）の節減効果をもたらすのである。商業は多数の生産者から多くの同種・異種商品を購入することによって，商業の手元には様々な同種・異種の商品が集められ，社会的品揃え物（アソートメント）としてまるで市（イチ）のように商品が集積される。こうして生産者は商品販売に対して量的・質的制約から解放され，生産者から消費者への直接販売より商品販売が格段に容易になる。

　この商業に集められた社会的品揃え物は消費者にとって生産者から直接購入するより魅力的である。それは，第1に同種商品の集合としての魅力であり，消費者は商業を利用することによって，多くの生産者が生産した同種商品を比較購買できる。第2に異種商品の集合としての魅力であり，消費者は商業を利用することによって，多種類の商品を一度に購入できる。

　この商業の売買集中による社会的品揃え物によって，生産者と消費者の商品売買が容易に行われるばかりでなく，それ以上の効果がもたらされる。つまり，「商人を介入させることによって販売と購買との接合が，個々に孤立しておこなわれていた場合にくらべていちじるしく容易になる。ただその困難さが軽減されるというにとどまらず，それがなければ購買を見出すことができなかったはずの販売を実現させる可能性さえもが与えられる」（森下1994，p.23）とあるように，消費者は商業による社会的品揃え物をみて購買予定の商品はもちろん衝動買いあるいは予定以外の商品を購買することも可能になるのであり，これが商業の市場創造効果といえる（岩永2013，p.8）。

　商業の形成する社会的品揃え物は，生産者の販売と消費者の購買が商業のもとへ社会的に集中した商品品揃えを意味するが，それによる効果を売買集中の原理（森下1966，pp.55-56）と呼ぼう。この売買集中の原理は，生産者と消費者との直接流通と比べて，取引費用節減効果や市場創造効果をもたらす根拠としてあげられる。つまり，この売買集中の原理は，①取引数削減の原理，②集中貯蔵の原理（不確実性プールの原理），③情報縮約・整理の原理に分けて考えられる。そこで，商業が介在しない直接流通と商業が介在する間接流通を比較しながら（図表2-1参照），商業介在の根拠を検証してみよう。

図表 2-1　取引数削減の原理

〔直接流通〕

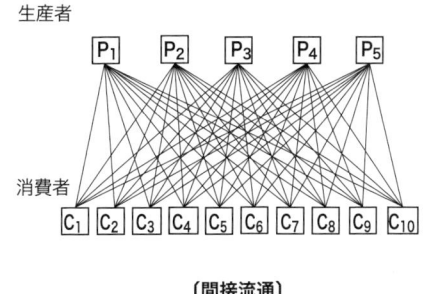

生産者
P₁　P₂　P₃　P₄　P₅

消費者
C₁ C₂ C₃ C₄ C₅ C₆ C₇ C₈ C₉ C₁₀

〔間接流通〕

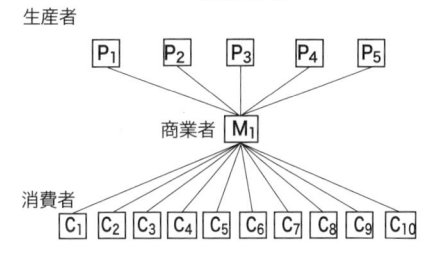

生産者
P₁　P₂　P₃　P₄　P₅

商業者　M₁

消費者
C₁ C₂ C₃ C₄ C₅ C₆ C₇ C₈ C₉ C₁₀

　まず第1に商業介在の根拠としては，取引数削減の原理があげられる。生産者数を Pn，消費者数を Cn，商業者数を Mn とする。生産者と消費者が直接取引する場合は直接流通（D）という。直接流通の総取引数は D=Pn×Cn で表される。商業者が介在する場合は間接流通（I）の形態をとる。間接流通の総取引数は I=Mn×（Pn+Cn）の式で表される。

　図表2-1にみられるように，直接流通の総取引数は生産者（5）×消費者（10）=50 となる。それに対して，間接流通で商業者が1人介在するなら，総取引数は商業者（1）×（生産者（5）+消費者（10））=15 となる。したがって，D=50>I=15 だから，商業者が媒介する間接流通の総取引数が少なく，取引費用が節減される。しかし，直接流通（D）＞間接流通（I）である場合は，商業者が3人までである（総取引数45）。商業者が4人にふえると，総取引数は60 となり，直接流通の50 を上まわる。

　取引数削減の原理は商業の介在によって社会的に必要とされる取引数が減少

することを明らかにしたが，同時に過剰な商業の介在は取引費用の上昇を招く点も示唆している。D>I の条件下でのみ商業の介在は許容される。換言すると，生産者，消費者の数が増大すればするほど，それだけ商業の介在の効果は大きくなる。しかし，商業介在の根拠は一定の条件下で発揮されるものであり，生産者の大規模化・情報化や消費者意識・行動等による変化があれば，商業者の存立は脅かされることにもなりうる（岩永 2011, pp.9-10）。

　第 2 に，商業介在の根拠としては，集中貯蔵の原理（不確実性プールの原理）があげられる。市場経済における生産は，見込み生産であるかぎり不確実なものであり，商品の欠品ないし過剰という商品過不足が発生する。商業が存在しない場合は，それぞれの生産者が消費者全体の需要変動の可能性に備えて在庫をもつ必要があることから，生産者全体ではそれらが重複してかなりの在庫規模になる。これに対して商業が存在する場合は，商業が多くの生産者の在庫の一部を集中してもつことが可能になるため，生産者全体の在庫の重複部分が削減され，在庫コストが節約される。

　第 3 に，商業介在の根拠としては，情報縮約・整理の原理があげられる。商業の品揃えによって多数の生産者の商品の情報が集中・整理され，同時にその品揃えは多数の消費者の需要を反映したものになり，その情報が集中・整理されることになる。つまり，商業者の品揃えは，生産者や消費者の情報が収集・分析された品揃えになっており，それに関わる情報・探索コスト等が節約される（渡辺 2008, pp.11-12, 矢作 1996, pp.17-20）。

　したがって，商業介在による売買集中の原理に基づくこれら 3 つの原理（効果）は，生産者と消費者の取引総数が節約され，それによって取引コスト・探索コスト・物流コスト等の流通コストが節減され，また在庫重複の無駄が削減されるのである。

2. 現実の商業の存立根拠

　現実の商業は，現実的な生産者と消費者との間に介在し両者を媒介して商品流通を効率的に実現している。現実の生産者や消費者は空間的に存在し，また

生産活動にも消費活動にも時間的プロセスを要する。特に個人的消費者の個別性・分散性・小規模性等の特質に規定された消費者の行動は，時間も費用も要し，かつ消費者の行動範囲は空間的に限定されざるをえない。このように消費者を対象とした市場は，石原が「空間的小市場」（石原 2000, p.108）と呼んだものであり，空間的に限定された市場であった。この空間的小市場の広がりは，消費者の日常の行動可能な範囲にほぼ一致すると考えられ（西島 2011, p.8），消費者からみた空間的行動範囲が小売商圏である。

現実の市場＝全体市場は，多数の空間的小市場＝商圏が鎖状に連結し，重なり合うことによって成立する。したがって，全体市場というマクロ的視点からみれば，それぞれのミクロ的市場に向き合った商業が空間的に分散して多数存在している（西島 2011, p.10）。

個々の商業（ここでは店舗を構えた小売業を指している）は，それぞれが空間的に限定された範囲＝小売商圏（空間的小市場）と向き合っている。しかも，最寄品と買回品という異なった空間的小市場の広がりを反映して，小売商圏を異にする2つのタイプの商業に分かれて存在している。商品特性に応じて空間的な売買集中の最適水準が異なり，それが必然的に商業の品揃え物に差異を生じさせるからである。したがって，それが意味するものは，現実の商業の売買集中の原理は，「空間的に限定された範囲における売買集中」の原理であるといえる（西島 2011, pp.8-9）。

要するに，商品特性ごとに分かれた商業は，自己が向き合うそれぞれのかぎられた空間のなかでかぎられた数の生産者と消費者とを媒介する。最適集中水準の類似した商品を取り扱う商業に分かれることで，全体としての集中の利益が実現するのである。したがって，商業の空間的分布という側面からみた複数商業の存在は，「空間的に限定された売買集中の概念」（西島 2011, p.10）によって，現実の商業組織の存在として理解されるのである。

現実において商業の基本的性格である商業の社会性も「限定された社会性」を意味している。それは，第1に空間的に限定された社会性であり，取引時間や取引費用を無視できないかぎり，空間的にみた消費者の行動範囲はきわめ

て限定されざるをえない。第2に商品種類の存在は限定された社会性である。これは商品特性によって消費者の行動範囲が異なっていることに基づいている。たとえば，買回品を取り扱う小売業は広い範囲の商圏へ，そして最寄品を取り扱う小売業は狭い範囲の商圏へと分かれる（西島2011，p.13）。

現実の商業は，「限定された社会性」をもつ多数の商業がその「限定性」を強化する方向に向かうのか，あるいは逆に緩和する方向に向かうのかに分かれていく。前者が社会的限定性を強める商業間における社会的分業の方向であり，後者が社会的限定性を緩和する商業による活動空間広域化の方向と取扱商品の拡大の方向に分かれていくのである（西島2011，p.19）。

第2節　商業の分化

1. 商業の分化

現実の商業は，多数の商業が多様な姿をもって多数の生産者と多数の消費者に介在して「限定された社会性」を発揮しながら効率的な商品流通を遂行することによって，総体（全体）としての商業組織を形成しているのである。

商業の分化の方向には，第1に段階別分化という方向がある。これは，卸商業と小商業への分化，さらに卸売業内部における蒐集卸売業，中継卸売業，分散卸売業に分化していくのである。第2に部門別分化の方向がある。これは，卸売業内部および小売業内部における専門化である。これら商業分化には，現実には多く商業から構成されており，その意味では商業の多段階構成ないし部門別構成として形成され（西島2011，pp.18-19），総体として商業組織が形成されているのである。

現実に多数の商業が多様な姿をもって存在しているのは，「一体として」の商業が「分化」した結果ではなく，はじめから多数の商業が多様な姿をもって存在していると考える。つまり，商業の基本的性格の「限定された社会性」をもつ多数の商業の集合として，総体としての商業組織を構成しているのである。

商業がどのような内部構成（多段階構成と部門別構成）を形成するのか，その

構成要素の様態を決定する原動力は，商業間における競争である。原理的にいえば，総体としての商業がもっとも効率的に生産と消費を結びつける程度にまで商業の内部構成は分化していく。したがって，商業の社会性の問題は，個々の商業レベルの視点ではなく，多数の商業の活動が重なり合い，合成された，総体としての商業の視点で判断しなければならない。商業はその内部に社会性を異にする多様な商業を配置することによって商品流通の効率性を実現するのである（西島 2011, pp.18-20）。

2. 商業の段階分化

　商業の内部構成のうちの多段階構成としての段階分化の根拠は，商業内部における宿命的矛盾が存在しているからである。商業の理論的根拠である売買集中の原理を現実的作用として実現するためには，商業の大規模化を必然的要求とする。商業の大規模化は，生産者と消費者に対して取引時間と取引費用を節減させるだけでなく，商業自身に対しても規模のメリットによる費用節減効果を与える。そして，このミクロ的にみた大規模化による費用節減効果は，当然ながらマクロ的にみても費用節減効果をもたらす。他方では，商業の小規模分散性の方向もまた宿命的に背負わなければならない。商業（消費者と直接向き合う商業すなわち小売業）は，個人的消費の小規模性・分散性・個別性を反映して小規模分散的とならざるをえない。

　このように商業の段階分化の要求は，大規模化という必然的要求と小規模分散性という宿命的要求という，いわば商業内部の矛盾を解消しようとするものである。小売業の抱え込んだ内的矛盾を外的に展開するための解決策として，生産者と消費者との間に新たにもう1段階の商業を介在させることになる。このとき，卸売業は大規模化という必然的要求を実現し，小売業は小規模分散性という宿命的要求を実現する。こうして，商業は多段階構成としての段階分化をすることによって，社会的な商品流通をより効率化する方向に作用する。原理的にいえば，商品流通の効率性を高めるかぎりにおいて，さらに数段階の商業が介入することもありえるのである。

そこで，商業の段階分化の根拠を，品揃え物（商品構成）の調整，取引関係，文化的視点から考察していこう。まず品揃え物（商品構成）の調整という側面からみると，生産段階の商品構成は，生産者の大規模化によって量的に増大しただけでなく，生産部門における分業のいっそうの進展によって質的にきわめて限定される。生産段階における商品構成の特質は，量的大量性と質的限定性にあるといえる。この生産段階における商品構成に対応する商業が卸売業である。他方で，消費者に宿命的な小規模性・分散性・個別性という特性を反映して，消費段階における商品構成の特質は，量的少量性と質的多様性にあるといえる。この消費段階における商品構成に対応する商業が小売業である。

　商業の社会的機能は，生産者段階の商品構成を最終的な消費者段階の商品構成へ変換・調整していくことである。商業は，生産者からみると商品構成の量的調整機能をはたし，消費者からみると商品構成の質的調整機能をはたしている。商業の段階分化は，商品構成の調整機能を実現するための現実的な展開過程である。商品構成の質的・量的齟齬を商業内部において段階的に調整することで，社会的な商品流通をより効率化させることにある。

　次に取引関係からみると，生産者と消費者がそれぞれ求めている商業像の相違（ズレ）は，商業内部における取引関係の矛盾として表面化する。生産者は購買者としての商業を求めるのに対して，消費者は販売者としての商業を求めるからである。生産者と商業との取引である上流の取引関係は，企業間取引関係にある。ここでの取引関係は，効率性ないし経済性の原則が何よりも優先される。特に，大規模化した現代の生産者は，大量の商品を継続的かつ安定的に購入してくれる商業像を求めている。購買者としての商業は，このような意味で卸売業である。これに対して，商業が下流の取引関係において相手とするのは消費者である。したがって，商業は小規模性・分散性・個別性という消費者に不可避的な特性に自ら対応しなければならない。つまり，消費者の求める商業像は，身近なところで，多彩な商品を小分けにして販売してくれる小売業である。

　生産者から消費者にいたる商品の取引関係は，上流の取引関係に卸売業が立ち向かい，下流の取引関係に小売業が立ち向かう。そうすることによって，卸

売業は，大量の商品を安定的・継続的に購入し，購買者としての商業の機能を担うのである。これに対して，小売業は，消費者の身近なところで，多様な商品を小分けに販売することで，販売者としての商業の機能を担うのである。

さらに商業の段階分化の根拠は，文化的視点からも説明できる。企業間取引である上流の取引関係では，経済性の原則が何よりも優先された。すなわち，生産者と商業との取引関係は効率的でダイナミックな性格が要求されるから，商業はできるだけ大量な商品をできるだけ安定的かつ継続的に購入しなければならない。それに対して，下流の取引関係では，消費者を相手とした取引である。そこでは，経済的側面だけでなく，社会的ないし文化的側面においても深く関与しなければならない[1]。

商業は，上流に向かう商業ほど経済的性格を濃くし，下流に近づく商業ほど文化的性格を濃くしていくのである。最下流の消費者と直接向き合う小売業は，瀟洒な店舗設備，魅力的な品揃え物，独創的な商品陳列などを備えて，消費者が本来的にもつ文化的欲求に対応する。一方で，卸売業は，経済的側面の濃い取引関係にもっぱら特化することで，効率的でダイナミックな商品媒介を実現する。商業の段階分化は，生産者と消費者との文化的性格の濃度差を段階的に調整する過程として機能しているのである。

さて，現実の商業は，商業の多段階構成によって，多段階的商業（少なくとも卸売業と小売業という2段階）を介在させた取引連鎖が形成される。この取引連鎖形成の空間的意味合いは，市場の広域化である。現実として存在する取引時間と取引費用を前提とすれば，生産者は空間的制約から逃れることはできない。生産者にとって直接取引が可能な消費者は，ある一定の空間内に限定される。この空間的制約を緩和したのが商業の媒介である。商業は自らの商圏内に取引相手として多数の消費者を抱えている。このことは，生産者の立場からいえば，商業が空間内に散在して存在する多数の消費者を，自らのもとにいわば一つに束ねるという役割をはたしている。

このとき，生産者と商業（小売業）との間にさらにもう1段階の商業（卸売業）を媒介させることで，生産者は市場をより広域化することができる。すなわち，

卸売業が広域空間に散在する多数の小売業を，自らのもとに1つに束ねるという役割をはたすのである。生産者は，商圏を異にする複数の卸売業と取引することによって，間接的にではあるが，その配下に存在している小売業と結びつくだけでなく，さらにその配下に存在している消費者と向かい合うことができる。

　卸売業は，複数の商圏を結び付ける結節点として機能する。生産者は，結節点としての卸売業を利用することで，空間的制約の問題をほぼ解消する。卸売業は商品売買を広域的に媒介することによって生産者に広域市場を提供する役割をはたし，小売業は限定された空間内で多様な商品を提供することによって消費者の生活を支える役割をはたすという，商業内部における分業関係が成立するのである。取引連鎖の形成による市場の空間的広域化は，生産者に対して取引相手としての消費者を幾何級数的に増加させるのである[2]。

　他方，消費者側からの取引連鎖形成の空間的意味合いについてみると，商業の媒介によってこの空間的制約が緩和されるというのは，上述した生産者の場合とまったく同じである。つまり，消費者は，一人の商業と取引するだけで，より広域の生産者と向かい合うことができる。空間的に限定されていた行動範囲が，間接的にではあるが，飛躍的に拡大する。このように，商業内部における取引連鎖は，消費者に対してもまた，その取引相手を幾何級数的に増加させる（西島2011，pp.20-28）。

3. 商業の部門分化

　次に商業の部門別構成としての部門分化は，商業が取り扱う商品種類に基づく専門化と呼ばれる分化に分かれていく。この商業の部門分化は，商品種類を基準として形状別・素材別・使用目的別・購買慣習別に取り扱う実質的・技術的操作の差異によって分化していくものである。たとえば，生産財の取り扱い技術的操作と消費財の取り扱い技術的操作は異なり，消費財という同じ範疇に属する商品であっても，最寄品を販売するための技術的操作と買回品を販売するための技術的操作とでは明らかに異なり，さらに最寄品の中の食料品においても生鮮食品と米・麦等との取り扱い技術的操作は異なっている。

さらに，現実の商業は，多かれ少なかれ自己の能力に応じて，最寄品という範疇に属する商品であっても，取扱商品を限定して活動している。というよりも，商品を限定しなければ，余分な費用がかかってしまい，効率的な活動などできないといったほうがよいだろう。

商品販売のための技術的操作とは，具体的にいえば，商品に関する知識や取り扱い技能，需給情報の収集能力，商品販売のための施設や設備などがあげられる。この似通った商品をひとまとめに区分した商品集合が業種である。商業は，同じ業種に属する商品群をまとめて取り扱うことの利益は大きいが，それ以外の商品まで同時に取り扱うことになればかえって不利益をもたらすのである（石原 2000, pp.118-119）。

この技術的臨界点を基準とすれば，取扱商品において近似した商業群が生み出される。この商業群がすなわち業種店である。取扱商品を絞り込むことで，かえって効率的な売買を実現するからである。重要なのは単なる売買の集中ではなく，効率的な売買を実現するための売買集中である。そうであるならば，現実の商業は，業種という範疇に属する商品群でさえ，そのすべてを取り扱う完全業種店[3]として存在するわけではない。つまり，業種のなかでさえ取り扱う商品の種類や数量をより絞り込んだ商業，すなわち部分業種店の存在を積極的に認めなければならない。なお，この部門別構成の意義，つまり商業が空間的小市場のなかで部門別に分かれて複数存在する意義は，消費者に対する商品探索の効率性の実現である（西島 2011, pp.30-35）。

他方，商業の部門分化のうち小売部門分化は，小売業の小売ミックスや消費者の購買行動・方法等を基準として分化していく方向もある。その方向が小売企業ないし小売店舗の経営形態である小売業態としての業態分化である。この小売業態は，消費者の商品購買行動・方法にマッチした店舗立地・店舗構造・品揃え物・営業時間・アクセス・駐車施設などの小売経営の差異に基づいた小売部門分化といえる。

これらの部門分化は，『商業統計表』に分類されている商業の業種・業態の分化として類型化されている。たとえば，小売業では商品種類に基づく技術的

取り扱いによる小売業種店としては，織物・衣服・身の回り品小売業には，呉服屋，帽子屋，時計屋などの分化があげられ，飲食料品小売業には八百屋，魚屋，果物屋などの分化があげられる。他方，販売・経営形態に基づく小売業態としては，百貨店，スーパー，コンビニエンスストアなどの分化があげられる。

第3節　商業の革新

　現代の商業は市場競争を通して絶え間ない商業の革新をともなって発展している。商業の革新には，①商業経営の組織化に基づく大型化・多店舗化，②商業経営を支える情報・物流技術の革新，③商業経営の組織化やそれを支える情報・物流技術の革新に基づく商業の国際化などがあげられる。

1.　商業の組織革新

　日本の商業は，卸売業の過多性・多段階性・複雑性ならびに小売業の零細性・過多性・生業性・低生産性等によって特徴づけられていた（田村 2002, 序文 p.1 ないし p.5, 岩永 2007, pp.210-211）。

　卸売業の過多性・多段階性の特徴は，人口当たりの店舗密度の高さに起因している。その理由の1つには，多数の中小零細小売業の広範な存在が多数の卸売業の存在を必要とするからである。しかし，一部の総合商社や専門商社にみられるように，海外・国内の商品を多種多様かつ大量に取り扱って大規模化し，日本経済のオルガナイザーとして機能しているものも存在している。

　次に，小売業の零細性・過多性・生業性・低生産性等は，消費者の小規模零細性・分散性・個別性に規定され，それに対応すべき多数の中小零細小売業の存在に起因している。しかも，小売業は，消費者が購買できる範囲（小売商圏）の制約から地域産業（ドメスティック産業）としても特徴づけられていた。

　現代の小売業は，厳しい市場競争を通して小売店舗の多店舗化・大型化や情報・物流技術の革新に基づくコスト削減などによる近代化の傾向がみられる。『商業統計表』によると，1985年をピークに小売店舗数（特に中小零細小売店舗

数）が減少しながら，他方では近代的なチェーン店や大型店の増加がみられる（第4章・図表4-1参照）。

また，小売業における多種多様な小売業態や小売商業集積（ショッピング・センター：SC等）の出現によって小売業の多様化がみられる。とりわけ都市への人口集積やその郊外化が，百貨店や専門量販店のような大型店の出現ならびにチェーン店（多店舗化）による規模の利益を追求した近代的な小売業態を出現させたのである。さらに一部の近代的な小売業は海外への出店を展開してグローバル小売企業として発展している。

2. 商業の技術革新

現代の高度情報化社会の進展にともなって，商業においても情報システム化・ネットワーク化が急速に進展し，同時にそれらの革新・変革が商業の競争ないし存立に大きく関わってきている。たとえば，POS（Point of Sale: 販売時点情報管理）システムの導入・普及は，小売業務である仕入・販売・在庫・会計等の業務を一元化のもとに節約し，それとともに消費者ないし顧客の管理においても重要な役割をはたしている。

このPOSシステムは，「従来のキー・イン方式のレジスターではなく，自動読み取り方式のレジスターにより，商品単品ごとに収集した販売情報，ならびに仕入・配送などの活動で発生する各種情報をコンピュータに送り，各部門が有効に利用できる情報を加工・伝達するシステムで，いわば小売業の総合情報システムを意味する」（経済産業省）と定義されているように，もともと小売店のレジにおける業務の効率化とミス発生の防止，売れ筋商品や死に筋商品の把握や在庫管理等（大崎 2008, pp.55-56）による効果的・効率的なアソートメント形成のためのデータ作成に目的があった。しかし，このPOSシステムは消費者との接点に設置された情報ネットワーク端末であることから小売店を媒介とした業者間の結び付きを通して生産・流通システムに大きな影響を与えている。

商業における情報技術の革新には，流通におけるパワー・バランスの多様化とそれにともなう取引関係にも質的な変化をもたらしている。たとえば，情報

技術 (Information Technology:IT) の発達による消費者の情報把握がPB商品の開発や他のマーケティング戦略に決定的な役割を担うようになるにつれ，小売業のパワーが増大し，小売業がチャネル・リーダーになる分野が増大してきた。その結果，メーカーと小売業の関係が，従来の大規模メーカーと中小零細小売業の支配・従属関係にあるものに加え，大規模メーカーと大規模小売業との対等な関係にあるもの，さらに小売業主導のものなど多様な関係がみられる。また製販同盟（製販統合）にみられるように，単純な商取引を超えた密接な協調関係のもと流通コストの削減や製品開発など戦略的な目標をめざした取引関係もみられる（藤岡 2002, p.26, 岩永 2007, p.197) ようになってきた。

　次に，情報技術の革新による小売構造の変化をみると，POSシステムの情報武装型新興小売業が，消費者に対する情報優位とチェーンシステムによる本部一括仕入体制を整えることによって，卸売業やメーカーに対して仕入交渉力（バイイング・パワー）を増大させてきた。またマイカーの増加で生じた購買行動の広域化や1回当たりの購買金額の増大，購買品目の増大が大規模小売店舗やショッピング・センター(SC)等の出現を促進させている（大石 2002, p.119, 岩永 2007, pp.197-198）。その結果，従来の伝統的な中小零細小売店や百貨店・総合スーパー等の大型店に加え，コンビニエンスストアやディスカウントストアさらにショッピング・センター等の新しい小売業態や小売集積が出現し発展してきているのである。

　さらに，商業部門における情報技術の革新は，それと連動して多頻度小口配送を可能にする物流革新も引き起こしたのである。現代における市場の成熟化と消費者ニーズの多様化やそれに対応する製品の細分化・多様化された小ロットの製品の多頻度小口配送の実施が物流コストを増加させることになるのであるが，ITの発達に基づく効果的・効率的なロジスティクスの開発・実施によって予想される物流コストの増加を防止することが可能となった（岩永 2007, pp.200-201）。たとえば，コンビニエンスストアでは，情報技術の革新に基づくPOSシステムによる単品管理とサプライチェーン・マネジメント (Supply Chain Management: SCM) が多頻度小口配送という物流革新を可能にしている

のである。

3. 小売企業の国際化 [4]

　元来，小売業は消費者に規定され空間的・地域的に極めて狭い領域に制約された地域産業ないし立地産業として特徴づけられている。このような特質をもつ小売業が，近年の情報・物流技術の発達や社会経済のグローバル化にともなう小売経営技術の革新や小売経営組織の改革によって，大規模化・組織化・チェーン化しつつ小売国際化ないしグローバル化として進展している。一部の小売企業は，グローバル競争のもとに商品輸入や開発輸入をはじめ積極的に海外に出店するなど国際規模での売買活動を展開している。

　小売企業の国際化とは，小売企業の事業活動が国境を越えて展開されることであり，それには小売企業の国境を越えた商品の調達・供給や小売経営に関する情報・物流技術の国際移転などが含まれる。そのうち，小売企業の国際化の顕著なものが海外出店による店舗経営を通した小売事業の展開である。小売企業が国境を越えて小売店舗を構えて小売事業を展開するためには，進出先における現地市場に受け入れられ，かつ厳しい市場競争に適応するだけの小売経営技術をベースとした競争優位性を有していなければならない。

　小売企業の海外進出においては，小売企業を取り巻く国際環境等の外的要因，意思決定すべき小売企業自体の経営ビジョンないし経営組織・経営技術の革新などの内的要因といった諸条件を備えていなければならない。そのうえで，小売企業が海外進出する国・地域の選定は，進出先の法的規制や経済状況，社会的インフラ，文化的背景，消費者行動の特性などの環境条件によって規定される。さらに，小売企業が海外出店する場合，一般には比較的に参入障壁が低い近隣の同質的市場への進出から始まり，海外経験が蓄積されるにつれて段階的に遠隔の異質的市場へと拡張していくケースが多い。

　さらに，小売企業の海外進出方式は，小売業態の差異ないし進出先の政策や現地市場の情報・知識の程度によって，直接投資（子会社設立），買収，合弁，業務提携（技術供与やフランチャイジング等）等がみられる。なお，海外進出方式は，

最初に低リスク・低関与型の業務提携から始まり，次第に合弁，買収さらに直接投資（子会社設立）へと高リスク・高関与型進出方式へ展開していくのが一般的である（岩永2009, pp.1-18）。

注
1) 大野は，消費者の購買行動が単なる商品の購買という経済活動だけに括ることができない事実に注目し，現代の小売業と消費生活との関わりあいを重要なテーマとして取りあげる必要性を強調している（大野2000, p.114）。
2) この点について，石原は次のような仮説例をあげて説明している。「各小売商はいまや5000人の消費者に販売している。もし卸売商が50の小売商と取引をするとすれば，1人の卸売商が25万人の消費者と取引をすることになる。とすると，生産者はわずか5人の卸売商と取引するだけで実に125万人の消費者を取引相手としてもつことになる。少なくとも生産者はその可能性を手に入れる」と（石原2002, pp.52-53）。
3) 石原によれば，完全業種店とはある業種に属するすべての商品を取り扱う商業であり，部分業種店とはその一部の商品のみを取り扱う商業である（石原2000, p.129）。
4) 卸売商業は総合商社・専門商社を問わず，商品の輸出・輸入における海外取引において重要な役割を演じてきた。その意味では，商業の国際化はまず卸売業の分析からはじめなければならないが，本書では小売業の国際化について論述する。

（参考文献）
（1） 石原武政（2000）『商業組織の内部編成』千倉書房。
（2） 石原武政（2002）「商業の市場形成機能」大阪市立大学商学部編『流通』有斐閣。
（3） 岩永忠康（2007）『マーケティング戦略論（増補改訂版）』五絃舎。
（4） 岩永忠康（2009）「小売企業の国際化」岩永忠康監修・西島博樹・片山富弘・宮崎卓郎編『流通国際化研究の現段階』同友館。
（5） 岩永忠康（2011）「現代流通のアウトライン」岩永忠康監修／西島博樹・片山富弘・岩永忠康編著『現代流通の基礎』五絃舎。
（6） 岩永忠康（2013）「現代流通のアウトライン」岩永忠康監修／西島博樹・片山富弘・岩永忠康編著『現代流通の基礎理論』五絃舎。
（7） 大石芳裕（2002）「カタログ制作におけるサプライチェーン・マネジメント」陶山計介・宮崎昭・藤本寿良編『マーケティング・ネットワーク論』有斐閣。
（8） 大崎孝徳（2008）「流通と情報」岩永忠康・佐々木保幸編著『流通と消費者』慶応義塾大学出版。
（9） 大野哲明（2000）「現代の生活と小売業の社会的機能」阿部真也監修『現代の消

費と流通』ミネルヴァ書房。
(10)　田村正紀（2002）『日本型流通システム』千倉書房。
(11)　西島博樹（2011）『現代流通の構造と競争』同友館。
(12)　藤岡章子（2002）「リレーションシップ・マーケティングの理論的展開」陶山計介・宮崎昭・藤本寿良編『マーケティング・ネットワーク論』有斐閣。
(13)　森下二次也（1966）『現代商業経済論』有斐閣。
(14)　森下二次也（1994）『現代の流通機構』世界思想社。
(15)　矢作敏行（1996）『現代流通―理論とケースで学ぶ―』有斐閣。
(16)　渡辺達朗（2008）「流通を読み解く視点」渡辺達朗・原頼利・遠藤明子・田村晃二著『流通論をつかむ』有斐閣。

第3章　小売商業

はじめに

　小売商業（以下，小売業）は，最終・個人的消費者（以下，消費者）に直接に商品を販売する商業である。そのために小売業は，空間的・地域的範囲がきわめて狭い領域に制約された地域産業・立地産業ないし生活文化産業として特徴づけられている。

　近年，小売業においては，小売経営技術の革新や小売経営組織の改革ならびに情報・物流技術の発達よって，大規模化・組織化・チェーン化しながら近代的な多種多様な小売業態の小売企業が出現し，それとともに社会経済のグローバル化にともなって小売国際化が進展している。

　本章は，小売業の特徴と役割を述べたうえで，小売企業や小売店舗の集合（全体）としての小売構造とそれを構成している小売業態の分析にあてている。そこで，第1節では，小売業の特徴や役割について考察する。第2節では，小売企業や小売店舗の集合を構成している小売構造を地域構造や形態構造の視点から小売業種・小売業態について考察する。第3節では，日本における小売業態の展開と代表的な小売業態について考察する。

第1節　小売商業

1．小売業の概念

　小売業は，商品流通機構の末端部分に位置し，直接に消費者を対象として商品を販売している。一般に，消費者の単位は世帯であり，しかもその購買は必

要に応じて少量ずつを頻繁に買う,いわゆる当用買いが常態である。このような世帯は全国に散在し,かつ商品に対する嗜好は個人によって千差万別である。そのために,小売業は個人的消費に固有の小規模性・分散性・個別性によって規定され,しかも消費者の個別性を反映して商品の使用価値からの制約を受けざるをえないという特質を有している（森下 1966, p.145）。

したがって,小売業は,消費者に規定され空間的・地域的範囲がきわめて狭い領域に制約されている点に特徴があり,その意味で,小売業は地域に密着した地域産業ないし立地産業,また消費者の日常の生活や文化的な生活を支援する役割を担っていることから生活文化産業としても特徴づけられている。

なお,「小売」とは小口の取り扱いを指し,少量ずつ販売することを意味している。したがって,大量の商品を広範に分散して存在する小規模の消費に適するように少量単位に分割し,自己のニーズや欲求を充足させるために文化生活に必要な多種多様な少量の商品を消費者に販売することを意味している（鳥羽 2013, p.62）。

2. 小売業の特徴

小売業は消費者を対象として商品の販売するために,消費者に規定され消費者への対応が最も重要な役割や課題となっている。一般に,消費者固有の小規模性・分散性・個別性等の特質に規定され,実際に生活に必要な商品を購入する日常の消費者の行動範囲は制約されている。そのために,このような消費者を対象とする小売業も空間的に限定せざるをえないのである。この空間的に限定された小売業と消費者の出会いの場としての市場の広がりは,消費者の日常的な行動可能範囲にほぼ一致すると考えられ,消費者からみた空間的行動範囲が小売商圏である。このように小売業と消費者が売買活動を繰り広げる空間は,一般に小売市場と認識されている。

したがって,個々の小売業は,それぞれ空間的に制限された空間的小売市場（小売商圏）に向き合っていることになる。小売市場の最も重要な特徴は,その空間的範囲がきわめて狭い地理的領域に制約されている点にある。そのために,小売業は,取扱商品の特性とそれを購買する購買費用・購買時間に要する

購買行動に最も規定されているといえる。

　小売業が取り扱う商品は消費財[1]と呼ばれ，さらに商品特性と消費者の購買行動の特性に応じて「最寄品（Convenience Goods）」・「買回品（Shopping Goods）」・「専門品（Specialty Goods）」などに分類される。最寄品は，比較的に低価格で消費者が頻繁かつ即時に購入するもので，購買に際して最少の時間・費用や努力しか払わないものである。たとえば，タバコ・石鹸・新聞・お菓子などの日用雑貨品があげられる。買回品は，最寄品に比べて高価格で購買頻度が低く，消費者が商品選択や購買に際して製品の適合性・品質・価格・スタイルなどを比較かつ検討しながら購入するものである。たとえば，家具・高額衣料品・大型家電品などの耐久消費財があげられる。専門品は，消費者が製品固有の特性ないしブランドに固執して購買するもので，これを購入するために特別な努力を惜しまないようなものである。たとえば，乗用車・高額楽器・写真機器などの高級専門品があげられる（Kotler and Armstrong 1980, pp.244-248　村田監修・和田・上原訳 1983, pp.437-443）。

　このようにみると，小売市場の空間的範囲は，取扱商品の種類とそれを購買する購買（買物）費用に規定されている。つまり，日常の購買活動における消費者は，商品の価格に加えて購買費用を支払っている。具体的には，①小売店舗までの交通費(電車賃・バス代・ガソリン代・駐車料金等)，②時間(時間の機会費用)，③肉体的疲労（移動・探索等），④心理的疲労（混雑・交渉等）などが含まれる。結果として，各店舗の標的となる小売商圏の地理的空間に制約がかかることになるのである（鈴木 1993, p.124，鳥羽 2013, p.62）。

　また，小売業は，一定の地域において日常の社会生活をしている消費者を対象としているかぎり，消費者に関わる経済的要因ばかりでなく政治・法律・技術・文化などの社会的要因や自然・気候などの自然的要因などの多様な環境条件に影響を受けながら存在している。こうした諸環境条件は小売業の諸活動を方向づけ，繁栄させ，そして制限するなどの多様な影響を及ぼしている。そのために小売業の存続や成長は，環境への適応能力に依存していることから植物的といわれている。植物が特定の土壌に根を張って栄養分を吸収しながら成長

する様子が小売業に似ているというのである。こうした意味から，小売業は環境適応業や立地産業などとも称されている（鳥羽2013, p.64）。

3. 小売業の役割

現代の経済は，市場経済として市場に向けた見込み生産が一般的である。そのために，生産者は自ら生産した商品を販売するためには数多くの消費者を探しださなければならないし，消費者もまた自らの生活を維持すべき商品を購入するためには数多くの生産者を探しださなければならない。生産者にとっても消費者にとっても，必然的に探索時間と探索費用はきわめて大きくなる。そのために生産者の販売と消費者の購買を効果的・効率的に遂行するのが小売業の役割である。

小売業の手元には多くの生産者が生産した多種多様な商品集合（同種商品ばかりでなく異種商品をも含んだ商品集合），いわゆる社会的品揃え物が形成される。こうした社会的品揃え物が多くの消費者を引き寄せることになるが，そのことがまた多くの生産者を引き寄せるように作用する。その結果，生産者および消費者の双方にとって，商品の探索時間と探索費用を大きく軽減させるのである。

このように小売業は，生産と消費の間に介在し流通経路の末端段階を受け持つことによって，消費者に商品を販売するために，小売業の役割は生産者（卸売業）に対する「販売代理機能」と消費者に対する「購買代理機能」に併せて，両者に対する「情報提供機能」を担っているのである（鳥羽2013, p.64，西田2003, pp.2-3）。

(1) 販売代理機能

販売代理機能とは，生産者が生産に専念することで商品の生産効率を高めるように生産者に代わって販売活動を代理する機能である。この生産者に対する販売代理機能は2つのタイプがみられる。ひとつには，多種多様な商品を生産する多数の生産者の共同代理人としての販売代理機能があげられる。多数の生産者は自社商品を直接販売する場合に比べて，販売に要する時間と費用を負担しなくていいばかりでなく，販売の専門家である小売業の販売促進活動等に

よって自社商品を効率的に販売してもらうことによって生産活動に専念することができる。

　もうひとつには，寡占的大規模生産者の大量生産された大量商品の販路となる大規模な市場を掌握・管理する，いわゆるマーケティングのチャネル戦略としての商業系列化された小売業のメーカー専属代理人としての販売代理機能があげられる。寡占的大規模生産者は，販売代理機能を小売業に担ってもらうことによって製品開発や生産活動に専念することが可能になっているのである。

(2) 購買代理機能

　購買代理機能とは，消費者が必要な商品を探索するための時間と費用を節約するように商品を取り揃えることで消費者の購買を支援する機能である（安2013, p.86）。つまり，小売業は，購買代理者として消費者に対して適正な商品品揃え（マーチャンダイジング）をすることによって，消費者がどのような商品を求めているかを把握し，消費者に代わってコンサルティングやサービスを提供する機能である。

　小売業は，消費者との親近性・近接性に基づいて彼らのニーズや欲求にかかわる情報を効率的・効果的に収集し，それに適切に対応することができるのである。こうした取り組みは，消費者に代わって商品やサービスを準備し，彼らのニーズや欲求の充足を支援することができる。そのために，消費者が求める商品を取り揃え，在庫し，分散して立地することで不時の必要性に応えるために待機している。それによって，消費者が負担する購買時間や購買費用を節約することができるのである。

　たとえば，総合的な品揃えを創造することから一ヵ所であらゆるものの購入を可能にするワン・ストップ・ショッピングやさまざまな商品を比べながら商品選択の意思決定を可能にする比較購買の便宜性などは象徴的なものといえるだろう。そうした意味では，消費者の需要に受動的な立場にある。一方，小売業の品揃えやサービスの提供は，品揃えやサービスを形成する過程で消費者に独自の訴求物を提案しているものと理解することもできる。潜在的な需要を模索しながら新たな商品や顧客サービスを提供することによって，生活文化を提

案しているのである（鳥羽 2013, p.65）。

(3) 情報提供機能

　情報提供機能とは，生産者と消費者との情報を調整して生産者の販売活動と消費者の購買活動が順調に行われるように調整する機能である。したがって，川上に向けての情報提供機能は，小売業が生産者に代わって消費者に商品や企業についての情報を伝達することで購買に導く役割も担っている。たとえば，販売員の接客，店舗における商品陳列，POP（Point of Purchase）広告，包装紙などを介して消費者に情報提供を行っている。生産者は，小売業のこうした機能が存在することによって，商品開発や生産活動に専念することができるのである。

　次いで，川下に向けての情報提供も担っている。消費者に対して，さまざまな生産者が生産した多様な商品についての情報を公平に提供することによって，消費者が購買に際して自立した意思決定ができるように助けている。また，仮想的に日常の生活環境に照らし合わせて商品を吟味する経験価値を提供することで，購買活動における意思決定に役立っている（鳥羽 2013, pp.65-66）。

　その他に，価格調整機能，立地と施設の提供機能，時間的便宜性の提供機能，付帯サービスの提供機能などがある（西田 2003, p.2-3）。

第2節　小売構造

1.　小売構造

　小売構造とは，種々の属性を備えた多様な小売企業ないし小売店舗（事業所）を構成単位として構成され，かつそれらの相互関連の一定のパターンである（白石 1986, p.66）。つまり，それは，多種多様な小売業の構成要素の集合から成り立ち，かつその集合の態様といえる（鈴木・田村 1980, p.141）。したがって，小売業を小売企業ないし小売店舗自体のミクロ視点から捉えるのに対し，小売構造は小売企業（小売店舗）を総体・全体的なマクロ視点から捉えるものといえる。

小売業は，一般に小売店舗が単位となっており，この小売店舗を経営し小売業を営むものが小売企業である。小売企業の多くは1つの企業が単一店舗において事業を営んでいるが，複数店舗においても事業を営む企業も増加しつつある。その代表的なものがチェーンストアである[2]。また，会社のような法人については，1法人を1企業としているが，企業によっては，新設店舗や別形態の店舗を別法人としていることもある。

　さらに，最近ではいくつかの企業を統合した企業間組織も，1つの単位として行動しており，その統合の程度によって，共同仕入れをするものから，意思決定のほとんどすべてを本部で行うボランタリー・チェーン[3]やフランチャイズ・チェーン[4]にいたるまで多様である（鈴木 1993, p.134）。

　このように小売構造[5]を小売企業（小売店舗）の集合の一定のパターンと規定すると，白石善章は，関連構造，空間構造，経営構造という3つの視点から捉えている。このうち，関連構造は，小売業として認識される領域を1つの産業として捉え，その投入・産出およびその産業内の市場構造特性といった視点から捉えるものである。たとえば，小売業の競争特性（価格・取扱商品・提供サービス・立地）や小売業の競争行動を戦略上の取り組み（革新者・模倣者・非革新者のタイプ）から捉える場合である（白石 1986, pp.66-67）。

　次に，空間構造は，小売企業ないし小売店舗の配置や活動領域を地域的（空間的）視点から捉えたものである。小売業は，人（消費者）が存在しているかぎり小売店舗も存在しているために，人口の地理的分布に規定されて地域的な分布の著しい産業である。そのために，その分布の態様は，地域ないし地区によって非常に差異がみられ，小売店舗集積の著しい地域・地区とわずかな小売店舗集積しかない地域・地区が存在している。

　このような小売企業ないし小売店舗の配置や活動は，小売業による売買集中の原理を発揮するために小売企業の集まった小売集積を形成しているのが一般的である。この小売企業が集積して，消費者の買物活動が集積している場所を小売中心地（消費者からみると買物中心地）とすると，一般に，上位の小売中心地ほど販売額・店舗数・平均規模が大きく，ある一定になると大型店（総合スーパー・

百貨店など）が存在し，それも小規模なものから大規模化してくる。また小売業種の数も増加し，買回品小売業の比重が最寄品小売業の比重より増大していく。

　小売中心地にやってくる消費者の買物距離も上位ほど遠距離からも来るようになり，小売商圏が広くなっていく。もちろん小売中心地の分布ないし小売業の地域構造も固定的でなく変化している。人口・所得水準・産業・交通条件といった小売業を取り巻く環境諸条件の変化や小売業の経営戦略の変化によって，小売業の地域構造も変化している（鈴木・田村1980, pp.142-147）。

　さらに，経営構造は，小売企業ないし小売店舗を，①規模構造，②業種構造,③経営形態である形態構造という３つのレベルから捉えられる。このうち，①規模構造は，小売企業ないし小売店舗を規模の指標（資本金・従業者数・販売額・店舗面積・所有経営店舗数）から小売構造を捉えたものである。たとえば，従業者規模については，わが国の小売業を店舗（事業所）数からみると（図表4-1参照），就業者４人以下（中小零細規模）の店舗（事業所）数は圧倒的に多く大きな割合を占めているが，その数はかなり減少している。他方では，2007年度を例外視すると，就業者50人以上（大規模）の店舗（事業所）数は少なくその割合も低いが，その数は増加している。また，5人-49人規模も増加している。このことから小売業の大規模化（近代化）の傾向が伺える。

　また②業種構造は，小売企業ないし小売店舗を取扱商品の視点から捉えたものである。小売業の取扱商品をその類似性でみたとき把握される種類を小売業種という。小売業の取扱商品は,小売業が操作できる戦略の手段であるために，その幅を広げたり，深めたりすることによって競争相手と対応することが多い。つまり，小売業は取り扱う商品ラインや商品アイテム（品目）数を広げる総合化・多角化の方向があり，他方，取扱商品ないしその品目数を深める専門店の方向がある（白石1986, p.74）。

　さらに③形態構造は，小売企業ないし小売店舗を営業形態・経営形態・企業形態の視点から捉えたものである。このうち営業形態としては百貨店・スーパー・専門店・無店舗販売などに分類される。経営形態としては独立小売業と組織化小売業に分類される。企業形態として個人組織・会社組織・協同組合組織・

公企業組織に分類される。特に営業形態としての小売店舗別に捉えた形態は，小売業の小売ミックスを中心とした経営戦略を総合したものであり，小売業態として把握できる（尾碕 2012, p.45）。

そこで，小売業種と小売業態について，立ち入って考察してみよう。

2. 小売業種

業種とは，営業種目が省略された用語である。小売業種(Kind of Business)は，小売業を「なにを売るのか（What to Sell）」という視点から分類する基準である。この分類は，取扱商品の類似性，用途の類似性，あるいは生産過程の類似性などに基づいている。つまり，商品の取り扱いに必要な知識や技術は専門性を有することから小売業の品揃え活動を基準として分化していく。この分化は，「生産者が自らその生産物を販売していた限り販売が生産物によって分化していた」（森下 1966, p.146）との指摘があるように，小売業の役割である生産者に対する「販売代理機能」として役割の側面が強くあらわれているといえよう。

日本において，小売業種は，日本標準産業分類に依拠して，大分類・中分類・小分類，そして細分類という次元で階層的に分類されている。その場合，各階層に応じてアルファベットと 2 桁から 5 桁の数字を割り振ることによってコード化されている。

『商業統計表』によると，小売業種には，55 各種商品小売業，56 織物・衣服・身の回り品小売業，57 飲食料品小売業，58 自動車・自転車小売業，59 家具・什器・機械器具小売業，60 その他の小売業に分類されている。たとえば，「57 飲食料品小売業」という中分類には，「571 各種食料品小売業」「572 酒小売業」「573 食肉小売業」「574 鮮魚小売業」「575 野菜・果実小売業」「576 菓子・パン小売業」「577 米穀類小売業」「579 その他の飲食料品小売業」の小分類がある。さらに，「573 食肉小売業」をみると，「5731 食肉小売業」と「5732 卵・鳥肉小売業」といった細分類されている（図表 3-1 参照）。

これら小売業種を小売企業ないし小売店舗でみた場合，各種商品小売業には百貨店，総合スーパー，万屋などがあげられ，織物・衣服・身の回り品小売

業には，呉服屋，帽子屋，時計屋などがあげられ，飲食料品小売業には八百屋，魚屋，果物屋などがあげられる。

図表 3-1　小売業種

```
55  各種商品小売業
      551  百貨店・総合スーパー
      559  その他の各種商品小売業
           （従業者が常時 50 人未満のもの）
56  織物・衣服・身の回り品小売業
      561  呉服・服地・寝具小売業
      562  男子服小売業
      563  婦人・子供服小売業
      564  靴・履物小売業
      569  その他の織物・衣服・身の回り品
           小売業
57  飲食料品小売業
      571  各種食料品小売業
      572  酒小売業
      573  食肉小売業
      574  鮮魚小売業
      575  野菜・果実小売業
      576  菓子・パン小売業
      577  米穀類小売業
      579  その他の飲食料品小売業
58  自動車・自転車小売業
      581  自動車小売業
      582  自転車小売業
59  家具・じゅう器小売業
      591  家具・建具・畳小売業
      592  機械機器小売業
      599  その他のじゅう器小売業
60  その他の小売業
      601  医薬品・化粧品小売業
      602  農耕用品小売業
      603  燃料小売業
      604  書籍・文房具小売業
      605  スポーツ用品・がん具・娯楽用品・
           楽器小売業
      606  写真機・写真材料小売業
      607  時計・眼鏡・光学器械小売業
      609  他に分類されない小売業
```

図表 3-2　小売業態

```
1. 百貨店
1) 大型百貨店
2) その他の百貨店

2. 総合スーパー
1) 大型総合スーパー
2) 中型総合スーパー

3. 専門スーパー
1) 衣料品スーパー
2) 食料品スーパー
3) 住関連スーパー

4. コンビニエンスストア

5. ドラックストア

6. その他のスーパー

7. 専門店
1) 衣料品専門店
2) 食料品専門店
3) 住関連専門店

8. 中心店
1) 衣料品中心店
2) 食料品中心店
3) 住関連中心店

9. その他の小売店
```

（注）商業統計表は日本標準産業分類にしたがっている。
（出所）経済産業省編『商業統計表』経済産業省より作成。

3. 小売業態

　小売業態（Type of Operation）とは，営業形態の略であり，小売業種と対応して用いられる概念である。一般に，それは小売業を「いかに売るのか（How to Sell）」という経営・販売の視点から分類する基準である。この分類は，立地・販売促進・価格帯・品揃え・レイアウト・サービスなどの小売業の基本的要素を組み合わせた小売ミックスや消費者の買い方に最も対応できるように構成された定型的な営業形態に基づいている（笹川 2006, p.75）。したがって，小売業の小売ミックスや消費者の買い方を基準として分類されている。この分化は，小売業の役割である消費者に対する「購買代理機能」として役割が強くあらわれているといえよう[6]。

　たとえば，食料品や飲料品といった取扱商品についても，食品スーパーとコンビニエンスストアでは，類似の商品を販売しているが，明らかに消費者に訴求する営業や販売方法が異なっている。前者では「豊富な品揃え」「商品の新鮮さ」「低価格」といった品揃えの豊富さや品質・価格面を消費者に訴求するのに対して，後者では「便利な品揃え」「便利な営業時間（長時間営業）」「便利な立地条件への出店」といったサービス面を消費者に訴求している点に差異がみられる（鳥羽 2013, p.67）。

　日本の『商業統計表』においては，小売業態を小売企業ないし小売店舗でみた場合，「店舗販売か無店舗販売か」「対面販売かセルフサービス販売か」「どのような品揃えの特徴をしているのか」などに基づいて，1百貨店，2総合スーパー，3専門スーパー，4コンビニエンスストア，5ドラッグストア，6その他のスーパー，7専門店，8中心店，9その他の小売店に分類されている（図表3-2参照）。

4. 小売集積

　小売企業ないし小売店舗は，消費者の購買の便宜をはかるために，一定の地域に集まって小売集積を形成している。このような小売集積には，自然発生的に形成されてきた商店街ないし計画的に構築・管理されるショッピングセンター（SC）などがみられる。

商店街は，都市・地域の特定地域に個々の小売店が歴史的かつ自然発生的に集まり，相互に競争しながら共存共栄して立地している小売業・サービス業等の集積地域である。通常は，中小小売業の集合として構成されている。したがって，商店街は小売機能の地域的集積の小売中心地あるいは買物中心地であり，小売店舗の集合形態として把握されている（金子・中西・西村 1998, pp.158-159）。

　この商店街には，『商店街実態調査報告書』の基準によると，近隣型・地域型・広域型・超広域型の4タイプに分けられる。たとえば，東京の銀座など大都市中心部にある商店街は超広域型商店街のタイプであり，「百貨店，量販店等を含む大型店があり，有名専門店，高級専門店を中心に構成され，遠距離からの来街者が買物をする商店街」と定義づけられている。また，日常的に生鮮食料品などの最寄品を購入する商店街は近隣型商店街・地域型商店街のタイプであり，近隣型商店街は「最寄品中心で地元主婦が日用品などを徒歩または自転車などにより日常性の買い物をする商店街」と定義づけられている（番場 2006, p.86）。

　ショッピングセンター[7]は，各種小売業態や専門店が入店する小売業集積の形態として認識される。したがって，ディベロッパーと称される開発業者が巨大な施設を建設し，計画的に運営管理を行っている。百貨店や総合スーパーなどの大規模小売業態を核店舗として設置され，比較購買ができるように各種専門店を入居させている。また，映画館などの娯楽施設やレストラン街（フードコート）なども付設され，大規模な駐車場を備えていることを特徴としている（鳥羽 2013, p.67）。

　小売集積には，その他に，日用品小売市場，寄合百貨店，寄合スーパーなどがある。日用品小売市場は公設ないし私設の建物に食料品や日用品などの最寄品を取り扱う小売店が集積したものである。また，寄合百貨店，寄合スーパーは5人以上の中小小売商が参加し共同店舗を設置し，全組合員がその中で営業しているものである（関根 1991, p.51）。

第3節　小売業態

1．日本の小売業態の展開

　小売営業形態ないしは小売店舗形態は，取扱商品に基づいて分類される小売業種と経営方法に基づいて分類される小売業態が代表的である。このうち小売業態は品揃え・店舗規模・立地・販売方法・付帯情報サービスなど小売ミックスを駆使していかに消費者のニーズや欲求に対応するかという，いわば小売マーケティングに基づいて類型化される。ただ，小売業態は小売業種を含む概念で，小売業態の分化と統合も小売業種に準じて商品構成の広・狭によってある程度区別される。そして，総合的な商品構成の小売業態を統合し，専門的な商品構成の小売業態に分化することもできるが，小売業態の分化と統合は単純なものではない（石川 2013, pp.138-139）。

　日本における小売業態の発展は，百貨店に端を発し高度経済成長期のスーパーの出現によって本格化した。スーパーは歴史的には食料品や衣料品，医薬品・雑貨の専門スーパーとして創業された企業が多く，その後商品品揃えを拡大しながら大型化した SSDDS（セルフサービス・ディスカウント・デパートメントストア）へと変身し，さらに総合スーパーへと発展していった。同時に生鮮食料品を中心として本来のスーパーマーケットである食品スーパーをはじめ衣料品スーパーなどの専門スーパーも着実に発展してきている。

　1970 年代の高度経済成長の終焉とともに，モータリゼーションの進展にともなって，紳士服・家電・スポーツ用品・住居用品・靴・玩具などの専門量販店が郊外幹線道路沿いに立地するロードサイド・ショップが発展してきている。それと並行して消費の成熟化と出店規制強化が利便性を追求した小型店舗のコンビニエンスストアが発生し発展してきている。さらに規制緩和，グローバル競争の進展，過剰生産・供給過剰などによって価格訴求型小売業態のディスカウントストアが発生し発展している（矢作 1996, p.94）（図表 3-3 参照）。

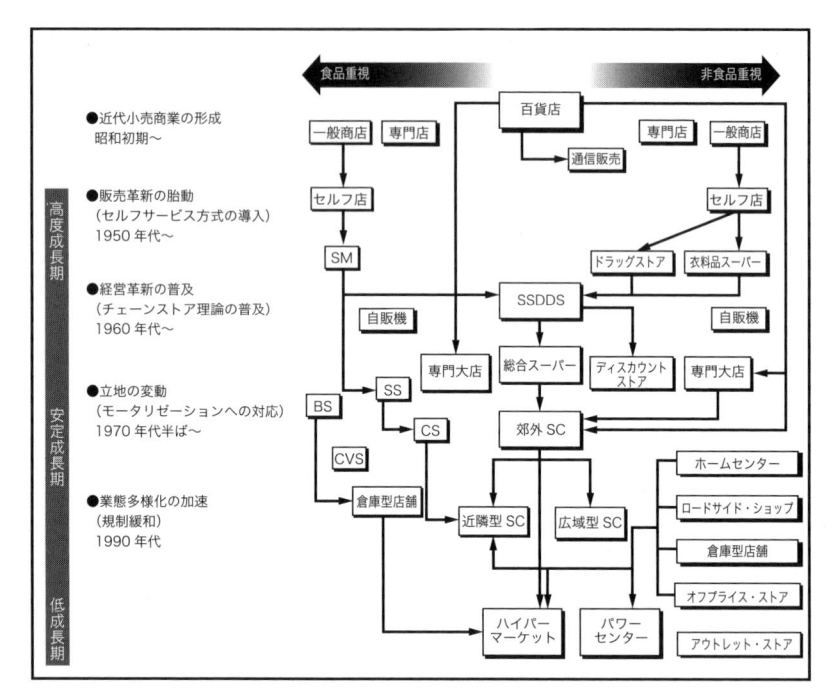

図表 3-3　日本の小売業態発展系統図

（注）SM：スーパーマーケット，SSDDS：セルフサービス・ディスカウント・デパートメントストア，SS：スーパーストア（大型スーパーマーケット），CS：コンビネーション・ストア（スーパーマーケットとドラッグストア，衣料品スーパー等との複合店舗），SC：ショッピング・センター，BS：ボックス・ストア（小型食料品安売店），CVS：コンビニエンスストア。
（出所）矢作（1996），p.94

2.　日本の代表的な小売業態

　日本にみられる代表的な小売業態には，専門店，百貨店，スーパーマーケット（食品スーパー），スーパー（総合スーパー），コンビニエンスストア，ホームセンター，ディスカウントストア，ドラッグストアなどがあげられる。そこで，これらの小売業態の概念や特徴を簡単に紹介しておこう。

(1) 専門店

専門店（Speciality Store）は，専門品や買回品を中心に特定分野の商品に絞って品揃えをした小売業態である。したがって，取扱商品が専門化され高級化されている店舗を指したり，繁華街に立地し個性的商品を専門に扱っている店舗を指すこともある。専門店の発展方向には，①単一品目に絞って奥深い品揃えを志向する方向，たとえば，衣料品であれば紳士服について色・サイズの品揃えの豊富さなどである。②限定した対象顧客に絞って品揃えを拡大していく方向もある。③用途別に関連した品揃えを拡大していく方向がみられる。一般に専門店は，大部分を中小小売業の営業形態で占められているが，大規模店舗で特定分野にかぎってカテゴリーキラー[8]も現れている。たとえば，おもちゃのトイザらスなどであり，またカメラやパソコンなどに限定したカテゴリーキラーもある（石川 2013, p.148）。

(2) 百貨店

百貨店（Department Store）は，都心の繁華街に大規模な店舗を設置し，買回品を中心に多様な商品を品揃えして陳列販売することで，ワン・ストップ・ショッピングや比較購買の便宜性を提供している。また，店頭での価格交渉を排除して平等に定価で販売すると同時に，返品自由や品質保証などの制度を導入することで消費者に安心感を提供している。いずれも当時の小売商業界では革新的な取り組みであった。

さらに，百貨店は，商品部門単位で仕入と販売を管理する部門別管理制を導入することで多様な商品の取り扱いを可能にしたのである。百貨店が「デパートメントストア（Department Store）」と称されるのは，こうした組織特性に由来したものである（鳥羽 2013, pp.69-70）。

世界で最初の百貨店は，1852 年にフランスのパリでアリステッド・ブシコー（Aristide Boucicaut）によって創業されたボン・マルシェであるといわれている。

日本においては，古い歴史をもつ百貨店の源流はその多くは江戸時代の呉服屋であり，これが取扱商品を拡大して近代的百貨店へ発展してきた。1904（明治 37）年に三井呉服屋が三越百貨店と社名を変更し，百貨店宣言したのが最

初とされている。その後，いとう屋（松坂屋），白木屋，松屋，高島屋，大丸など次々と近代的百貨店が誕生した。なお，日本の百貨店のタイプは，都市百貨店（三越・大丸など），私鉄系百貨店（西武・阪急・阪神など），地方百貨店（岡山の天満屋，福岡の岩田屋，札幌の丸井岩井など）の3タイプに分けられる（関根1991, p.47）。

(3) スーパーマーケット（食品スーパー）

スーパーマーケット（Supermarket：SM）は，肉・野菜・魚介類などの生鮮食料品や乳製品や非食品などの最寄品を中心に品揃えをして，セルフ・セレクションとセルフサービスにより大量仕入・大量販売・高回転を実現し，消費者に低価格を訴求する小売業態である。

この低価格販売は，セルフサービス方式の本格的な導入と単品単位のマージン率設定によって実現された。セルフサービス方式の導入は，人件費の削減をもたらすことで低コスト経営に貢献すると同時に，顧客に商品選択の主導権や比較購買の機会を提供することで購買活動を刺激した。また，商品別に「利ざや（原価と売値の差）」を変化させる単品単位のマージン率設定は，劇的な低価格の訴求を可能とした。当時の小売店では，すべての商品に同一のマージン率が設定されていた。そうした状況のなかで，ある特定の商品はきわめて低いマージン率で販売し，他の品目についても一律でないマージン率を設定しながら全体としての収益を確保したのである。なかでも，原価を割るほどの低価格で販売されるロス・リーダー（目玉品）は，商品自体の利益よりも多くの顧客を吸引することで他商品の売上をはかったのである（鳥羽2013, p.70）。

スーパーマーケットの誕生は，1930年にアメリカのニューヨークでマイケル・カレン（Michael Joseph Cullen）がキング・カレンを創業した瞬間にあるといわれている。1929年10月24日に勃発した世界恐慌を背景に，失業者が溢れ，消費者の購買力が低迷していた状況のなかで，食料品を大胆な低価格で販売する業態として登場してきたのである。

日本のスーパーの歴史は，高度経済成長期に入る段階で誕生し，日本の経済の成長とともに発展してきた。最初の本格的なSMは，1956年に小倉で開店

した丸和フードセンターであり，その後，山口県から起こった主婦の店を看板に掲げる小売店が各地で出現していった。特に1957年に大阪・千林にダイエー薬品・主婦の店の開店により，日本で本格的に発展していき，1972年にダイエーの売上が三越百貨店を抜き小売業日本一となった。

　1980年代になると，食品以外の幅広い品揃えにより総合スーパーへと展開していった。それとともに，日本のスーパーは，取扱商品により本来の食料品スーパーはもちろん，衣料品スーパー，住関連スーパーなどの専門スーパーが出現し発展している（石川2013, pp.142-143）。

(4) 総合スーパー

　総合スーパー（General Merchandise Store:GMS）は，量販店ともいわれ，買回品を中心に，衣食住に関連した様々な商品を幅広く品揃えし，百貨店に類似した小売業態である。

　日本において，総合スーパーは，主として食料品中心のスーパーから発展してきたもので，消費者にワン・ストップ・ショッピングの利便性を訴求するとともに，大規模店舗を構え多店舗を展開することにより大量仕入・大量販売を実現し，セルフサービスなどによってコストを抑え消費者に低価格を訴求して発展してきている。その代表的なものとしては，イトーヨーカ堂，イオン，ダイエー，西友などがあげられる（石川2013, p.143）。

(5) コンビニエンスストア

　コンビニエンスストア（Convenience Store:CVS）は，食料品を中心として日常生活に必要な最寄品を品揃えし，年中無休，長時間営業，住宅地・周辺への接近，交通上便利な場所に立地し，消費者に利便性を提供する小売業態である。

　コンビニエンスストアの特性は，その名が示すとおり消費者に便宜性（Convenience）を訴求するものである。具体的には，①日常生活に必要なあらゆる商品やサービスを提供するという「品揃えの便宜性」，②長時間営業に取り組むことで消費者の購買活動における時間的な制約を緩和する「時間の便宜性」，③あらゆる立地条件に出店することで店舗までの移動を容易にする「立地の便宜性」を提供することに集約される。

コンビニエンスストアの起源は，1920年代まで遡るといわれる。アメリカのテキサス州でサウスランド・アイス社が氷を販売するなかで，顧客の要望に応じて乳製品やパンなどの取扱商品を拡大したことが誕生の契機となった。その本格的な展開は，サウスランド・アイス社の後身であるサウスランド社がセブンイレブンを誕生させたことに始まる。

日本において，この小売業態の事業システムは，セブンイレブンを展開していたアメリカのサウスランド社とフランチャイズ契約を結び，日本でコンビニエンスストアの展開に挑戦したセブンイレブン・ジャパン（イトーヨーカ堂の子会社として設立されたヨークセブン）によって構築された（鳥羽2013, p.71）[9]。

(6) ホームセンター

ホームセンター（Home-Center:HC）は，家庭内で使用する非食品を中心に品揃えをした小売業態である。元来は日曜大工に必要な商品を販売していたが，日用品や家具・寝具，簡単な電化製品，ペット用品，ガーデニング用品を品揃えし，消費者に低価格で販売するようになった。

日本において，ホームセンターは，当初はアメリカのDo it yourself 運動の影響で，日曜大工用品を中心に品揃えをしていた。最近ではペットブーム，ガーデニングブーム，アウトドアブームに便乗してこれらの関連商品の売場を拡大してきており，店舗は一般に郊外に立地し広い駐車場を構えている（石川2013, p.147）。

(7) ディスカウントストア

ディスカウントストア（Discount Store:DS）は，衣料品や日用品，家庭用電化製品，家具・寝具などを中心に，食料品以外の品揃えを大量販売により，消費者に徹底した低価格訴求を行う小売業態である。低価格訴求のために，地価の安い郊外に立地し，店舗は倉庫型店舗や店舗の内装・外装にあまり資金を投入しないものが多い。

日本では1960年代から1970年代にかけて，メガネやカメラ，紳士服などの買回品や専門品を中心として出現し，1970年前半には総合的品揃えをする小売業態も出現し発展してきている（石川2013, pp.145-146）。

(8) ドラッグストア

　ドラッグストア（Drug-Store）は，医薬品を中心に日用品・化粧品・健康食品・一般の加工食品を品揃えしている小売業態である。日本の医薬品業界では，流通が系列化されており，薬事法の影響などで医薬品を取り扱う小売店の規模は小規模であった。ドラッグストアは，規制緩和とともに薬局・薬店の取扱商品を拡大したり，化粧品などの値引き販売を行うことで，1990年代を通して一気に拡大した。特に化粧品・健康食品・健康補助食品などを大量に扱うことにより顧客の支持を集めるようになった。近年では，店舗拡大を積極的にすすめるマツモトキヨシやコクミンなど限られた地域で支持されていたドラッグストアの出店地域の拡大や，資本・業務提携を行うことによりグループ化する動きもみられる（石川2013, pp.147-148）。

注

1) 商品の分類は，多くの学者によって多種多様な方法で行われているが，マーケティング論では一般にコープランド（M. T. Copeland）による分類方法がベースになっている。
2) チェーンストアとは，単一の企業が類似の店舗を多数所有し，それらを中央集権的な本部組織が統一的に計画管理を行う小売業の経営形態を意味する。仕入と販売を切り離し，分散した需要には分散した店舗で対応する一方，仕入や販売促進は本部が担当することで規模の経済性を享受するのである。各店舗が小規模で分散していても，ひとつの企業として規模を拡大することを可能とする経営形態であり，レギュラー・チェーンと称される。チェーンストアはさまざまな業態が展開している。たとえば，カジュアル衣料品店（専門スーパー）や食品スーパーなどによって積極的に展開されている（鳥羽2013, p.68）。
3) ボランタリー・チェーン（Voluntary Chain）は，多数の同業者が個々の独立性を維持しながら，仕入・保管・配送・販売促進などで共同化をはかることによってレギュラー・チェーンと同様の効果を追求する。アメリカでは主催者の違いによって異なる名称が付されている。卸売業が主催するものをボランタリー・チェーンと称し，小売業が主催するものは「コーポラティブ・チェーン（Corporative Chain）」と称されている（鳥羽2013, pp.68-69）。
4) フランチャイズチェーンとは，「フランチャイザー」と称される主催者が「フランチャージー」と称される加盟者と特定の契約を結ぶことから形成されるチェーンストアの形態である。主催者が加盟者に対して特定事業を展開する権利や経営指導を提

供する一方，加盟者は主催者に加盟料とロイヤルティー（Royalty: 特許権・商標権・著作権などの使用料）を支払う関係となる。主催者にとっては，限られた経営資源で事業拡大を可能とすることが魅力となっている。そして加盟者にとっては，当該事業の知識や経験を備えていなくても新たな事業分野に参入できることが評価されている（鳥羽 2013, p.69）。

5) 鈴木安昭は，小売構造を規模構造，業種構造，地域構造，形態構造の4つの側面から捉えている（鈴木 1993, pp.133-142）。

6) この点で，大野哲郎は，「小売業の業務内容が，メーカーの販売代理業務から消費者の意志や行動を反映した購買代理業としての性格をより強化したものへと歴史的に変貌をとげつつある点である。問題は，それを業態コンセプトの理解における核心部分として，理論のなかにどう位置づけてゆくかにある」と（大野 2012, p.14）。

なお，石原の業種と業態の差異についてみると，業種は伝統的な小売業の現実的態様を記述する重要な概念であった。小売業は膨大な商品の中から何を取り扱い，何を取り扱わないか決定する。その場合，小売業の決定は，取り扱い商品の集合の安定したパターンは業種と呼ばれている。業種は小売商が何を取り扱うかという側面から分類するのに対して，業態がそれをいかに取り扱うかという側面から分類である。実際，業態を流通サービス水準ないし小売ミックスとの関連で捉えるのは，むしろ通説的であったともいえる（石原 2000, pp.183-184）。

7) アメリカでは，その施設規模によって①近隣型（ネイバーフッド），②地域型（コミュニティー），③広域型（リージョナル）に区分して認識されている。近年においては，幹線道路沿いの広大な敷地を利用したパワーセンターやアウトレットモールなどが躍進している。前者はカテゴリーキラーと称される大型の総合専門店が中心となって形成されるショッピングセンターを指し，後者は過剰在庫や傷物などを低価格で販売するアウトレット・ストアから形成されるショッピングセンターを指す。また，アウトレット・ストアには，メーカーが抱える商品を取り扱うファクトリー・アウトレットや小売業が抱える商品を取り扱うリテール・アウトレットも存在している（鳥羽 2013, p.68）。

8) カテゴリーキラー（Category Killer）とは，特定の商品範疇で圧倒的な品揃えを形成すると同時に，メーカーとの大規模な直接取引による仕入価格の圧縮やセルフサービス方式の導入による効率的な経営から低価格を実現することで，既存の小売店から顧客を奪い去る殺し屋のような競争力を備えた小売業の形態をいう。具体的には，アメリカのトイザらス，オフィスデポ，スポーツデポなどが象徴的な存在として取り上げることができる（鳥羽 2013, p.85）。

9) 日本のコンビニエンスストアは，小規模な店舗で3,000品目に及ぶ多様な商品を販売するために，必要な商品を必要な分量で必要なタイミングに取り揃える必要があった。そうした要求に応じる取り組みのなかで開発されたのが，POSシステム（Point of Sale Systems）である。このシステムでは，専用のレジスターを通じて販売情報を

収集することで，いつ，どの店舗で，どの商品が，どのような顧客に，どれだけ購入されているのかを統計的に把握し，多くの在庫を抱えることなく効果的な品揃えを形成することを可能とした。さらに，そのためには多頻度少量の商品調達体制を確立することが要求された。しかし，商品を供給する卸売業側にとっては，多頻度少量の配送には多大なコストを要するために応じることが困難であった。そこで，ある地域に集中的に出店することで共同配送を依頼し，この問題を解決した。1店舗当たりの配送量が小規模であっても，ある地域に複数出店される店舗に巡回的に配送できる状況をもたらし，1回の配送量を大規模にする仕組みを構築したのである（鳥羽 2013, pp.71-72）。

参考文献
（1） 安孝淑（2013）「小売業の国際化」柳純編著『激変する現代の小売流通』五絃舎。
（2） 石川和男（2013）『基礎からの商業と流通（第3版）』中央経済社。
（3） 石原武政（2000）『商業組織の内部編成』千倉書房。
（4） 大野哲郎（2012）「転換する流通と小売業態分析の視角」九州産業大学『商経論叢』第52巻第2号。
（5） 尾碕眞（2012）「小売業」尾碕眞・岡本純・脇田弘久編『現代の流通論』ナカニシヤ出版。
（6） 金子泰雄・中西正雄・西村林著（1998）『現代マーケティング辞典』中央経済社。
（7） 笹川洋平（2006）「業種と業態」加藤義忠監修・日本流通学会『現代流通事典』白桃書房。
（8） 佐藤善信（2000）「商業の機能と構造」石原武政・池尾恭一・佐藤善信『商業学〔新版〕』。
（9） 白石善章（1986）「商業構造」合力榮・白石善章『現代商業論―流通変革の理論と政策―』新評論。
（10） 鈴木安昭・田村正紀（1980）『商業論』有斐閣。
（11） 鈴木安昭（1993）『新・流通と商業』有斐閣。
（12） 関根孝（1991）「小売機構」久保村隆祐編著『商学通論（新訂版）』同文舘。
（13） 鳥羽達郎（2013）「小売商業」岩永忠康監修／西島博樹・片山富弘・岩永忠康編著『現代流通の基礎理論』五絃舎。
（14） 西島博樹（2011）『現代流通の構造と競争』同友館。
（15） 西田安慶（2003）「小売機構と小売経営」西田安慶・城田吉孝編著『現代商学』税務経理協会。
（16） 番場博之（2006）「零細小売商と商店街」加藤義忠監修・日本流通学会『現代流通事典』白桃書房。
（17） 村田昭治監修，和田充夫・上原征彦訳（1983）『マーケティング原理―戦略的アプローチ―』ダイヤモンド社。

(18) 森下二次也（1966）『現代商業経済論』有斐閣。
(19) 矢作敏行（1996）「小売業態の発展」鈴木安昭・関根孝・矢作敏行編『マテリアル 流通と商業』有斐閣。
(20) Philip Kotler and Gary Armstrong（1980）, *Principle of Marketing*, 4th ed., Prentice-Hall Intenational, Inc..

第Ⅱ編　小売商業の問題

第4章　中小小売商業問題

はじめに

　小売商業（以下，小売業とする）は消費者と直結し消費者を対象として商品を売買するために，消費者に規定された狭い商圏内での業務を特徴としている。そのために，依然として中小零細小売業（以下，中小小売業とする）が多く存在している。

　わが国の中小小売業は，社会経済環境の変化の下で，小売業の大規模化や多店舗化による小売業の近代化ないし新しい小売業態の出現によって，1980年代中頃から店舗数を減少させ，その役割や地位を低下させてきている。

　本章は，わが国の中小小売業に関わる問題・政策について考察している。そこで，第1節では，わが国の中小小売業の現状を『商業統計表』に基づいて理解する。第2節では，わが国の中小小売業存立の根拠について考察する。第3節では，わが国の中小小売商業政策の経緯を述べる。第4節では，わが国の中小小売業の集積体としての商店街施策について考察する。

第1節　中小小売商業の現状

　わが国経済は，プラザ合意を契機とする円高基調や国際化の進展，バブル経済崩壊後の長期景気低迷，規制緩和の方向や商慣行の見直しなどの政策志向の転換，消費者の価格意識の向上や消費者行動の変化などの社会経済環境によって大きく変化してきている。そのためにわが国の小売業も，ディスカウントストアといった新たな小売業態の台頭，総合スーパーなどによるPB製品開発な

らびに低価格製品開発などによって，価格破壊現象ないし価格革命の様相を呈しながら，大きく変化してきている。

このような小売業を取り巻く環境の変化は，その主要な構成要素である中小小売業に大きな影響を与えている。もともと，小売業は，商品流通機構の末端部分に位置し，直接に個人的消費者に商品を販売する。したがって，小売業は個人的消費者に固有の小規模性・分散性・個別性によって規定され，しかも消費者の個別性を反映して商品の使用価値からの制約を受けざるをえないという特質を有している（森下1966, p.145）。そのために小売業全体からみた場合，中小小売業のウェイトがかなり高い。この中小小売業が，わが国の経済ないし流通システムのなかで，どのように位置づけられ，どのように取り扱われているか，常に重要な政策課題のひとつとして把握されている。

図表4-1 小売店舗数（就業者規模別）の推移

	1979	1982	1985	1988	1991	1994	1997	2002	2007
1～2人	1,022,103	1,036,046	940,023	874,377	847,185	764,772	708,999	603,426	499,737
3～4人	401,188	412,701	408,178	422,067	416,940	370,944	350,306	297,583	275,792
5～9人	175,951	187,898	190,434	214,046	214,007	222,552	212,556	218,667	226,917
10～19人	47,591	54,156	57,911	70,394	71,905	89,628	93,463	114,755	92,014
20～49人	21,131	24,270	25,375	31,436	33,052	42,000	43,716	50,712	33,451
50人以上	5,703	6,394	6,723	7,432	8,134	10,052	11,166	14,914	9,948
合計	1,673,667	1,721,465	1,628,644	1,619,752	1,591,223	1,499,948	1,419,696	1,300,057	1,137,859

（出所）経済産業省（通商産業省）編『商業統計表』（各年度版）より作成。

わが国における小売業の店舗数（事業所数）は，2007年現在で1,137,859店と前回比で12.5%の減少がみられた。1982年の1,721,465店を絶頂期としてその後減少の一途をたどり，2007年の時点で1982年と比べると総計583,606店の減少となった。これを就業者規模別の店舗数についてみると，1～2人規模小売店は2007年の499,737店と1982年の1,036,046店と比べて半分以下の大幅な減少がみられ，また3～4人規模小売店は2007年の275,792店と1982年の412,701店と比べて大幅な減少がみられる。したがって，中小小売業の中心とみなされる1～4人規模小売店は1982年の1,448,747店から2007年の775,529店とおおよそ半分程度の減少がみられる。

他方，2007年度を度外視すると，5〜9人規模，10〜19人規模，20〜49人規模，50人以上規模の中規模・大規模小売店はそれぞれ増加傾向を示しており，このことから小売の大規模化・近代化の傾向がうかがわれる（図表4-1）。

以上のように，わが国の『商業統計表』によれば，調査以来，増加傾向にあった小売店舗数が，1985年以降から減少し続けている。その減少の大部分は，経営者の高齢化・後継者難などの内部問題に加え，消費者ニーズの変化や商業立地基盤の変化，さらに小売競争の変化などに対応できない中小小売業であった。このように中小小売業が何らかの理由でその存在を脅かされるにいたったとき，中小小売商業問題が発生したのであるが，中小小売商業問題は古くて新しい問題として常に政策課題の中心を占めている。とりわけ今日の中小小売業は，経済的・社会的環境に加え，規制緩和・商慣行見直しなど政策志向の変化によってきわめて厳しい状況におかれている。

第2節　中小小売商業存立の根拠

わが国の小売業は，従来，資本主義経済の発展の後進性とその特異性に基づく所得水準の低さと市場の地域性・狭隘性などに規定されて，零細性・過多性・生業性・低生産性を特徴としており，大都市の都心に存在する百貨店を除いてほとんどが多くの中小小売店によって占められていた。

ところが，高度経済成長過程において大規模・寡占メーカーの積極的な経済活動による全国市場の創出や所得水準の向上によって大量生産体制と大衆消費社会が実現し，小売部門では新興大規模小売業態であるスーパーの急速な発展により急激な変化がみられ，いわゆる流通革命が起こった。

しかし，他方では，高度経済成長がかなり長期にわたり維持されていたために，市場スラックが発生し，零細性・過多性・生業性を特徴とする相対的に生産性の低い中小小売業にも存続の機会が与えられた。しかも免許・許可制，税制および大型店規制など政府の公共政策が中小小売業を温存させる制度的装置

として強力に作用したのである（田村 1986, pp.66-67）。そこで，中小小売業が存立する経済的基盤，社会的基盤，政策的基盤，主体的根拠について考察を加えてみよう。

1. 中小小売業存立の経済的基盤

　中小小売業存立の経済的基盤としては，商業が生産と消費を媒介調整するという経済的役割をはたすために，生産サイドと消費サイドの両サイドから考えられる。

　まず，生産サイドからの根拠としては，第1に，大規模・寡占的メーカーと中小小売業との支配・従属関係から存立基盤が存在している。大規模・寡占メーカーにとっては，自己の膨大な商品（ブラント品）を全国的宣伝広告などの販売促進による差別的優位性をもって販売し市場を拡大するために，中小小売業を自社販売組織のなかに組み込むことが不可欠な課題となる。他方，中小小売業は特定の大規模・寡占メーカーの商品（ブラント品）を品揃えの目玉として経営を全面的に依存する場合もある。つまり，中小小売業は，大規模・寡占メーカーの商品（ブラント品）を販売する私的販売組織として，いわば商業系列化されることによってその存立基盤が与えられる（糸園 1975, pp.193-196）。

　第2に，中小メーカーと中小小売業との社会的分業関係から存立基盤が存在している。中小小売業は大規模・寡占メーカーの商品（ブラント品）を取り扱いながらも，自ら価格決定に参加でき，本来の商業利潤が得られる中小メーカーの商品を選好的に取り扱うことによって，つまり中小メーカーが生産する商品の社会的販売代理人として機能することによって，中小小売業の存立基盤が存在している（糸園 1975, pp.196-197）。

　次に，消費サイドから中小小売業存立の根拠としては，第1に，中小小売業は，大規模小売業がカバーできないニッチ市場を対象として存立している。たとえば，購買慣習からは，鮮度を重視して日々購入し消費するような鮮魚・野菜・果実などの生鮮食料品，豆腐・ねりものなどの加工食品，パン・料理品などは通常身近で顔なじみの食料品店で購買される。さらに「たばこ」のような規格

も価格も銘柄によって一定し消費者個人の嗜好銘柄もあらかじめ決まっている商品も，身近な中小小売店で購買されるのが普通である（糸園1975, pp.189-191）。

第2に，法的資格を必要とする医薬品などの業種や一部の商品（花・植木,畳，茶，化粧品など）には，店主または販売員の経験や特殊な知識・技術・能力が必要である。こうした特殊なサービスを必要とする業種や商品においては，中小小売業の方が大規模小売業よりきめ細かな対応をはかることによって消費者の信頼をえやすく，その信頼関係のうえに営業が成立している（糸園1975, p.191）。

第3に，消費の購買習慣として掛買い・延払いの残存する市場では，なお古い型の中小小売業が存在している。すなわち，馴染み客と買付の店という前近代的な人間関係によって，値引きや掛け値という不透明な関係をもつ最も遅れた商慣習として，またごく一部には「同じ町内の店で買う」因習のなごりとして，中小小売業が残存している（糸園1975, p.192）。

第4に，中小小売業は，消費者に最も近い小売機能の代行者として消費者ニーズに適応した品揃え，きめ細かい助言，物流機能などのサービスを提供している。これによって，心理的にも親近感をもち安心した良好な人間関係で長期的・固定的な取引関係が中小小売業に存立基盤を与えている（糸園1991, pp.9-10）。

ともあれ，中小小売業は，地域の消費者に対して商品やサービスを提供するという経済活動を行うことにより地域社会内での所得・雇用に大きく貢献し，また地域経済の活性化やバランスのとれた経済発展をはかるうえで重要な役割をはたしている（秋谷1978, p.153）。

2. 中小小売業存立の社会的基盤

中小小売業存立の社会的基盤としては，現代における都市生活様式の普及やサービス経済化の進展にともなって，小売業の社会文化的な視点・役割が重要視されるようになってきている。小売業は消費生活との結び付きを深めつつ生活文化支援産業として中核的な役割を担い，また小売業の品揃え活動それ自体

が文化形成機能を強くもち，生活文化の形成と普及に一定の影響を与えている（大野 1996, p.17）。

特に中小小売業は，地域社会のなかに存在して地域住民と深い信頼の人間関係を形成し，なかには店舗が居宅を兼ねながら地域のさまざまな行事を担い，祭りなどの主宰者として地域社会の構成員のなかで重要な役割を演じている。しかも中小小売業の集積地域ないし商店街は地域社会の中心であり，いわば地域の顔であり，地域文化を具現するものである（糸園 1991, p.10）。したがって中小小売業は，地域に密着して，次のような社会的・文化的機能を提供している。

第1に，中小小売業は地域社会における知識・情報の交流という重要な役割をはたしている。たとえば，中小小売業が密集立地する商店街は商品・サービスの価値実現の場であるとともに，企業対消費者・消費者相互・企業相互のコミュニケーションを通じて，地域内における多様な階層・世代・グループの知識・情報が伝達・交換・融合する場となっている（秋谷 1978, p.154）。

第2に，中小小売業は集団として立地することにより，その店舗・設備・建造物の集合・集積を通して，特色ある1つの地域文化を形成している。地域社会の文化には，建造物・店舗・設備などのハードな側面だけでなく，家族従業者を含めた労働力サービスのソフトな側面からも貢献している（秋谷 1978, p.155）。

3. 中小小売業存立の政策的基盤

中小小売業存立の政策的基盤としては，流通政策ないし税制による政策的基盤・配慮が中小小売業を存立・温存させている。しかし，最近の規制緩和にともなって一部の法律が廃止ないし緩和され，それだけ中小小売業の存立基盤が狭くなってきている。

第1に，中小小売業を保護ないし強化・育成する法律として大店法ないし中小小売商業振興法があげられる。大店法（2000年廃止）は，大規模小売店舗の開設・営業活動を調整する法律であり，この法律にはその目的のひとつである中小小売業の事業活動を確保するという，いわば中小小売業を保護する側面が謳われてい

た。中小小売商業振興法は，中小小売業を合理化・近代化するために助成金・税制面での優遇措置などによって，中小小売業の強化・育成をはかろうとする法律である。

　第2に，小売店舗の開設あるいは取扱商品の免許・認可制に関わる法律がある。その代表的なものとしては薬事法・食糧管理法・酒税法・たばこ専売法などの各法律によって，それぞれ医薬品小売業，米穀類小売業，酒，調味料小売業，たばこ・喫煙具小売業における免許・認可制が存在している。またそれらによる小売市場の競争制限的な運用が，これらの業種の中小小売店の存続を支えている（田村 1986, p.72）。

　第3に，中小小売業を代表する個人事業者に対する税制上の措置がある。中小小売業の多くは正確な記帳に基づかない白色申告制度（違反であるが）によって納税している。そのために，この制度のもとでは正確な収入・支出を税務署が把握できないので，収入の過少申告や経費の過大申告の余地はきわめて大きいものと考えられる。このことは，中小小売業が魅力的な就業機会となることを意味し，個人商店の絶えざる参入を招き，市場においてその生存を可能にしている（田村 1986, p.75）。

　さらに最近では，社会政策的根拠から中小小売業への評価が高まってきている。つまり，第1に，高齢化社会の進展や福祉社会の充実にともなって，高齢者や身体障害者などいわば社会的弱者に対する商品購入・提供の便宜をはかるために，小回りのきくサービスを提供できる中小小売業が評価されている。第2に，中高年層の雇用を吸収する分野として中小小売業が評価されている（坂本 1989, pp.81-83）。

4. 中小小売業存立の主体的根拠

　中小小売業それ自体が存在する主体的根拠として，次のような要因があげられる。第1に，中小小売業の開業に対しては資金や技術・経験をそれほど要しない。第2に，中小小売業の稼働率は高く，経営は一見きわめて容易かつ有利にみえる。第3に，中小小売業の存在は需要の分散的かつ零細な消費者にとっ

ては便利である。第4に，中小小売業の便利性が小売店舗間の競争の不完全性を招来する。第5に，中小小売業が兼業的経営あるいは他の副業的収入によるサイドビジネスとして手頃である（竹林 1978, p.93）。

ともあれ，現代の経済における中小小売業は，基本的には大規模・寡占メーカーないし大規模小売業の発展と圧迫によって制約されているが，他方では寡占メーカーの経路戦略の一環としてかえってその存立が保障されている側面もある。さらに，それら大規模小売業の支配の及ばない分野で存立・発展する可能性をもっており，また政策的にも存続が保障されている側面もある。

もちろん，中小小売業の存立根拠が認められるとしても，個々の中小小売業の存続は決して容易なことではない。最近の経済規制緩和や大店法の廃止と相まって，小売業内部における深刻な過当競争とその商業利潤の低さが，その経営を困難かつ不安定なものにしている。そのために高い開業率と転廃業率のもと，絶えず激しい新陳代謝の繰り返しを強いられている。したがって，中小小売業がその存立基盤を確固たるものにするためには，社会的にその過剰性の解消や新陳代謝への努力がなされなければならない。同時に，個々の中小小売業にとっては常に自助努力をしていかなければならない（竹林 1978, p.96）。

第3節 中小小売商業政策の経緯

1. 中小小売商業政策の理念

わが国の商業の発展は，その大部分を占めている中小小売業の健全な発展に依存し規定されているという見解が支配的であった。そのためにわが国の商業政策は，これら中小小売業をどのように取り扱うかが常に主要な政策課題として展開されてきた。その意味で，わが国の商業政策は中小小売商業政策の歴史といっても過言ではない。

わが国の中小小売商業政策については，市場競争を基本原理としながらも，わが国経済の発展と構造に規定されて，その政策志向ないし政策課題が変化してきている。まず，戦後経済復興期においては，第二次百貨店法や小売商業調

整特別措置法に代表されるように，百貨店と中小小売店あるいは中小小売店相互間の競争を規制ないし抑制的に調整することにより中小小売業の振興をはかるという，いわば中小小売業を保護・温存する後向きの流通政策が実施されてきたのである。

そして，ここでの政策課題は調整であり，その基本理念は過当競争論であった。その論理は，「小売業の零細・過多の状態のままで自由な競争を展開していくと，かなりの期間にわたって，正常以下の利潤しか得られない状態を作り出す。その状態を放置すると，全体の企業の存立を危うくし，多くの企業は倒産する。その結果，消費者は本来享受するであろう利益が得られなくなる。したがって，零細・過多の小売業は保護が必要である」（白石 1990, pp.10-11）ということである。

次に，高度経済成長期における流通政策は，生産部門の合理化に対応すべき流通ないし商業部門の合理化・近代化を政策課題とするものであり，その一環としての中小小売商業近代化政策が推進された。その意味では，この段階における中小小売商業政策については，本来の経済政策として前向きの流通政策が推進されたのである。

ここでの政策課題は合理化・効率化であり，その政策理念は近代化論であった。ここで展開された政策が制度的視点からの合理化・近代化に立脚した流通近代化政策ないし機能的視点からの合理化・近代化に立脚した流通システム化政策であった（鈴木 1980, pp.252-253）。具体的には中小小売業を組織化・協業化することによって効率化をはかる流通近代化政策であった。

さらに，安定経済成長期における流通政策については，これまでの経済的効率性とともに社会的有効性を志向する二元的な政策課題が求められるようになった。したがって，この段階における中小小売商業政策は，中小小売業が多様化・個性化した消費者ニーズに対応できる小回りのきく経営特性として経済的側面から評価されるとともに，他方では地域住民の日常生活に直結した地域文化の担い手として，いわば社会的・文化的機能をはたす社会的有効性を志向するものとして評価され，その振興政策ないし活性化政策が推進されている。

ここでの政策課題は調整であり,理念としては過当競争論と近代化論の折衷的性格をもつものであった(白石 1990, p.11)。そして,この政策課題を実現するものとしては,経済的効率性を志向する近代化論が中小小売商業振興法に基づいて推進される中小売近代化政策であり,また社会的有効性を志向する過当競争論が地域政策・都市計画視点からの調整であろう。そこで,各時期における中小小売商業政策の内容と特徴を説明していこう。

2. 戦後経済復興期における中小小売商業政策

わが国経済は,戦争の破滅的な打撃によって戦後まもなく生産活動がほとんど不可能な状態にあり,そのため極度の供給不足を背景にして,日常生活必需品について配給統制が実施されるとともに,必然的にヤミ市(闇市)による売買が行われた。このヤミ市は商品供給の場だけでなく,雇用の場も提供した。その意味では戦後の経済復興はヤミ市からスタートしたのであり,当然,小売業はヤミ市に始まったといえる(石原 1993, pp.237-238)。

元来,小売業は,きわめて参入の容易な産業であり,わずかな資金と多少の商品知識で営業できるために,戦後まもなく失業者の多くが生活の糧を求めて小売業に参入してきた。その結果,小売業においては過剰参入がみられ,オーバーストアと過剰就業をもたらした。このような小売業の過剰状態での競争は,しばしば一時的な乱売合戦や原価割れ販売という,いわゆる過当競争を引き起こし,家族労働や従業員の酷使という犠牲を払いながら,経営の合理化につながらない価格競争に奔走せざるをえなかった(石原 1993, pp.238-239)。

それとともに小売業は,人々が生活していく場としての雇用機会を吸収する分野として重要な役割を担っていた。そのために,このような役割を担っている中小小売業が圧迫され脅かされるという,いわゆる中小小売商業問題が発生し,「過当競争の回避」という経済的視点ないし「雇用機会の吸収分野」という社会的視点から中小小売業を保護する政策が推進されたのである。

敷衍すると,戦後の経済が復興し生産の増大と需要の拡大にともなって,小売業においても比較的順調な発展がみられた。これら小売販売(消費者向け販売)

の担い手となったのは，多数の中小小売業だけでなく，百貨店や小売市場（イチバ）はもちろん製造業・卸売業や購買会・生協などによっても小売販売が行われた。そのために，これらの小売販売が，中小小売業に対する外圧として影響し，いわゆる中小小売商業問題を発生させたのである（石原 1993，p.240）。

　まず，百貨店は，終戦直後の百貨店法の廃止にともない，1950年の朝鮮戦争勃発による特需ブームならびに1953年の消費景気によって，戦後の消費景気を独占し，戦争中からの資本蓄積を基礎として新設・増設，売場面積の拡大に力を注ぐことによって急速に発展した。百貨店の発展は，また一部の問屋に不公正な取引を押しつけたり，既存の中小小売業を圧迫したりすることによって中小商業問題を再発させた。その結果，前者は1954年に独占禁止法に基づく「百貨店の特殊指定」となって法的規制を受け，後者は1956年の第二次百貨店法となって立法化したのである（岩永1988，p.114）。

　次に，小売市場（イチバ）および製造業・卸売業や購買会・生協などの活発な小売販売による中小小売業の圧迫は，1959年の小売商業調整特別措置法制定の引き金となった。それは，第1に，生協や農協のような購買会事業を営むにあたっては員外者の利用を制限させ，近隣の小売業を保護すること。第2に，1つの建物のなかで，集団的に営業を行っている小売市場相互間および小売市場と周辺小売業との過当競争を防止させること。第3に，製造業者や卸売業者が政令で指定する地域内において当該物品の小売販売を兼業するときは都道府県知事に届けることなどを具体的内容とするものであった。つまり，この法律は，小売業における中小小売市場相互間ないし中小小売業と小売業以外の異業種間との小売競争を調整することにより過当競争を防止するものであった（岩永1988, p.115）。

　ともあれ，1950年代中頃までの中小小売商業政策は，第二次百貨店法ならびに小売商業調整特別措置法にみられるように，中小小売業の適正な事業機会を確保する視点から中小小売業を保護するという社会政策的色彩の強い政策が実施されたのであった。

3. 高度経済成長期における中小小売商業政策

わが国の流通は，1950年代後半からの高度経済成長過程を通じて，急激な変化を引き起こした。それはいわゆる流通革命と呼ばれているものであるが，このような流通革命を契機として，わが国の伝統的な商業政策は大きく方向転換したのである。その背景には，これまでの中小小売業を保護・温存するという後向きの政策から，これを前向きの政策に方向修正をしなければならないという政策思想が支配的となったからである（森下 1974, p.182）。

これまでの商業政策は，もっぱら中小小売業の一方的な保護政策の方向にあったが，今度は中小小売業の新しい体質づくりをめざした小売業の協業化・共同化などの組織化による中小小売商業近代化政策の方向へと重点を移していった。たとえば，1963年の中小企業基本法制定を主軸とした一連の法律によって，わが国の中小企業政策は従来の保護政策から機能ないし構造の高度化を目標とした助成・振興政策へと重点を移していき，そのなかで中小小売業の近代化が主として高度化政策の一環として実施された。そのための具体的な施策としては，小売商業店舗共同化事業，商店街近代化事業（商店街の改造），小売商業連鎖化事業（ボランタリー・チェーン）が推進された。これらはいずれも中小小売業経営の体質を改善し，そのために協業化・共同化・組織化・集団化を促進することによって，流通の効率化ならびに中小小売業の近代化を推進しようとするものであった（岩永 1991, p.103）。

このような方向は，1963年の産業構造審議会流通部会の発足を契機として展開された一連の流通近代化政策によっていっそう強化された。たとえば，1965年4月の第2回中間答申『流通政策の基本方向』，1965年9月の第3回中間答申『小売商のチェーン化について』，1968年の第6回中間答申『流通近代化の展望と課題』などである。ここでの中小小売商業近代化政策は，「流通機能担当者は一般に小規模であり，資本力も個々には弱いもので個別に急速な大規模化をはかるのは多くの場合困難である。このような状態を前提として規模の利益を実現するには，…企業の組織化，協業化をはかるのが最も効果的である」（通商産業省企業局編 1968, p.83）とあるように，中小小売業の組織化・協業化によ

る規模の拡大による近代化であった。そして，その具体的施策としては，ボランタリー・チェーン化，小売業の店舗共同化（寄合百貨店，寄合スーパー，総合市場など），商店街の再開発あるいは新しい建設があげられた（通商産業省企業局編 1968, p.83）。同じ傾向は，1971年の第9回中間答申『70年代における流通』にも継続された。

いずれにせよ，中小小売業業近代化政策は，中小小売業自らが集団化・組織化・協業化することによって合理化を推進しようとするものであった。したがって，そこでは，「保護を求めるよりも自ら合理化に努力するという意識を醸成するように誘導し，とくに合理化の意欲に燃えている中小企業（中小小売業——岩永）を積極的に支持するよう配慮すること」（通商産業省企業局 1968, p.82）とあるように，政府が積極的に推進している中小小売商業政策は，自主的に資本力・経営力の面でのさまざまな障害を克服して実施に移す動きがある場合にかぎって，若干の便宜を与えるものであった。これは，もはや中小小売業の保護政策ではなく，政府の近代化を意図する育成政策であり，そのための選別・淘汰政策であったといわなければならない（森下 1974, pp.183-184）。

しかし，高度経済成長期における経済成長と流通近代化政策の支援のもとで急成長したスーパーは，一方では流通近代化に貢献したのであるが，他方では疑似百貨店問題として新たな社会問題を発生させた。そこで，流通部会は1972年に第10回中間答申『流通革新下の小売商業—百貨店法改正の方向—』を発表した。そこでの課題のひとつは百貨店法の改正，基本的には百貨店法の規制緩和の方向であった。さらにもうひとつは中小小売業の強化政策の方向であった（通商産業省企業局編 1972, pp.82-92）。

そして，この答申に基づき，翌1973年には大店法と中小小売商業振興法，いわゆる小売二法が制定されたのである。これらの法律によって小売分野によりいっそうの競争原理が導入されるとともに，近代化が遅れている中小小売業を強化・助成する政策が打ち出された。なお，この頃になると，高度経済成長期の成果と矛盾が顕在化し，やがて石油危機を境として経済構造と政策志向が大きく変化した。ここに近代化政策を支持しながらも調整政策が政策理念とし

て前面に押し出されたのである。

4. 安定経済成長期における中小小売商業政策

　わが国経済は，1973年末の石油危機を契機に，高度経済成長から低・安定経済成長へ変化した。それにともなって高度経済成長の成果である所得水準の上昇と余暇の増大が成熟化社会を実現させて消費構造や消費ニーズならびに消費者意識を変化させ，他方では低・安定経済成長への移行による消費支出の伸び悩みや消費者の購買行動が変化した。そのために小売業においては，限られたパイの大きさをめぐって，これまでのレース的競争からゼロ・サム・ゲーム的競争へと競争が変化し，それとともに大型店と中小小売店との競争もいっそう激化したのである（岩永 1988, p.131）。

　このためにわが国の流通政策は，これまでの近代化政策から調整政策へとその政策志向を変化させた。この場合，調整政策は，理念として過当競争と近代化の折衷的性格をもっており，その意味では近代化政策を支持しながら調整政策が実施されたといえよう。この調整政策の代表的なものが大店法であり，そこでは大型店の出店を一時的に制限し，その間に中小小売業の近代化を達成し，それによって全体としての小売業の発展をはかったのである。この中小小売業の近代化を支援するものが中小小売商業振興法で，大店法とセットになっていた（白石 1990, p.11）。

　このように，大店法によって大型店と中小小売店との競争秩序を整備するための調整政策をとりながら，他方では中小小売商業振興法による中小小売業の強化・育成をはかるという，いわば競争秩序の整備と近代化の推進という2つの政策課題が打ち出されたのである（上原・小林 1983, p.222）。

　こうした流通環境の変化に対する流通全般の長期展望に向けて，1983年に『80年代の流通産業ビジョン』が公表された。ここでは従来の経済的効率性に加えて，地域社会視点から社会的有効性の理念が新たに導入された。つまり，流通合理化を推進するだけではなく，流通がもっている地域社会における社会的・文化的機能へも配慮した「経済的効率性」と「社会的有効性」という二元的な政策

課題が志向されたのである（通商産業省産業政策局・中小企業庁編 1984, p.19）。

　したがって，ここでの流通政策ないし商業政策は，経済的効率性を志向する競争的視点からの調整だけでなく，社会的有効性を加味する都市計画・地域政策的視点からも調整されるようになったことを意味している。その点で，流通政策ないし商業政策は，欧米諸国にみられる都市計画視点ないしゾーニング視点が考慮されるようになったのである。

　その後，わが国経済の国際化の進展とそれにともなう貿易摩擦に対応しながら，流通システムをより開放的で競争的なものに改善すべき新たな流通ビジョンとして，1988年に『90年代の流通ビジョン』が公表された。ここでの流通政策の基本方向としては，競争環境の整備，競争メカニズムの補完，流通基盤の整備（通商産業省商政課編 1989, p.146）とあるように，『80年代の流通産業ビジョン』と比べて，競争メカニズムの導入を積極的に推進する経済的効率性の政策志向が前面に押し出された。そのために，社会的有効性の位置づけが不明確ないし後退したばかりか，中小小売商業政策も中小小売業を選別・淘汰して中小小売業の体質強化をはかるという，いわば近代化政策を再来した感があるといえよう。

　また，1995年に『21世紀に向けた流通ビジョン』が公表され，流通機構改革が基本課題になった。この流通ビジョンにおける中小小売商業政策の在り方として，「消費者の利益」，「地域のまちづくりへの貢献」，「大型店と中小店の共存共栄の努力への支援」，「流通構造変革への対応」，「自主的努力への積極的支援」が打ち出された（通商産業省産業政策局・中小企業庁編 1995, pp.153-154）[1]。

第4節　商店街施策

1．商店街の概念と役割

　商店街は，都市・地域の特定地域に個々の小売店が歴史的かつ自然発生的に集まり，相互に競争しながら共存共栄して立地している小売業等の集積地域である。通常は，中小小売業の集合体として構成されている。したがって，商店街は小売機能の地域的集積の小売中心地あるいは買物中心地であり，小売店舗

の集合形態として把握されている（金子・中西・西村 1998, pp.158-159）。

商店街は，中小小売商業集積として，次の3つの側面や役割をはたしている[2]。

第1に，商店街は，小売業・サービス業を中心とした経営の場である。商店街での消費者の買物によって個々の小売業の経営は成り立っている。同時に小売業は，消費者が存在するかぎり不可欠な産業であり，雇用の場であり，所得の源泉となり，租税の徴収の基盤ともなっている。都市や地域にとって小売業が繁栄することは都市や地域に旺盛な経済力をもたらす要因のひとつになっている（鈴木 1994, p.16）。

換言すれば，これらは，商店街の経済的役割である。その最も基本的な役割が，地域社会の人々の生活に必要な商品を安定的かつ効率的に提供している。次に，地域社会に対して雇用や所得の機会を提供している。さらに従来，地域経済をリードしてきた第二次産業に代わり，第一次産業ないし第二次産業をリードする第三次産業として地域経済の振興に貢献しているのである（宮原 1984, p.45）。

第2に，商店街は，人々の生活と直結した買物の場であるとともに生活環境の場である。社会的分業の進展した今日において，人々の生活に必要不可欠な商品やサービスはほとんど家計の外部から購入される。そのために，その入手先である小売業やサービス業の態様や在り方は人々の生活の福祉と密接に関係している。商店街によって提供される商品の品揃えや各種のサービスは人々の買物行動とともに生活の質に関連した生活環境を形成している（鈴木 1994, p.16）。

換言すれば，これらは，商店街の社会的役割ないし文化的役割である。その1つは社会的利便性の提供であり，地域社会の人々にとって安住の場を提供している。その2つは地域社会の人々に社会的・文化的行事に参画し実施している。その3つは生活情報ないし地域情報などの社会的情報を提供しているのである（宮原 1984, pp.46-47）。

第3に，商店街は，都市や地域にとって不可欠な施設である。都市や地域には店舗・住宅・事務所・工場・官公庁・娯楽機関・交通機関・駐車場・道路・広場・公園などさまざまな建物や機関・施設が存在し，都市や地域の消費者な

いし生活者に対してさまざまな機能を提供している。商店街は都市や地域に不可欠な施設であり，都市や地域の発展ないし衰退にともなう諸施設や機能の変動が商店街に影響を与え，また商店街の繁栄・衰退が都市や地域の在り方に影響を与えている（鈴木 1994, p.16）。

2. 商店街の現状

　商店街は，小売業・サービス業の集積地域として，それを構成している個々の小売店の業種構成や業態構成といった内的環境要因，人口集積規模やそれに基づく消費者のニーズや購買力，商業以外の事業所や施設の立地状態，アクセス手段としての道路・交通体系などといった外的環境要因によって規定されている（岩永 1994, p.191）。ところで，多くの商店街は，それを取り巻く環境条件の激しい変化に対応できない個店の衰退・退店による業種・業態構成の欠落，空き店舗の増加などによって商店街としての魅力が半減し衰退への途をたどっているのが現状である（塩田 1993, p.63）。

　このような商店街の問題は，中小小売商業問題とともに，古くて新しい問題であり，その度ごとに振興策ないし調整策としての商業政策が打ち出され，商店街としての機能回復をはかるべく配慮がなされてきた（塩田 1993, p.63）。ただ，その政策ないし施策については，その時代に発生した諸問題に対して短期的視野に立った対症療法的なものが多く，長期的視野に立った本来の振興策とはいいがたい場合が多かったのである（塩田 1993, p.82）。

　そもそも，わが国の小売業は，従来から小規模性・過多性・生業性を特徴としており，高度経済成長期におけるスーパーの急成長による流通機構の変化・合理化にもかかわらず，一貫して小売店舗数は増え続けてきたが，1982年の商業統計を境として減少している。特にその減少の主要部分が中小零細小売業であり，その背景には経営者の高齢化・後継者難などの内部問題に加え，顧客志向の変化や商業立地基盤の変化，さらに小売競争の変化などに対応できなかったことに原因があったと考えられる（石原 1993, pp.247-248）。

　これら中小小売業の減少は，また中小小売業集積としての商店街の衰退化

とまさに表裏の関係にある。『商店街実態調査』によると,調査対象となった全国の商店街の景況(繁栄・停滞・衰退)のうち停滞および衰退していると回答した商店街は,1970年に60.5%,1975年に67.8%,1981年に87.1%,1985年に88.9%,1991年に91.5%,1993年に96.0%,1995年に97.2%,2000年に97.6%,2003年に97.7%と増加しており,特に商店街の衰退傾向は,商圏の狭い近隣型商店街や地域型商店街ほど著しくなっている(商店街実態調査委員会 1987,p.83,中小企業庁 1993, p.60)。2006年から5段階の評価になったため,時系列的に比較してみることはできなくなったが,肯定的に評価している割合は,2006年において「繁栄」1.6%,「停滞しているが上向きの兆し」4.8%を示し,2009年において「繁栄」1.0%,「繁栄の兆し」2.0%にすぎず商店街の景況はきわめて厳しい状況にある(南方 2013, p.53)。

　このような商店街の停滞・衰退感が強まっている背景には,都市・地域内外の小売業集積間競争が激しくなっているなかで,商店街が厳しい状況に直面しているという事実がある。つまり,主として中心市街地や駅前に立地している商店街が,近年のマイカーの普及によって広い駐車場と新しい感覚をもった郊外型の新しい小売業集積に取って代わられた(山田 1988, p.42)。さらに後継者のいない不振の店舗が閉店して新規出店者もなく商店街に活力がなければ,商店街全体としての魅力がなくなり,本来の小売業集積のメリットが,今度はデメリットとして悪循環するようになったのである(石原 1993, p.249)。

3. 商店街の施策の経緯

　商店街の衰退化のなかにあって,商店街を公共政策的課題として見直そうとする動きもみられた[3]。その弾みをつけたのが『80年代の流通産業ビジョン』であった。そこでは,流通を経済的効率性の観点だけからみるのではなく,社会的有効性の観点からも評価すべきであるという,いわば商店街に対する公共的空間の要求ならびに社会的・文化的役割など経済合理性以外の評価尺度が導入されてきた。この点で,商店街は単なる買物場所としてだけでなく,公共サービスや余暇・スポーツ・文化といったサービス施設も併設した「暮らしの広場」・

「交流の広場」として意識・評価されるようになってきたのである（岩澤 1994, p.6）。

このように商店街が生活基盤として意識されるようになるにつれ，アクセス確保のための交通網・道路網の整備，駐車場・駐輪場の充実，上下水道整備，都市公園など，いわゆる都市施設の整備が商店街の活性化と関連してきわめて重要な条件になっている。そして都市施設の充実が商店街活性化における重要な条件になればなるほど，商店街活性化計画と都市計画との関連性を強め，それだけ調整分野も拡大することになったのである（岩澤 1994, p.9）[4]。

こうした背景には，商店街がかつて地域のなかにはたしてきたコミュニティ機能への評価が再認識され，また商店街に都市・地域の顔であり生活インフラといった位置づけが行われるなど，単なる買い物施設を超えたある種の公共性を見出そうとしている。そのひとつの最も注目されている視点が「まちづくり」であり，その目玉がコミュニティ・マート計画にあった。かつては豊かなコミュニティに支えられていた商店街が存在し，それが都市・地域の人々にとって交流する機会や施設として機能していた。

しかし，今日では近代的な大型店の発展のもとに中小小売店の減少やそれにともなう商店街の停滞・衰退によって，そのコミュニティ機能が崩壊しようとしている。そこで，成熟化社会や高齢化社会の進展にともなう余暇時間の増大によって，ゆとりと豊かさのある暮らしが提案され，商店街に再びコミュニティ機能が期待されている（石原 1993, pp.251-252）。

このように商店街は，都市・地域の公共機能やコミュニティ機能の一翼を担うものである。これらのソフト機能を補完・補充する駐車場，道路，広場・公園などのサービス施設や流通基盤施設といったハード施設が公共施設として商店街には不可欠になってくる。これらの公共施設は，商店街やそのメンバーである個々の小売業やサービス業だけでなく，なによりも地域住民によって利用される公的施設である。ここに公共政策としての都市計画・地域政策視点から商店街の再建ないし活性化が推進されなければならない理由が存在しているのである。

こうした都市計画・地域政策視点からの商店街施策は，『90年代の流通ビジ

ョン』においても強調された。たとえば，コミュニティ施設を支援するとともに，商店街の管理・運営を強化するために，国や自治体が出資する第三セクターとしての「街づくり会社構想」が提示された。また1990年度には中小小売業関連予算が大幅に増加し，また同年に成立した特定商業集積整備法は，旧通産省・建設省・自治省による省庁を超えたものとして新しい取り組みがはじまった（石原 1993, p.252）。

また1995年の『21世紀に向けた流通ビジョン』では，今後の中小小売商業政策の在り方の具体的な政策の方向として商店街・商業集積対策をあげて，「消費者志向の商店街への支援」，「商店街整備の多様な方向性の追求」，「個性的な商店街整備の推進」を打ち出した（通商産業省産業政策局・中小企業庁編 1995, pp.154-155）。

1990年代になるといっそうの規制緩和による大型店の郊外立地が進み，駅前や都心部に立地する商店街の空き店舗や空き地の恒常化による中心市街地の空洞化が進展していった。その結果，これまでの調整政策と振興政策からなる小売二法による流通政策に限界がみられ，1998年5月に「まちづくり三法」が制定され，流通政策の転換を余儀なくされることになった。

しかし，その後も大型店の郊外立地や商店街の衰退などにより中心市街地の空洞化がいっそう進展していった。その背景には，中心市街地活性化法に基づく活性化策の実効性が発揮されず，改正都市計画法による大型店の立地調整機能が弱いなど，「まちづくり三法」自体の不備も指摘されて，さらに中心市街地活性化法と改正都市計画法を連携させた運用がなされなかったという事情があげられる（横内 2006, p.4-7）。

そのために，2006年に「まちづくり三法」の1つである中心市街地活性化法が改正されたが，依然として商店街やそれを含む中心市街地の地盤低下が進んでいった。こうした状況に対応するために，中心市街地活性化法や中小小売商業振興法とは別に，商店街に焦点を当てた独自の政策として，2009年7月に地域商店街活性化法（商店街の活性化のための地域住民の需要に応じた事業活動の促進に関する法律）が制定され，商店街活性化が公共政策として推進されるよ

うになったのである（佐々木 2013, p.124）。

4. 商店街・街づくりの展望

　わが国の政策の策定・決定に際しては，その決定権が国家にあり，それが都市計画法にも貫かれている。そのために市町村レベルの「まちづくり」についても，その計画は，中小小売商業振興法・中心市街地活性化法・地域商店街活性化法などに基づいて，国家（政府）に承認されてはじめて実施されるのである（糸園 1994, p.98）。この点で，ドイツの都市計画においては，その策定段階において住民参加のシステムが組み込まれ，商業集積も都市計画の用途規制によって，各都市の特徴を重視しつつ，商店街区域のなかに多種多様な小売店の組み合わせが行われ，住民のニーズに応えるバランスのとれた商店街づくりが行われている（伊藤 1980, pp.122-123）。

　元来，「まちづくり」とその一環としての商店街の活性化は，地元の商店経営者や地域住民が中心となって行うものであって，地方自治体がこれを支援し，国家はさらにその後方から地方自治体を援助するシステムが望ましい（糸園 1994, p.98）。しかし，わが国の「まちづくり」ないし商店街施策が，国家予算の支援のもとではじめて実現するかぎり，商店街に関する政策は，国家の政策が強力に反映された政策・施策になりがちである。そのために，商店街に関する政策においては，都市・地域固有の政策が制限されているばかりでなく，地域の住民や消費者ニーズを反映する機会が少なく，いわば地域住民不在の政策が行われてきたといえる。

　本来の都市・地域政策においては，地方自治体さらには地域住民が主体となって策定・実施していかなければならない。それによって，都市・地域固有の流通・商業政策が確立され，都市・地域に根付いた「まちづくり」ならびにその一環としての商店街活性化が実現できるといえよう。その意味では，これからの「まちづくり」や商店街活性化施策を行う場合には，地方自治体・商店経営者・地域住民が協力して，その都市・地域の歴史・文化・社会などに適応した「まちづくり」や商店街の再建ないし活性化をはかっていかなければならない。

注

1) 2007年『新流通ビジョン』が公表されたが，そのサブタイトル「生活づくり産業へと進化する我が国小売業」を目指してとあるように，小売業全体の社会的責任への対応，特に大型小売業の対応が強調されている（経済産業省 2007, pp.115-124）。
2) 鈴木安昭は，商店街の役割について次の3つあげている。第1に，商店街は小売業，対個人サービス業の経営の場である。その集積の状態が個店の経営成果に影響するとともに，個店の経営が集積全体の在り方に影響する。第2に，商店街は広域あるいは近隣から消費者が買物に集まる中心地であり，さらには買物を含んだ地域住民の多面的な生活の中心地である。第3に，商店街は都市にとっての不可欠の施設であり，他の都市施設と並んで都市の一部を占有している（鈴木 1994, p.15）。
3) 商店街が公共政策的課題として重視されてきた背景には，次の2つの要因が考えられる。第1は，街の中小小売業を軸とするわが国の商店街にとって，現在直面している問題の解決が容易でないという認識があること。第2は，「商店街は都市の顔」ではないかという，地域コミュニティの核としての商店街の再評価があること（石原・石井 1992, pp.333-334）。
4) 商店街活性化のポイントとしては，第1に，商店街は都市の中心として機能を回復しなければならない。第2に，商店街活性化のためには共同施設のみならず個店の整備が必要であり，ハード面の施設整備に力を注ぎながらソフト面での活動も活発化させていかなければならない。第3に，商店街の活性化には，市町村の積極的な参加がなければならない（山田 1988, pp.43-44）

参考文献

(1) 秋谷重男（1978）「中小企業の現状と問題」清成忠男・間苧谷務・庄谷邦幸・秋谷重男『中小企業論』有斐閣。
(2) 石原武政・石井淳蔵（1992）『街づくりのマーケティング』日本経済新聞社。
(3) 石原武政（1993）「中小商業政策の軌跡」日経流通新聞編『流通現代史』日本経済新聞社。
(4) 伊藤宗男（1980）「西ドイツの構造変化と商業立地規制」鶴田俊正編著『世界と日本の流通政策―商業立地と都市形成―』日本評論社。
(5) 糸園辰雄（1975）『日本中小商業の構造』ミネルヴァ書房。
(6) 糸園辰雄（1991）「中小商業の社会的役割」新日本出版社『中小商工業研究』第27号。
(7) 糸園辰雄（1994）「『街づくり』の諸問題」『熊本商大論集』第40巻第3号。
(8) 岩澤孝雄（1994）『商店街活性化と街づくり』白桃書房。
(9) 岩永忠康（1988）「戦後わが国の流通政策の展開」田中由多加編著『入門商業政策』創成社。
(10) 岩永忠康（1991）「流通振興政策」鈴木武『現代の流通問題―政策と課題―』東

洋経済新報社。
(11) 岩永忠康（1994）「商店街」尾碕眞・岩永忠康・岡田千尋編『現代日本の産業別マーケティング』ナカニシヤ出版。
(12) 上原征彦・小林逸太（1983）「流通行政」田島義博編著『流通読本』東洋経済新報社。
(13) 大野哲明（1996）「都市の生活文化と小売業の新しい役割」福岡都市科学研究所『URC 都市科学』Vol.28。
(14) 金子泰雄・中西正雄・西村林著（1998）『現代マーケティング辞典』中央経済社。
(15) 経済産業省（2007）『新流通ビジョン』経済産業調査会。
(16) 坂本秀夫（1989）『日本中小商業の研究』信山社出版。
(17) 佐々木保幸（2013）「地域商業政策」佐々木保幸・番場博之編著『地域の再生と流通・まちづくり』白桃書房。
(18) 塩田静雄（1993）「商店街経営と『街づくり』」中京大学商学会『中京商学論叢』第 40 巻第 1 号。
(19) 商店街実態調査委員会（1987）『昭和 60 年度商店街実態調査報告書』。
(20) 白石善章（1990）「わが国の流通政策」日本マーケティング協会『マーケティングジャーナル』第 39 号。
(21) 鈴木　武（1980）「流通政策と消費者主権」橋本　勲・阿部真也編『現代の流通経済』有斐閣。
(22) 鈴木安昭（1994）「都市と商業集積」流通政策研究所『流通政策』No.55。
(23) 竹林祐吉（1978）「中小商業存立論」日本経済新聞社『季刊　消費と流通』第 2 巻第 3 号。
(24) 田村正紀（1986）『日本型流通システム』千倉書房。
(25) 中小企業庁（1993）『平成 5 年度商店街実態（中間調査）報告書』大蔵省印刷局。
(26) 通商産業省企業局編（1968）『流通近代化の展望と課題』大蔵省印刷局。
(27) 通商産業省企業局編（1972）『流通革新下の小売商業－百貨店法改正の方向－』大蔵省印刷。
(28) 通商産業省産業政策局・中小企業庁編（1984）『80 年代の流通産業ビジョン』通商産業調査会。
(29) 通商産業省商政課編（1989）『90 年代の流通ビジョン』通商産業調査会。
(30) 通商産業省産業政策局・中小企業庁編（1995）『21 世紀に向けた流通ビジョン－我が国流通の現状と課題－』通商産業調査会。
(31) 南方建明（2013）「商店街振興と地域の再生」佐々木保幸・番場博之編著『地域の再生と流通・まちづくり』白桃書房。
(32) 宮原義友（1984）「商店街の活性化」日本商業学会年報刊行委員会『地域商業の新展開』日本商業学会（1984 年度）。
(33) 森下二次也（1966）『現代商業経済論』有斐閣。

(34) 森下二次也（1974）『現代の流通機構』世界思想社。
(35) 山田尚義（1988）「中小小売商業政策の展開」『通産ジャーナル』。
(36) 横内律子（2006）「まちづくり三法の見直し」『調査と情報』513号。

第5章　大型店問題

はじめに

　大型店問題は，当初は大型店出店問題として中小小売店と大型店との小売競争に関わる経済問題として取り扱われ，大店法を中心とした法律や行政指導によって調整されていた。しかし，近年の大型店問題は，大型店の出店および閉店・撤退に関わる問題として都市・地域における大型店と中小小売店との小売競争に関わる経済問題のみならず地域間競争やまちづくりに関わる社会経済問題としてクローズアップされてきている。

　本章は，大型店問題としての大型店撤退に関わる問題とその対応策について考察する。そこで，第1節では，大型店問題として大型店出店・撤退の実態を明らかにする。第2節では，大型店に対する政策の経緯について考察する。第3節では，大型店閉店・撤退後の再活用の事例を踏まえて地域再生に向けての対応策を提示する。

第1節　大型店問題

1. 大型店問題

　近年，全国の地方都市では人口流出，少子高齢化，モータリゼーションの進展等によって，駅前や都心部に立地する商店街が衰退するなかで中心市街地の空洞化の傾向がみられる。一方で人口・住宅の郊外への移転，大規模小売店舗・大型商業施設（以下，大型店とする）や公的機関（病院・福祉施設など）の外部移転にともない都市機能の郊外化が進展してきている。

大型店はその出店を増加させながら市内中心部から郊外へと出店をシフトさせ，それにともなってオーバーストア状況が続いている。それと同時に，大型店の閉鎖・撤退が市内中心部や郊外においても相次いでおり，消費者の買い物をはじめ地域の雇用や税収ならびに地域や「まち」そのものに大きな影響を与え，特に中心市街地の空洞化に拍車をかけるなど社会経済的問題としてクローズアップされてきている。

大型店の出店に関しては，旧大規模小売店舗法（以下，大店法）による経済的審査や大規模小売店舗立地法（以下，大店立地法）による生活環境の保持の視点からの社会的審査の手続きが義務付けてある。一方，大型店の撤退・閉鎖に関する法的な手続きとしては大店立地法第六条（変更の届出）五項のなかで，（店舗面積1,000m² 以下にするものに対して）廃止届出を提出するように定められているが，その場合でも，時期の指定はなく，事前に行政や住民に告知する機会も設けられておらず，休業中の店舗や届出が出されていないまま廃止されている店舗も存在する（井上・中山 2002, p.739）。

大型店問題は，都市・地域における大型店出店に関わる大型店と中小小売店との小売競争の激化にともなう経済的問題から，近年では大型店出店が郊外化へシフトしながら，同時に大型店閉店・撤退をともなって中心市街地の空洞化を引き起こし，「まち」ならびに地域経済に関わる社会経済問題へと進展してきている。

そこで，以下，『全国大型小売店総覧』の資料から大型店出店状況と大型店撤退状況をみていこう。

2. 大型店出店

（1）大型店店舗面積規模別の出店状況

大型店の新規出店を，2002年から2010年までの過去9年間の推移でみると，2002年（436件），2003年（585件），2004年（719件）と急増し，それをピークに2005年から2008年にかけて横ばいで推移し，それ以降が減少傾向にあることがわかる（図表5-1）。

次に，2011年5月現在の大型店数（19,216店）を店舗面積規模別にみる

第 5 章　大型店問題　*101*

図表 5-1　大型店の新規出店数の推移

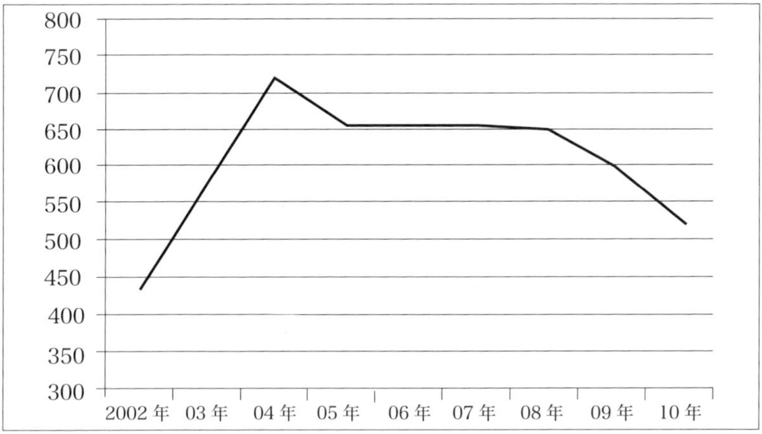

(出所) 東洋経済新報社 2011, p.21。

図表 5-2　大型店の店舗面積規模別の店舗数

(店舗数：2011 年 5 月現在。19,216 店)

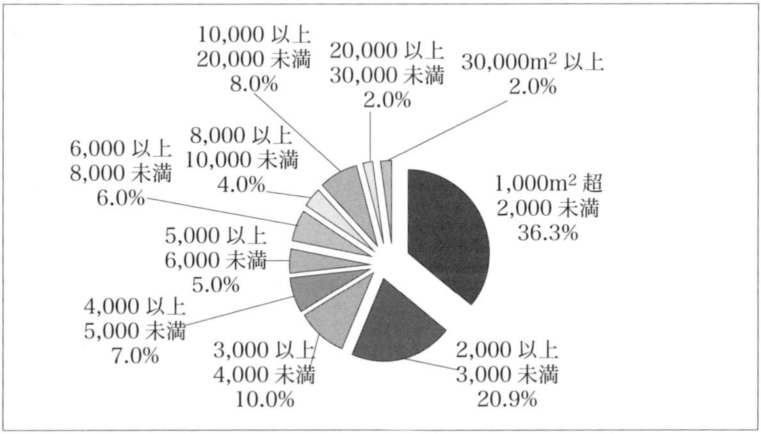

- 1,000m² 超 2,000 未満　36.3%
- 2,000 以上 3,000 未満　20.9%
- 3,000 以上 4,000 未満　10.0%
- 4,000 以上 5,000 未満　7.0%
- 5,000 以上 6,000 未満　5.0%
- 6,000 以上 8,000 未満　6.0%
- 8,000 以上 10,000 未満　4.0%
- 10,000 以上 20,000 未満　8.0%
- 20,000 以上 30,000 未満　2.0%
- 30,000m² 以上　2.0%

(出所) 東洋経済新報社 2011, p.21。

と，1,000 m² 以上 2,000 m² 未満の店舗は 6,980 店（36.3%）で，全体の約 3 割 5 分以上を占めており，次いで 2,000m² 以上 3,000m² 未満の店舗が 4,007 店（20.9%）となっており，3,000m² 未満の店舗で全体の約 5 割 5 分以上を

占めていることがわかる。以下，3,000m² 以上 4,000m² 未満の店舗が 1,834 店（10.0％），4,000m² 以上 5,000m² 未満の店舗が 1,333 店（7.0％），5,000 m² 以上 6,000m² 未満の店舗が 5.0％，6,000m² 以上 8,000m² 未満の店舗が 6.0％，8,000m² 以上 10,000m² 未満の店舗が 4.0％ となっている。また 10,000m² 以上の大型店は，10,000m² 以上 20,000m² 未満の店舗の 1,472 店（8.0％）をはじめ 12.0％を占めている（図表 5-2）。

最近の大型店出店の特徴としては，全体の約半数ともいえる 44.9％（1991 年以前）の割合を占めていた 1,000m² 超 2,000m² 未満の店舗が，33.3％（1992〜2001 年），29.6％（2002〜2010 年）とその割合を減少させているのに対して，3,000m² 以上の店舗の割合が 37.4％（1991 年以前），44.5％（1992〜2001 年），47.9％（2002〜2010 年）と増加傾向にあり，出店の大型化が進んでいるといえる（東洋経済新報社『全国大型小売店総覧』各年度版より）。このことは，借地借家法の改正や都市計画法の改正に関わる土地利用の柔軟化，商業集積形態としてのショッピングセンターの増加，大型店の郊外立地傾向等に関係しているものと考えられる。

（2）大型店の立地形態別の出店状況

大型店の出店を立地別に市街地への立地（ターミナル型，商店街型，駅前・駅

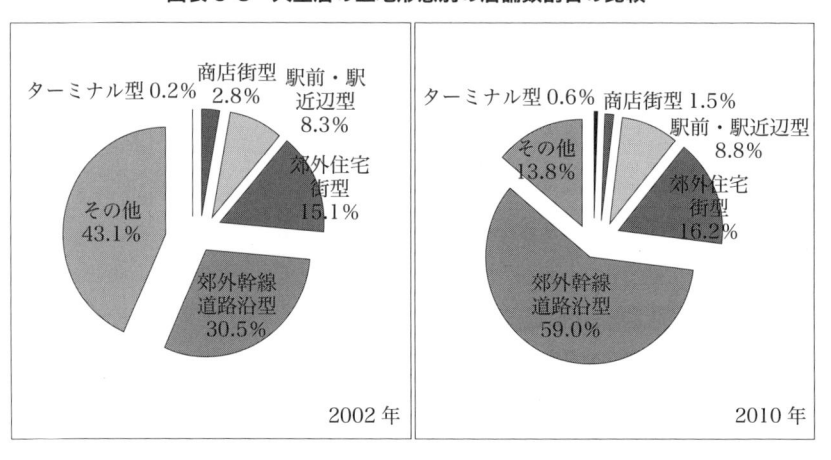

図表 5-3　大型店の立地形態別の店舗数割合の比較

2002年	2010年
ターミナル型 0.2％	ターミナル型 0.6％
商店街型 2.8％	商店街型 1.5％
駅前・駅近辺型 8.3％	駅前・駅近辺型 8.8％
郊外住宅街型 15.1％	郊外住宅街型 16.2％
郊外幹線道路沿型 30.5％	郊外幹線道路沿型 59.0％
その他 43.1％	その他 13.8％

（出所）東洋経済新報社 2011, p.22。

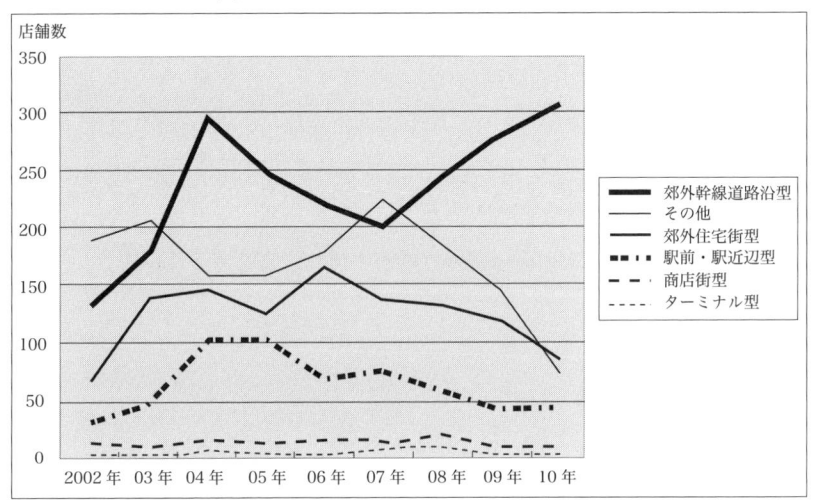

図表 5-4　大型店の立地形態別の店舗数

凡例：郊外幹線道路沿型／その他／郊外住宅街型／駅前・駅近辺型／商店街型／ターミナル型

(出所) 東洋経済新報社 2011, p.22。

近辺型）と郊外への立地（郊外住宅街型，郊外幹線道路沿型）に分けて，2002年と2010年を比較してみると，まず，ターミナル型，商店街型，駅前・駅近辺型にある市街地立地型店舗は，「その他」を度外視すると2002年が11.3％，2010年が10.9％となっており，大型店立地状況としては少なく，その割合もわずかに減少している

　また，郊外住宅街型，郊外幹線道路沿型にある郊外立地型店舗は，「その他」を度外視すると，2002年は45.6％，2010年は75.2％と全体に占める割合が高く，その割合の推移もかなり増加している（図表5-3）。

　次に，2002年から2010年までの9年間の推移でみると，まず，駅前・駅近辺型の店舗が2004年ないし2005年をピークに減少傾向を示していることなどから，市街地立地型大型店の立地状況は，2005年以降，減少傾向にあり，今後もしばらくはそれが続くと考えられる。

　また，郊外住宅型は2006年をピークに緩やかな減少傾向にあるが，郊外幹線道路沿型店舗は，2002年から2004年に増加し，2004年から2007年まで

減少し，2007年を境に2008年度は243件，2009年度は279件，2010年度は307件という再び増加傾向をみせている（図表5-4）。

以上のことから，市街地立地の代表的形態であった駅前・駅近辺型店舗が2005年をピークに減少が始まり，大型店の市街地への立地状況には陰りが見え始め，それに対して，2007年を境とする郊外幹線道路沿型店舗の増加により，大型店出店の郊外化は決定的になったといえるだろう。そして，今後もこの傾向は続くと考えられ，大型店は郊外立地が主流になると考えられる。

3. 大型店撤退

(1) 大型店撤退の実態

近年，都市中心部に立地する百貨店・スーパーなど大型店の撤退が増加している。現実には，2000年に長崎屋・そごう，2001年にマイカル・壽屋，2004年にダイエーと全国的に展開している大手小売企業の経営破綻を契機に，各地で大型店閉鎖・撤退が相次いだ。そうした都市部では大型店撤退が中心市街地の空洞化の大きな要因となっている（中条2007, p.177）（図表5-5）。

図表5-5　主要大型小売企業の経営破綻の状況

小売業者（店舗名）	手続き申立日		破綻前後の店舗数
長崎屋	2000年 2月	会社更生法	96
そごう	2000年 7月	民事再生法	28 [1]
マイカル	2001年 9月	民事再生法	144 [2]
壽屋	2001年12月	民事再生法	134
ダイエー	2004年10月	産業再生機構	263

注）(1) 国内のみ。(2) グループで215。
(出所) 中条2007, p.178より作成。

九州地区では，これまでダイエー・壽屋・ニコニコドーといった全国・地場の大手小売企業の倒産が相次いだために，閉店にいたった店舗は相当数に達した。これらの倒産は，地域経済に対して深刻な打撃を与えることから，地元経済界や商工会議所が働きかけて，撤退跡地にいわゆる「居抜き」出店する多くの事例が発生したことも，九州地区の特徴となった。

九州地区での撤退とその後の状況については，2002年1月に倒産した壽屋の事例があげられる。倒産当時の壽屋の閉鎖店舗数は134店舗であったが，業態変更や居抜き出店等で，跡地の店舗による営業を継続しえた店舗数が約3分の2にものぼり，実質的に閉鎖にいたった店舗は40数店舗であった（濱内・岩永 2009，pp.124-125）。

　なお，九州地区（沖縄地区含む）における大型店撤退・閉店数を2003年から2007年まで示したものが，図表5-6である（図表5-6）。

図表5-6　九州地区の大型店撤退・閉店

（店舗数）

	2002年前	2003年	2004年	2005年	2006年	2007年	合計
福岡県	27	20	26	8	22	16	119
佐賀県	3	1	2	0	3	2	11
長崎県	0	3	4	0	1	2	10
熊本県	3	19	6	4	6	2	40
大分県	22	5	2	11	3	1	44
宮崎県	7	7	4	6	1	4	29
鹿児島県	1	9	1	7	4	1	23
沖縄県	5	0	3	3	0	1	12

（出所）東洋経済新報社『全国大型小売店舗総覧』各年度版より作成。

（2）大型店撤退の規模別・立地別状況

　大型店撤退状況を大店立地法施行後8ヶ月経過した2001年2月から2007年3月迄の74ヶ月間に撤退した733店舗を対象に面積規模別・立地別にみていこう。大型店の撤退状況を面積規模別でみると，大型店のなかでも1,000～2,000m^{2}の店舗の撤退が40.9%で最も多い。次いで2,000～3,000m^{2}が16.4%，3,000～5,000m^{2}が14.5%，5,000～10,000m^{2}が15.8%，10,000～20,000m^{2}が10.1%，20,000m^{2}以上が1.2%となっている。つまり1,000～5,000m^{2}の店舗が7割以上を占めており，大型店のなかでも相対的に小規模な店舗の撤退が多いが，10,000m^{2}以上の店舗も11.3%を占めていることがわかる（図表5-7）。

　次に大型店の撤退状況を立地別でみると，その他を度外視して，市街地に立地した商店街型が24.1%，駅前・駅近辺型が15.1%，ターミナル型が1.2%，

106　第Ⅱ編　小売商業の問題

図表 5-7　面積規模別大型店の撤退状況

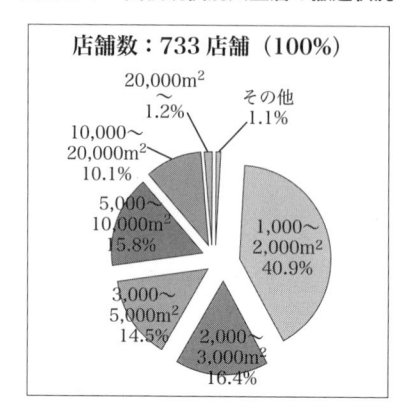

店舗数：733 店舗（100％）

- 20,000m² ～ 1.2%
- 10,000～20,000m² 10.1%
- 5,000～10,000m² 15.8%
- 3,000～5,000m² 14.5%
- 2,000～3,000m² 16.4%
- 1,000～2,000m² 40.9%
- その他 1.1%

図表 5-8　立地別大型店の撤退状況

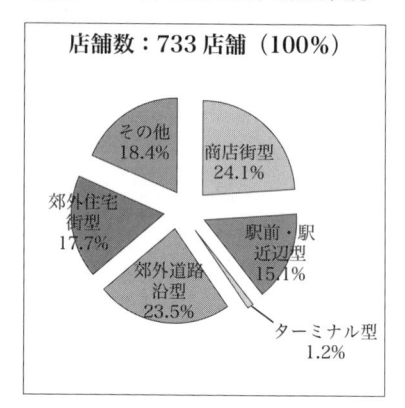

店舗数：733 店舗（100％）

- 商店街型 24.1%
- 駅前・駅近辺型 15.1%
- ターミナル型 1.2%
- 郊外道路沿型 23.5%
- 郊外住宅街型 17.7%
- その他 18.4%

（注）撤退店舗数は，大店立地法施行後 8 ヶ月経過した 2001 年 2 月から 2007 年 3 月迄の 74 ヶ月間に撤退した 733 店舗を対象に，面積規模別・立地別に分類したもの。
（出所）東洋経済新報社『全国大型小売店総覧』各年度版より作成。

三者で 40.4％のシェアを示している。それに対し，郊外に立地した郊外道路沿型が 23.5％，郊外住宅地街型が 17.7％，両者で 41.2％のシェアを示している。つまり，大型店の撤退は郊外型が市街地型をごくわずか上回っている状況であった（濱内・岩永 2009, pp.122-123）（図表 5-8）。しかし，前述の大型店の出店状況と撤退状況を比較するかぎり，市街地型の撤退が相対的に顕著といえる。

（3）大型店撤退の立地・規模別特徴

大店立地法施行後，大型店の出店の特徴は，第 1 に，店舗面積の需給調整が廃止されたことによって店舗面積が巨大化してきたこと。第 2 に，借地借家法の弾力化措置によって新たに設定された事業用定期借地権を活用した借地による出店のケースが一般化してきたことである。これらの特徴は，一連の規制緩和の潮流のなかで定着してきたものであり，欧米などの先進諸国からの強力な参入規制廃止の要求により事実上の市場開放がなされたという経緯によるものであった。

借地を利用しての出店戦略は，大店立地法への移行後の最大の特徴であった。2007 年の借地借家法の改正により事業用定期借地権は，10 年からの契約が可能となり，大型店の出店に際して巨額の費用を投じて土地を確保する必要性が

薄れ，借地による出店すなわち土地の所有と利用の分離が一挙に進展することになった。だが同時に，従来の借地契約とは異なり，更新不可のため将来の一定期間経過後，確実に返還の時期が到来することも明らかになったのである。

かくして，最近の大型店の立地動向は，一方では，広大な敷地面積の確保の観点から，都市計画法に規定された用途地域のエリアを踏み越えて，農地法の規定にまで抵触する立地のケースがみられ，他方では，売上高・採算ベース等の悪化によって，契約満了前の早期に閉店や撤退する多くの事例が報告されている。こうした大型店の撤退がひとたび発生した場合には，単に小売商業問題や「まちづくり」問題にとどまらず，農地の改廃や用途地域の乱用等によって地域経済に計り知れないほどの損失をもたらす恐れがある。実際，これらの大型店撤退は，立地別にみて，商店街型や駅前・駅近辺型の市街地にとどまらず，郊外に立地した郊外住宅型や郊外道路沿型にも共通してみられる現象である（濱内・岩永 2009, p.120-121）。

ともあれ，大型店問題は，初期の頃は大型店出店に関わる大型店と中小小売店との調整を巡る問題であり，百貨店法や大店法に基づく経済的視点からの調整政策の問題であった。しかし，最近は大型店出店に関わる地域間・都市間競争の問題ならびにそれにともなう大型店閉店・撤退に関わる商店街の衰退や中心市街地の空洞化による「まちづくり」問題であり，大店立地法をはじめ改正都市計画法や中心市街地活性化法，いわゆる「まちづくり三法」に基づく社会経済視点からの調整政策ならびに振興政策として総合的問題へと展開していったのである。

第2節　大型店政策の経緯

1．大型店問題とその関連法

大型店に関わる政策は，百貨店法・大店法・大店立地法など日本の伝統的商業政策として展開されてきた。戦前・戦後の百貨店法は，当時唯一の大型店である百貨店と中小小売店との調整を通して商業の発展ひいては国民経済の発展をはかるものであり，実態としては百貨店の新設・増床に対する許可制とい

う百貨店を厳しく規制するものであった。

　高度経済成長期に入ると，政府による積極的な流通近代化が推進され，総合スーパー等の新興大型店の出現による小売競争の激化が，中小小売商業振興法と大店法という小売二法を成立させた。つまり，一方では中小小売店の発展を支援する中小小売商業振興法が振興政策として，他方では大型店と中小小売店を調整するために大型店を抑制的に調整する大店法が調整政策として，セットされて展開されてきた（番場2011, p.17）。このうち，大店法は，大型店と中小小売店との経済的調整を目的とした条件付き届出制であったが，実態としては大店法成立から1980年代前半までは大型店出店を厳しく規制する方向が強くなっていき，1980年代後半からは国際化の進展にともなう規制緩和によって大型店出店ないし規制が緩和されてきた。

　1980年代後半からの経済の国際化と流通規制緩和によって，小売部門における競争が激化し，近代的小売業態の発展・成長と伝統的中小小売業の衰退・減少を引き起こした。同時にまた小売競争は従来の大型店と中小小売店との競争だけでなく都市間・地域間競争をともなって展開していったのである。

　こうした背景には，交通体系の整備やモータリゼーションの進展による住宅・事務所等の都心から郊外・近郊都市への移転にともなって，小売商業集積も都心の駅前・バスセンターや中心市街地からロードサイド地域や郊外・近郊都市に広域化していったという事情があった。その結果，都心の駅前・バスセンターや中心市街地に立地している伝統的中小小売業が衰退・減少し，それにともなう商店街の空き地・空き店舗の恒常化により，中心市街地の空洞化が引き起こされているのである。

2. まちづくり三法

　1990年代になるといっそうの規制緩和による大型店の郊外立地が進み，商店街の空き店舗や空き地の恒常化による中心市街地の空洞化がいっそう進展していった。その結果，これまでの調整政策と振興政策からなる小売二法による流通政策に限界がみられ，1998年5月に「まちづくり三法」が制定された。

それによって流通政策は，都市地域政策視点からの調整政策や振興政策へと転換していったのである。

「まちづくり三法」の趣旨は，大型店立地の是非は改正都市計画法，周辺地域の生活環境の保全は大店立地法，まちなか再生は中心市街地活性化法で行うことにあった（宇野 2011, pp.30-31）。

まず大店立地法（正式には大規模小売店舗法）は，大型店出店に対して地域社会の環境調整を対象にしたものであり，従来の大店法による経済的規制に比べて，社会的規制として画期的なものであったが，法の趣旨として調整政策の範疇に属するものである。

また，中心市街地活性化法（正式には中心市街地の活性化に関する法律）は，中心市街地の急速な空洞化に対応して，これらの再生や復活の視点から施策を講じようとしたものであり，大店立地法とは異なり，振興政策の系譜に属するものとなっている。

さらに，改正都市計画法は，市街地の土地利用に際して従来の用途地域を補完する特別用途地区の設定で，規制誘導の姿勢を前面に押し出した点が大きな特徴となっている。こうした改正都市計画法は，中心市街地活性化法による市街地の活性化や「まちづくり」の視点からの施策とは必ずしも整合したものとはいえず，大店立地法と同様に調整政策の範疇に属するものとして位置づけられている。

ともあれ，「まちづくり三法」は，調整政策と振興政策という二つの相反する方向を踏まえたうえで，齟齬をきたすことのない施策が講じられなければならなかったのである（濱内・岩永 2009, p.106）。

3. 「まちづくり三法」改正

1998 年 5 月に「まちづくり三法」が制定されたが，その後も大型店の郊外立地や商店街の衰退などにより中心市街地の空洞化が進展している。その背景には，中心市街地活性化法に基づく活性化策の実効性が発揮されず，改正都市計画法による大型店の立地調整機能が弱いなど「まちづくり三法」自体の不備

も指摘されて，さらに中心市街地活性化法と改正都市計画法を連携させた運用がなされなかったという事情があげられる（横内 2006, pp.4-7）。

そのために，新たに「まちづくり三法」が改正された。このうち，中心市街地活性化法の改正は，実効性のある活性化事業，市街地への都市機能の集約をあげている。市街地への都市機能の集約に関しては，市街地での質の高い生活の確保という側面から，商業の活性化やハード面の整備に留まらず，多様な都市機能の中心市街地への集約を行うコンパクトシティ[1]の考え方が提唱された。具体的には，中心市街地への居住等の促進，中心市街地整備推進機構の拡充，中心市街地への大型店出店の促進等があげられる。

次に，改正都市計画法の改正は，適正な立地誘導策として，大規模集客施設（大型店以外，サービス店等を含む）の立地調整の仕組みを適正化し，郊外への都市機能の拡散を抑制するものであった。具体的には立地規制の厳格化，広域調整の仕組みの整備，公共公益施設の中心市街地への誘導などがあげられる（横内 2006, pp.8-10）。

さらに，大店立地法については改正されなかったが，「まちづくり三法」が見直されるなかで大型店の社会的責任への関心が高まり，第四条の指針改定（2005年1月）が行われる際，大型店の社会的責任として地域貢献の必要性が提起されたのである。

4. 大型店の社会的責任としての地域貢献への取り組み

大型店の社会的責任について，「コンパクトでにぎわいあふれるまちづくりを目指して」（産業構造審議会・中小企業政策審議会合同部会：2005年12月）では，大型店の社会的責任の一環として，大型店がまちづくりに自ら積極的に対応すべきとされている。さらに事業者による中心市街地の活性化への取り組みについて中心市街地活性化法第六条に責務規定が定められるなど，まちづくりへの貢献に関する自主ガイドラインの策定に取り組んでおり，個々の事業者においても自主的な取り組みを行うことを要請している。業界サイドでは，日本チェーンストア協会〈2006年6月〉，日本百貨店協会〈2006年12月〉，日本ショッ

ピングセンター協会〈2007 年 1 月〉，日本フランチャイズチェーン協会〈2009 年 1 月〉などでガイドラインの策定が行われている。

行政サイドでは，熊本県がいち早く「大型店の立地に関するガイドライン」(2005 年 12 月) を策定した。そこでは，豊かな地域コミュニティを構築していくために，大型店に対して企業の社会的責任としての主体的な地域貢献を求めるとともに，地域住民との充分なコミュニケーションによる連携のもと，地域の実情に即した形で地域貢献を進めることを要請している（宇野 2011, pp.32-33）。

また，福島県は，「広域のまちづくりの観点から特定小売商業施設を適正に配置するとともに，地域貢献活動を促進する」ことを目的として，2005 年に大型店に対する出店規制の条例である「商業まちづくりの推進に関する条例」を全国で初めて制定した。この条例は，①小売商業施設の立地ビジョンとなる「商業まちづくり基本方針」であり，特定小売商業施設（店舗面積 6,000 平方メートル以上の小売商業施設）を集積させるとともに，郊外への特定小売商業施設の立地を抑制する。②特定小売商業施設の立地についての広域の見地から調整する。③特定小売商業施設の地域貢献活動を促進するという 3 つの柱からなっている（金倉 2012, p.58）。

しかしながら，大型店の社会的責任については，企業側の自主性や行政によるガイドライン程度では充分な効果を発揮できるとは思われない。大型店閉店ないし撤退による中心市街地の空洞化によって地域経済が疲弊していくなかで，大型店が単に買物利便性効果を提供するだけではなく，より地域経済の振興に寄与すべく制度を確立することが必要である。

ともあれ，大型店問題は，大型店出店に関わる大型店と中小小売店との経済的問題から大型店の郊外出店ならびに大型店閉店・撤退による商店街の衰退やそれにともなう中心市街地の空洞化へと社会的問題へと変化してきている。したがって，最近の大型店問題は，大型店閉店・撤退問題として中心市街地の空洞化を解消するための地域経済の再生にとって最重要課題としてクローズされてきている。

第3節　大型店撤退と地域再生

1. 大型店撤退とその再活用の事例

　大型店の出店・撤退に関わる法律として成立した「まちづくり三法」は，中心市街地の空洞化に歯止めをかけるものとして注目されたが，その効果をあげている事例は多くない。それどころか中心市街地に立地する大型店の相次ぐ撤退が中心市街地の空洞化をいっそう加速させている。このような大型店閉店・撤退による中心市街地の空洞化に対して，どのような対応策を施し，その中心市街地を回復ないし再生するのかは重要な課題である。以下，大型店閉店・撤退後の大型店の転用ないし再生の方向として，次のような事例があげられる。

　まず，居抜き出店の事例である。この事例は比較的多く，最小限の内装変更で単数の大型店あるいは複数の小売店舗が空き店舗を埋めていく場合である。なお，百貨店撤退と総合スーパー撤退とでは立地場所や建物施設等の差異により大型店転用・再生に差異がみられる。その場合，中心市街地の利便性を活用して，自治体が居抜き出店後に残った空フロアを補塡するため，フロアの一部をパスポート発行窓口や市役所出張窓口などの公共施設として利用する事例がみられる。これは，民間での転用がうまくいかない場合の次善の策として行われることが多い。たとえば，新潟県長岡市の「市民センター」は，市民サービスセンター・観光情報コーナー・会議室・職業紹介・一時保育施設などで構成されている。

　次に，マンションやホテルなど住居施設への転用の事例もある。たとえば，栃木県佐野市では，大型店の建物を大幅に改造して民間高齢者ケアホームに転用した。一方，建物解体は築年の古い店舗で多くみられ，中心市街地立地の利便性を生かしマンションに建て替えられる事例も多くみられる（中条2007,pp.179-182）。

　さらに，大型店撤退跡地に公園やグランドならびに駐車場等の公共施設を設置し，広く市民の憩い場として活用する方向も考えられる。

以上のように，中心市街地の大型店閉店・撤退後の転用ないし再生には，小売店舗，サービス施設，マンション・住居等の建物から公園・グランド，駐車場等の土地利用まで，多くの施策がみられる。その場合，それら店舗・サービス施設・複合施設などが，民間レベルでの再生をベースとしながらも，それが難航した場合には，行政のバックアップが効果的なことがわかる。これら行政介入の事例は，大型店閉鎖で市民が日常生活に重大な不利益を被るがゆえに再生を目指したというより，むしろ行政が都市間競争における「都市の顔」を意識した結果のトップダウン的決断ともいえる。

 ともあれ，「まちづくり三法」の一部改正など，政府主導の枠組み整備も進んでおり，公的資金の活用による中心市街地活性ないし再生の事案が増えることが予想される。その場合，自治体は単に大型店のみに依存するのではなく，既存の商店街や公共施設との集積相乗効果を発揮できるように，中心市街地を再生する工夫が必要であろう（中条2007，pp.193-194）。

2. 大型店撤退と地域再生に向けて

 大型店閉店・撤退問題は全国の都市のほとんどが抱える問題である。百貨店や総合スーパー等の大型店退店により，核店舗不在となった大型商業施設の再生は，中心市街地活性化にとって最重要課題のひとつとなっている。

 大型店閉店・撤退後の中心市街地活性化ないし地域再生に向けての解決策としては，第1に，「居抜き出店」として退店した大型店と同規模の大型店ないし大型店をキーテナントとして複数の店舗を入店させることである。たとえば，大都市の駅前など立地条件の良い場所には老舗の百貨店に代わって他の百貨店ないし新興小売業態の専門量販店やディスカウントストアがキーテナントとして進出している事例がある。

 しかし，三大都市圏の立地条件の良い店舗以外では非常に難しい状況にある。特に，地方都市の店舗については立地条件や複雑な不動産の権利関係などが要因になって誘致が難航している。その原因のひとつには，長期経済不況や人口減少化下での厳しい小売競争のなかで，大型店が積極的な出店を繰り返すこと

によってオーバーストアの状況になることにある。もうひとつには，百貨店や総合スーパーのほとんどの既存大型店の売上はバブル崩壊後減少し続け，大型店の経営力が著しく弱まってきていることにある。したがって，特別にユニークな店舗を出店させないかぎり大型店閉店の跡に別の大型店で埋めるということは，難しい状況にあるといえる。

　第2に，大型店閉店・撤退後の空き店舗・空き地の活用策としては，商業施設以外のサービス，娯楽施設，公共施設等さまざまな施設を組み合わせた（大型小売店舗を核とした）複合型大規模集客施設の事例があげられる。人々のニーズや生活が多様化し豊かになってきているために，商品販売だけでなく飲食・アミューズメント・エンターテインメント・カルチャー等のサービス施設が求められる。この複合型大規模集客施設は時間消費型に加え，生活堪能型と呼べるような都市生活者の生活全般のニーズに対応するものとして期待される。

　したがって，大型店閉店・撤退後の空き店舗・空き地には，中心市街地の利便性とそのネットワークを生かしつつ，商業・地域サービス・カルチャー・アミューズメント・エンターテインメント等の新潮流ビジネスにより都市生活をより豊かにする複合型施設として再生されることが期待されている。これは，今までの中心市街地の核となる集客施設としての商業施設が，新たな複合型大型商業施設による中心市街地の核としての集客施設に再生されるということであり，魅力的な新潮流ビジネスを創造することによって，中心市街地活性化に寄与する施策ともなりうるのである（経済産業省商務流通グループ流通産業課中心市街地活性化室2004，pp.114-121）。

　第3に，商業・教育・医療等のサービス施設が集中している中心市街地は，居住地としてもその優位性が見直されて，マンション等の立地に基づく居住人口の回復による都心回帰の傾向が現れている。それと同時に公的交通機関が交差したアクセス利便に基づいたホテルの立地によるビジネス・観光客の増加をもたらすなど人口増加による賑わいを回復することも期待できる。

　第4に，行政が公共事業の一環として公園ないしグランドならびに駐車場等の公共施設を設置し，広く市民の憩い場として活用する方向も考えられる。

第5に，中心市街地再生や地域再生に関わる総合的な規制・誘導が可能となる政府や自治体の法的基盤の整備が何よりもまず重要である。たとえば，「まちづくり三法」の運用という観点からの規制や誘導の措置を講じることである。また近年の郊外型大型店の立地に関しては農地転用規定の根本的な見直しをはかることなどがあげられる（濱内・岩永2009, p.132-133）。

注
1）コンパクトシティ（英：Compact City）とは，都市的土地利用の郊外への拡大を抑制すると同時に中心市街地の活性化がはかられた，生活に必要な諸機能が近接した効率的で持続可能な都市，もしくはそれを目指した都市政策のことである。
　　コンパクトシティの発想は，都市郊外化・スプロール化を抑制し，市街地のスケールを小さく保ち，歩いてゆける範囲を生活圏と捉え，コミュニティの再生や住みやすいまちづくりを目指そうとするのがコンパクトシティの発想である。1970年代にも同様の提案があり，都市への人口集中を招くとして批判されていたが，近年になって再び脚光を浴びるようになった。再開発や再生などの事業を通し，ヒューマンスケールな職住近接型まちづくりを目指すものである。(ja.wikipedia.org/wiki/コンパクトシティ, 2014.3.22,acess)

参考文献
（1）井上芳恵・中山徹（2002）「大型店撤退に関する研究－撤退大型店の特徴及び行政の対応策－」『日本都市計画学会論文集』。
（2）宇野史郎（2011）「まちづくり三法の改正と地域流通―大型店の地域貢献と雇用効果の視点を中心に―」日本流通学会編『流通』No.28。
（3）経済産業省（2008）『不動産の所有と分離とまちづくり会社の活動による中心商店街区域の再生について』。
（4）経済産業省商務流通グループ流通産業課中心市街地活性化室（2004）「Ⅷ　社会潮流の変化に対応した大型閉鎖店舗活用の新たな可能性」『講義テキスト／社会経済系』。
（5）東洋経済新報社『全国大型小売店総覧』各年度版。
（6）中条健実（2007）「駅前大型店の撤退と再生―地方都市の旧そごうの事例―」荒井良雄・箸本健二編『流通空間の再構築』古今書院。
（7）濱内繁義・岩永忠康（2009）「大規模集客施設をはじめとする郊外開発の規制誘導に関する研究」佐賀大学経済学部地域経済研究センター『人口減少社会における社会資本整備のあり方に関する研究』(地域経済研究センター調査研究報告書No.24)。

（ 8 ） 番場博之（2011）「『流通政策の転換と地域流通』について」日本流通学会編『流通』No.28。
（ 9 ） 横内律子（2006）「まちづくり三法の見直し」『調査と情報』第 513 号。
（10） http://www.lib.kitami-it.ac.jp/files/pdf/humanscience/vol_5_3.pdf（2012 年 3 月 14 日のアクセス）金倉 忠之「地域視点からの大型店出店問題と地方自治体の規制手法」p.58。

第6章　小売商業調整政策

はじめに

　小売業における競争を維持・促進する調整政策は，弱い立場にある中小小売業の競争力を強化・促進しようとする中小小売商業振興政策，強い立場にある大規模小売業の競争力を規制しようとする抑制的調整政策としての小売商業調整政策とが存在している。

　小売商業調整政策は，大型店としての百貨店や総合スーパーなどに対して抑制的調整＝規制をすることにより，わが国小売業の大部分を占めている中小小売業の事業機会を確保しながら，大型店と中小小売店との間に生ずる経済的・社会的な対立ないし矛盾やあつれきを緩和し調整しようとする政策である（加藤1986, pp.166-167）。

　本章は，百貨店法や大店法の事例を通して，わが国の伝統的な小売商業調整政策の特徴と動向について考察する。そこで，第1節では，戦前の第一次百貨店法と戦後の第二次百貨店法について考察する。第2節では，大店法の成立から規制強化の方向までの経緯と特徴について考察している。第3節では，大店法の規制緩和の方向についての経緯と特徴を考察する。第4節では，大店立地法とまちづくり三法について考察する。

第1節　百貨店法

1.　第一次百貨店法

　わが国資本主義経済の成立・発展は，いわゆる後進資本主義国として純粋な

市場メカニズムによって達成されたものではなく，むしろ世界列強の外圧の影響のもとで「殖産興業」・「富国強兵」の旗印のもとに上から積極的に推進されたものであり，それが軍事的・半封建的色彩の強い構造的特質をもつにいたったのである（森下 1974, p.119）。

それによって，第1に，資本は主として軍需・生産財・輸出産業部門に投入され，内需消費財部門では本格的な産業を形成することなく，もっぱら中小零細企業の手に委ねられていた。しかも農村の近代化をともなわない地方的特質の残存によって，全国市場の形成が妨げられていた。そのために膨大な中小小売業が温存するようになった（森下 1974, pp.171-172）。

第2に，このようなわが国経済の半封建的な二重構造に支えられた流通部門における膨大な中小小売業の存在は，景気後退期や不況期における失業者吸収のバッファーとしての役割をはたしていたのである（小谷 1979, p.208）。

みられるように，わが国経済の半封建的な色彩の強い二重構造は，国内市場の狭隘性とその地域性を残存させ，それが中小小売業を温存させる客観的基盤となったのである。そのために，わが国の商業ないし流通は経済の発展過程を通じて絶えず従属的な地位に置かれていた。

したがって，わが国における伝統的な商業政策は，百貨店や大型店に各種の規制を加えることによって，中小小売店との競争条件を調整しようとする小売商業調整政策[1]がとられてきた。その根拠としては，わが国の経済政策が経済発展に直接関わる基幹産業の保護・育成に重点を置いた産業政策を推進してきたために，流通政策においては小売業の大部分を占めている中小小売業を合理化する中小小売商業振興政策よりも，大型店に各種の規制を加えるという抑制的な小売商業調整政策が推進されてきたのである。

さて，わが国経済の特殊性のもとに温存されていた中小小売業は大正末から昭和の初めにかけてその存在を脅かされるようになった。それは中小小売業の窮乏化をめぐる諸問題，いわゆる中小小売商業問題となって政治問題化したからである（中西 1938, p.27）。この中小小売商業問題を引き起こした原因の1つに百貨店の急速な発展があげられる。

わが国の百貨店は，もっぱら一部の上流階層に向けて高級品・贅沢品を販売していたのであるが，関東大震災を転機として，復興拡張建設による売場面積の拡大，商品の大衆化，日用品雑貨マーケットの兼営などによる急速な発展が既存の中小小売業を圧迫した（中西 1938, p.27）。とりわけ，1928年の同業組合加盟問題，1929年の商品券廃止問題を直接の契機として，対百貨店抗争運動が発生し，経済的ならびに社会的問題となった。これに対して，日本百貨店協会は1932年に自主規制を盛り込んだ自制協定を発表し，さらに1933年に商業組合法が制定された。それにともなって，同年8月に日本百貨店商業組合が設立され，組合の営業規制規定による自主制に改めたが，ついに1937年に第一次百貨店法が制定された（小谷 1979, p.209）。

この百貨店法は，第1に百貨店相互の不当な競争の排除，第2に百貨店と中小小売店との競争の排除，第3に小売業全般の円満な発展という3つの目的を掲げているが，基本的には中小小売業を保護する法律であった。たしかに，この法律によって中小小売業は百貨店の進出・発展に対する重圧になにほどか軽減する側面をもっていたことも否定できない。

しかし，結果的には，第1に，既存の百貨店に有利に展開し，百貨店相互にカルテル的統制が生じ，いっそう資本の蓄積を促進した。第2に，百貨店を抑制するどころか，百貨店相互のカルテルにより百貨店と中小小売店との間の不均衡を増大させた。第3に，このような不均衡は中小小売業間のみでなく，百貨店相互の間にも生じ，小売業全般の円満な発展は期すべくもなかった（堀 1966, pp.310-312）。このように百貨店法の意図は，もっぱら中小小売業を保護することにあったが，それと同時に既存の百貨店を保護することにもなったのである。

ともあれ，わが国の経済政策は，わが国資本主義経済の成立・発展に規定的な役割をはたした基幹産業の保護・育成に重点が置かれていた。そのために流通全般に関する基本方向はおろか，国民生活に直結しかつ膨大な就業人口を支えている小売業においては産業的育成をはかる経済政策としての流通・商業政策は存在していなかったのである（上田 1968, p.235）。

ただ，百貨店法による中小小売業の保護政策は，中小小売業窮乏化によって生じた経済的あるいは社会的矛盾を緩和するものであり，その背景には相対的過剰人口を吸収する領域として中小小売業を温存しなければならない社会経済要因が存在していたからである。その意味で，この段階における流通政策ないし商業政策は，流通機構の主要な構成要素である中小小売業を保護するためものであり，合理化志向に基づく経済政策ではなく社会政策的保護政策でしかなかったのである（岩永 2004, p.120）。

2. 第二次百貨店法

戦前の 1937 年に制定された第一次百貨店法は，戦時統制経済という特殊な状況のなかにあってその効果をほとんど発揮することなく，戦後の占領軍による経済民主化政策によって，1947 年に制定された独占禁止法との関連で廃止されたのである。

ところが，百貨店は，1953 年の消費景気によって戦後の消費景気を独占し，戦時中からの資本蓄積を基礎として，店舗の新設・増設や売場面積の拡張に力を注ぐことによって急速に発展した（白髭 1974, pp.162-163）。このことによって，百貨店相互ならびに百貨店と中小小売店との小売競争が激化し，そのために中小小売店が圧迫され，再び中小小売業問題が表面化した。それと同時に，百貨店は垂直的な競合関係にある納入業者（中小問屋）に不公正な取引を押し付けるなどその摩擦も大きくなり，いわゆる百貨店問題が再発した（白髭 1974, p.152）。その結果，前者は 1956 年の第二次百貨店法として立法化され，後者は 1954 年に独占禁止法に基づく「百貨店の特殊指定」となって法的規制を受けたのである。

戦後の第二次百貨店法によると，「この法律は，百貨店業の事業活動を調整することにより，中小商業の事業活動の機会を確保し，商業の正常な発達をはかり，もって国民経済の健全な進展に資することを目的とする」（第 1 条）と謳ってある。つまり，第二次百貨店法の目的は，百貨店を調整（抑制）することにより，中小小売業の事業活動の機会を確保して，商業の正常な発達をはか

るということである。

　次に，第二次百貨店法の運用システムを概観してみると，百貨店の開業や店舗の新設・増設の申請があれば，経済産業省（旧通産省）は百貨店審議会を通して地元の意見を聞くことになっていた。つまり，商工会議所・商工会を事務局に地元小売業者・学識経験者・消費者の委員から構成された商業活動調整協議会（商調協）が審議機関として，百貨店の開業や店舗の新設・増設による地元中小小売業への影響などについて審査する。その結果に基づいて百貨店審議会が承認し，それを旧通産省（旧通産大臣）が許可する仕組みになっていた（白髭 1974, p.170）。このように，第二次百貨店法には百貨店の開業や店舗の新設・増設に際しては政府の許可を必要とする，いわゆる許可制を原則としていたのである。

　しかし，実際の運用にあたっては，旧通産省は百貨店審議会の意見を尊重し，百貨店審議会は地元の商調協の意見に従う慣例になっていた。そのために，百貨店の開業や店舗の新設・増設はほとんど地元の商工会議所ないし商工会の意見によって左右されるという仕組みで，実質的には中小小売業の保護がはかられていたのである（佐藤 1974, p.299）。しかし，他方では，政府がそれに直接介入することを極力避け，もっぱら学識経験者から構成された百貨店審議会が調整するというかたちをとっていたので，逆に，百貨店に肯定的な側面があったことも否定できない（加藤 1989, p.102）。

　ところが，1960年代になると，このような中小小売業の保護政策に疑問が強まり，第二次百貨店法に対する論議が集中した。それは，第1に，中小小売業に与える影響である。中小小売業は第二次百貨店法によっていわば過保護状態におかれ，自助努力による経営合理化の意欲を喪失しているということである。第2に，百貨店に与える影響である。第二次百貨店法は百貨店の開業や店舗の新設・増設を厳しく制限する法律であるため，既存の百貨店なかでも伝統と歴史を誇る巨大な都市百貨店は必ずしも不利とはいえず，むしろ有利でさえあった。つまり，第二次百貨店法によって自由な競争が制限されたばかりでなく，百貨店相互の間にカルテルが形成され，既存の百貨店はいっそう資本の蓄

積を促進したということである（佐藤 1974, p.300）。

ともあれ，第二次百貨店法は，百貨店の発展をある程度制限しつつ，中小小売業の事業活動の機会を確保することができ，それによって社会的な対立ないし矛盾やあつれきを緩和し調整する効果をもたらした。しかし，他方では，中小小売業がかえって自助努力による経営合理化の意欲を喪失していった。そればかりか既存の百貨店までも保護することになり，その積極性を奪い，わが国における小売業全体の革新ならびに発展を大きく阻害することになったのである。

第2節　大店法の成立と規制強化

1. 大店法成立の背景

わが国の経済は，1950年代後半からの高度経済成長による生産の合理化ないし生産力の飛躍的な増大やそれにともなう消費の量的拡大によって，生産部門や消費部門が大きく急激に変化した。しかし，この両部門を媒介する流通部門とりわけ小売部門は，大部分を中小小売業が担っており，そこでは自助努力による経営合理化の意欲がほとんどなく，しかも技術革新の導入が困難な領域であった。そのうえ政府による合理化志向の助成措置がほとんど講じられておらず，もっぱら第二次百貨店法のもとで過保護の状態に置かれていたのである（岩永 1988, pp. 117-118）。

ところで，高度経済成長過程において急激な消費者物価の上昇と深刻な労働力の不足が生み出され，そのうえ資本自由化の問題という緊急な課題も発生し，それらが社会問題となった（石坂 1969, p.23, 鈴木 1979, p.172）。このような背景のもとに，1960年代前半を転機として，わが国の伝統的な商業政策は大きく方向転換した。つまり，流通革命を契機として，これまでの中小小売業を保護・温存するという後向きの政策から，これを前向きの政策に方向修正しなければならないという政策思想が支配的になったからである（森下 1974, p.182）。その方向にあったのが1963年の産業構造審議会流通部会の発足を契機として展開された一連の流通近代化政策であり，それが体系化されたのが

1968年の第6回中間答申『流通近代化の展望と課題』であった。このような政策転換は何よりも流通部門に対する合理化・近代化を志向するものであり，その意味では，ここにはじめて経済政策の一環として商業政策ないし流通政策が登場したといえよう。

このような社会経済ないし政策志向の変化を背景に，流通領域それ自体にも大きな変化が現れた。それは，1960年代から急速に成長してきた家電・自動車産業などの大規模耐久消費財メーカー（寡占メーカー）が，規模の利益を追求するために大量生産方式を採用し，しかも企業間競争で有利な地位を確保するためにマーケティングを展開し，積極的に流通領域にまで介入してきた（秋本・渡辺 1983, pp.21-23）。他方，新興大型小売業態としての大型総合スーパーが，ロスリーダー（目玉商品）を中心とする強力な価格訴求戦略，セルフ・サービス方式，広範な広告宣伝・販売促進など，積極的で革新的な経営・販売戦略を駆使しながら大規模化と多店舗化を通じて急速に発展してきたのである（佐藤 1974, p.205）。

このうち大型総合スーパーは，第二次百貨店法の規制を免れるため店舗ビルの各階ごとに別会社方式を採用して，店舗面積を基準面積未満とすることにより急速に発展した。これが，いわゆる疑似百貨店として社会問題となって2つの問題を提起した。そのひとつが中小小売店への影響力の問題であり，もうひとつが百貨店とのバランスの問題である。そこで，中小小売店側からはスーパーを百貨店と同様に規制することを要求し，百貨店側はスーパーを規制の対象としつつこれまでの規制を緩和することを要求したのである（通商産業省企業局編 1972, pp.78-81）。

このような経緯をへて，1972年8月に産業構造審議会流通部会は第10回中間答申『流通革新下の小売商業－百貨店法改正の方向－』を打ち出した。そのひとつの方向が百貨店法の改正（基本的には百貨店法の緩和）の方向であり，もうひとつは中小小売業の強化・支援の方向である。そして，この第10回中間答申をベースとして，1973年10月に大店法（正式名称：大規模小売店舗における小売業の事業活動の調整に関する法律）が制定され，それとともに同年9月に

中小小売商業振興法が制定され，この小売二法により調整政策と振興政策との相互補完的な小売商業政策が体系化されたのである。

2. 大店法の制度と課題

　すでに述べたように，大店法は急成長してきた大型総合スーパーや百貨店などの大型店と中小小売店との妥協の産物として成立したものであり，それだけに多くの課題を含んだものであった。そこで，大店法の課題を法文（条文）と運用（行政）から検討してみよう。

　まず，法文についてみると，第1の課題は，大店法の目的として消費者利益の配慮（保護），中小小売業の事業機会の確保，小売業の正常な発展つまり流通近代化の促進という3つの目的を掲げているが，消費者利益の保護や小売業の正常な発展＝流通近代化と中小小売業の事業機会の確保との3つの目的は必ずしも整合性を有していなかった。したがって法の運用いかんによっては，3つの目的のうち1つの目的が強調され，それによって保護主義的政策に傾斜する可能性をもっていた（鶴田1978，p.93）。実際，大店法施行後の運用結果から明らかになったことは，中小小売業の事業活動の適正な確保（中小小売業の保護）が全面に打ち出され，消費者利益の保護や流通近代化の目的が軽視ないし無視されてきたことであった（田村1981，pp. 9-10）。

　第2の課題は，大店法の売場面積の規制基準として店舗面積（売場面積）1,500㎡（東京特別区および政令都市においては3,000㎡）以上の店舗がすべて対象となる，いわゆる建物主義が採用されたことである。つまり，規制方式が従来の百貨店法の企業主義から大店法の建物主義へと変化し，それによって規制対象も拡大された。この措置は，急成長下にある大型総合スーパーが系列企業をダミーとすることによって法の規制を免れて急成長したため，その防止策として導入されたものであった。しかし同時に，中小小売業者が基準面積を超える建物を共同店舗として利用する，いわゆる寄合百貨店や寄合スーパーなども規制の対象となったのである（鶴田1978，p.93）。

　第3の課題は，大店法の認可方法として条件付届出制ないし勧告制が採用さ

れたことである。つまり，認可方法が百貨店法の許可制から大店法の事前審査付届出制ないし勧告制へ，したがってまた百貨店法の原則不許可制から大店法の原則許可制へと転換（鶴田 1978, pp. 93-94）したことであり，これによって原則不許可という厳しい規制が大幅に緩和されることになったのである。

　次に，運用についてみると，大店法は法文よりも運用，つまり行政の在り方に法律の大半を委ねているという点に課題が潜んでいる（小林 1980, p.123）。第1の課題は，大型店出店に関わる調整方式である。実際の調整には審査に先立って地元の商工会議所・商工会が事務局となって，各市町村ごとに設置される商調協の意見を重視するという，いってみれば地元民主主義方式が採用された（田村 1976, p.164 以下）。しかし，実際，商調協での見解は立場の違いを反映して対立することが少なくなかった（岡村 1982, pp.35-36）。そこで，このような状況のなかで考えだされた調整システムは，正式の商調協が行われる前に，非公式の五条届出に先立つ事前商調協ないし三条届出に先立つ事前説明（事々前商調協）といった実質的な調整の場の「前倒し化」，「非公式化」[2]による調整方式であった。とりわけ事前説明は，大型店の出店者と地元の多数の中小小売業者との当事者間のみで行われる密室の協議の場であり，旧通産省はこの種の事前商調協をへなければ三条申請を受理しないという行政指導も行っていた。その結果，正式の商調協は事前商調協ないし事々前商調協での合意を形式的に追認するだけの機関として形骸化してしまったのである（田村 1981, pp.7-8）。

　第2の課題は，商調協に関わる構成委員である。商調協の委員は商業者・消費者・学識経験者の各委員から選定された。実際の商調協における審議の場においては，大型小売業者の委員と消費者の委員が競争促進的な意見を出し，これに対して中小小売業者の委員が競争抑止的な意見を出し，学識経験者の委員や商工会議所などの事務局がこの両グループの意見対立を見守るというパターンが多い。そこで，商調協の審査の場において調整が困難な場合には，学識経験者の委員によって構成される小委員会が設置され，商調協の全体会議を集約・調整した叩き台としての調整原案が作成されたのである（田村 1976, pp.169-171）。

　第3の課題は，小委員会および叩き台としての調整原案である。大型店出店調

整は，かなり高度な専門的知識が要求されるのであるが，現実にはこの要求を満たすような専門家の数は少ない。そのうえ大型店出店の影響を客観的に評価するための評価基準が十分に標準化されておらず，評価に用いられる指標も各地の商調協に委ねられまちまちの状況にあった。このような状況のもとで小委員会から提出される調整原案は，商調協の全体会議における各利害集団の政治力格差を反映したものにならざるをえなかった（田村 1976, pp.171-172）。

このような大型店出店調整においては，その意思決定過程の中枢にある商調協が直接の利害関係者を中心に据えているばかりでなく，中立的立場にある商業論の専門的な学識経験者の数が少なく，さらに基準となるべき客観的な評価基準も整備されていない状況で行われていた。このような調整システムが社会全体の利益を増進させるとは到底考えられず，ほとんどの場合，主張される公共の利益は本来の公共の利益の一部にすぎず，したがって一面の正当性しかもっていなかった（上野 1987, p.108）といえる。

こうして大店法に基づく大型店出店調整が，商調協や事前・事々前商調協といういわば地元民主主義方式を採用するかぎり，地元の中小小売業者の意見が一方的に受け入れられ，大型店の出店が極度に阻害されることが多かった。この場合，法の運用が著しく保護主義的に傾くばかりでなく，著しく混乱する可能性を含んだものとなった。そのために法律としては届出制にもかかわらず，実際の運用面ではきわめて許可制に近いものになったといえる（小林 1980, p.123）。

したがって，大店法が施行されてから十数年間の経過をみると，大店法の新しい理念は実現される方向にはなく，むしろ実際の運用においては，旧来の百貨店法における中小小売業保護一辺倒の方向へと大型店出店調整は傾斜し逆行していったのである（阿部 1990, p.43）。

3. 改正大店法

大店法が制定された時期は，石油危機を契機として，わが国経済が高度経済成長から低・安定経済成長へと大きく転換した時期であった。それにともない消費支出は抑制され，消費者の購買行動も大きく変化した。そのために市場競争は，

これまでのレース的競争から一定のパイをめぐるゼロ・サム・ゲーム的競争へと変化し，小売業においても大型店と中小小売店の競争はいっそう激しくなった（岩永 1988, p.131）[3]。特に大型総合スーパーは，基準面積を下回る店舗規模で積極的な新規出店戦略を展開し，都市から郊外ないし地方中小都市へと出店地域を拡大させていったのである。

このような状況において，1973年に制定された大店法は，5年後の1978年10月に改正された[4]。この改正大店法の特徴は，基準面積の引下げと調整権限の分割にあった。つまり，大規模小売店舗が第一種大規模小売店舗と第二種大規模小売店舗とに分けられ，そのうち，第一種大規模小売店舗は，従来通り店舗面積が1,500㎡以上（東京特別区および政令指定都市では3,000㎡以上）のもので，その調整権限も旧通産大臣にあった。これに対して，新たに追加された第二種大規模小売店舗は，店舗面積が500㎡超1,500㎡未満（同500㎡超3,000㎡未満）のもので，その調整権限は都道府県知事に移されたのである（通商産業省産業政策局・大規模小売店舗調整官付編 1985, pp.50-56）。

しかしながら，大店法の改正によっても大型店の出店は予想以上の高いペースで続き，特に「かけこみ申請」もあって高水準で推移し，しかも都市の郊外や地方中小都市でも増加していった。もともと，大店法は大型店に対する規制としての効果をもたず，さらに調整としても欠陥があり，こうした事態が起こることは当然予想されていた（杉本 1991, p.150）。そのために，さらに大型店の規制強化ないし大店法の改正さらに大店法の廃止＝新法制定の声が強まったのである（保田 1984, p.147）。

これに対して，旧通産省は行政指導による大型店出店規制を強化していったのである。それが，1981年2月の「大規模小売店舗の届出に係る当面の措置」（以下，当面の措置）であった。その後，1983年12月に『80年代の流通産業ビジョン』が発表され，大型店出店の規制強化が継続された（通商産業省産業政策局・中小企業庁編 1984, p.93）。さらに，1984年2月に「大型店の出店調整問題の今後の取り扱いについて」（通産大臣談話）が通達され，大型店の出店調整問題については，「当面の措置」が継続されたのである。

みられるように，1980 年代前半に行われた一連の行政指導は，大店法や改正大店法によっても大型店の新設申請は減少せず，中小小売業による大型店出店の反対運動が激しくなったことに対応するものであった。しかし，他方では既存の大型店にとって一連の行政指導は有利に作用したのである。この期間における既存の大型店は，店舗のリニューアル，財務内容の改善，経営効率の追求といった質的に充実した経営戦略を取り入れた。その意味では，大型店出店規制は実質的に大型店カルテルと同様の効果を発揮したといえよう（杉本 1991, p.152）。

ともあれ，このような大型店規制に対する法的措置や行政指導に加えて，消費支出の伸び悩み，消費者ニーズの多様化・個性化による需要構造の変化といった経済的要因によって，大型店の出店件数は急激に減少した。そればかりか，大型店出店の立地態様についても地元中小小売業者の意見を反映させるなど，全体として大型店出店にあたって機能分担ないし共存共栄による「まちづくり」気運が高まってきて，ようやく社会的摩擦が鎮静化の傾向に向かったのである（清水 1984, pp.37-38）。

第3節　大店法の規制緩和

1. 大店法による規制緩和の経緯

1980 年代前半までは大型店規制強化の傾向が強かったのであるが，1980 年代後半からは大型店規制緩和の方向へと流れは変わった。たとえば，1985 年5月にチェーン・ストア協会は地方自治体に大型店規制の廃止を求めた。また同年6月の日米貿易委員会でアメリカ商務省は，外国製品進出の障害になっているという理由で大店法の規制緩和を要求した。さらに 1986 年 10 月に経済同友会は，消費の活性化をはかることを理由に大店法の規制緩和を求めたのである（杉本 1991, p.152）。

こうした規制緩和の要求を受けて，1987 年5月に経済審議会は流通規制緩和を柱とする「経済構造調整の指針」を公表した。それをベースに，同年6月に大

規模小売店舗審議会会長談話として「今後の大店法の運用について」を公表した。この行政指導は，「大店法の基本的枠組みの維持」をはかりながら，「大店法の適正かつ円滑な運用」を求めたのであった。その具体的措置としては，閉店時刻に関する調整手続きの見直し，事前説明の適正化，大店審の活用などをあげ，それらは全体として出店調整期間の短縮化をはかるものであった（通商産業省資料『今後の大店法の運用について―大店審会長談話―』1990）。

　さて，大店法の規制緩和の方向を明確に打ち出したのは，1989年6月の『90年代の流通ビジョン』のなかの「当面の課題―流通をめぐる制度のあり方―大店法の運用等の適正化」であった。このビジョンにみられる大店法の規制緩和の方向は，原則として大店法それ自体を維持しながら，その枠内において運用適正化をはかろうとするものであった。具体的には，出店調整制度の運用の統一化をはかり，手続きの長期化の防止，閉店時刻などの調整をあげ，旧通産省をはじめ地方自治体や商工会議所などの関係諸機関にも運用適正化についての協力やその充実・強化 を要請した（通商産業省商政課編 1989, p.182）。

　次に，欧米先進諸国からの外圧による代表的なものとしては，日米構造問題協議にみられた大店法の規制緩和の方向があげられる。それは，大店法の改正を含む3段階にわたる規制緩和プログラムの実行を国際公約として表明するにいたったことである。すなわち，第1段階では運用適正化措置などの規制緩和に向け直ちに実施する当面の措置，第2段階では次期通常国会に提出をめざした法律改正，第3段階では大店法改正後の見直しというものであった（渡辺 1995, pp.44-51）。

2. 再改正大店法

　大店法の規制緩和の方向として，外圧とりわけ日米構造問題協議の圧力もあり，1991年5月に大店法が再改正された。この再改正大店法は，大型店の規制緩和の方向として大店法における調整体系と調整手続きに関する大幅な手直しであった。それと並行して，輸入品専門売場特例法，特定商業集積整備法，改正民活法，改正中小小売商業振興法という，いわゆる大店法関連法が制定・

公布された[5]。とりわけ,都市商業政策の観点から制定された特定商業集積整備法(正式には,特定商業集積の整備の促進に関する特別措置法)は,再改正大店法によって大型店出店が容易になり,一部の地域や周辺の中小小売業を圧迫したり住民の生活環境を悪化させるといった諸問題に対処するために,それらを都市・地域問題から調整し緩和するために制定された法律である。また改正中小小売商業振興法は中小小売商業振興法を強化した法律である。したがって,大店法関連法とりわけ特定商業集積整備法や改正中小小売商業振興法は,再改正大店法のもとでの大型店規制緩和に対する補完法として位置づけられた措置といえる。

さて,再改正大店法は,わが国の流通システムを閉鎖的な流通システムから開放的・競争的な流通システムにするために,国際的視点と消費者利益の視点に立脚して,大型店の規制緩和をはかることによって小売部門において競争原理を取り入れようとするものであった。従来の大店法が条文と運用の間に大きな乖離があっただけに,再改正大店法は条文の目的を実現すべき,運用適正化を基本方向としたものである。したがって,再改正大店法では大店法に比べて,①出店調整期間の適正化,②公的調整体系の確立,③地方自治体の調整権限の拡大,④出店規制緩和という点に改善がみられた(矢作・清成1991,p.38)。そこで,以下,4つの改善について検討してみよう(矢作・清成1991,pp.39-46)。

第1の出店調整期間の適正化については,出店調整期間が第三条届出(建物設置者届出)を起算日として12カ月内とした。つまり,従来の大店法の平均35カ月,また1990年5月の運用適正化措置実施からの18カ月と比べてかなり短縮化された。さらに,第三条届出以前に事前説明を要する非公式の事前商調協ないし事々前商調協をへなければ第三条届出を受理しないという行政指導が事実上なくなった。その意味で,再改正大店法は出店調整期間の短縮化というより適正化というほうが適切であったといえる。

第2の公的調整体系の確立については,再改正大店法では,従来の非公式の事前商調協ないし事々前商調協はもとより公式の商調協が廃止され,それに代

わり大規模小売店舗審議会（以下，大店審とする）で出店調整が行われるようになった。つまり，従来の大店法は，正式には商調協が公的調整システムであったが，実質的には非公式の事前商調協ないし事々前商調協という地元商業者との事前調整を方向づけた私的調整システムによって行われていた。そのため大型店出店調整は，地元商業者の私権を優先させるなど，調整手続きが不透明化・複雑化・長期化したものであった。それに対して再改正大店法では，第三条届出以前の事前説明が制度上廃止され，しかも第三条届出後の事前商調協と第五条届出後の正式商調協の2段階に分かれていた実質的な調整・審議が第五条届出後の大店審に一本化された。この場合，大店審に消費者・小売商業者・学識経験者・商工会議所ないし商工会からの意見聴取を義務づけるという新たな条件が追加されてはいるが，基本的には大店審で出店調整を行うという公的調整体系が確立し，それによって出店調整の手続きが簡素化・短縮化されたのである。

　第3の地方自治体の調整権限については，再改正大店法の店舗規制として，第一種大規模小売店舗は3,000㎡以上（東京特別区・政令指定都市では6,000㎡以上）に引き上げられた。第二種大規模小売店舗は500㎡超3,000㎡未満（同500㎡超6,000㎡未満）となり，それだけ出店調整が都道府県知事に拡大された。つまり，再改正大店法は，国と地方自治体との役割分担と連携により運営されていく方向がいっそう明確になり，それだけ分権型調整システムが確立されたことを意味する。

　第4の出店規制緩和については，①1982年の旧通産省通達「当面の措置」による特定市町村における第一種大規模小売店舗の出店抑制措置が廃止された。②地方自治体による独自規制が抑制された。つまり，従来の大店法の第十五条に新たに第五項が追加され，それにより「横出し規制」や「上乗せ規制」が是正された。③輸入品専門売場特例法が制定されたことにより，大型店店舗内における輸入品専門売場が1,000㎡以下である場合，大店法の事前対象から除外された。④再改正大店法の施行2年以内に再改正大店法を見直すとの附則が盛り込まれた。このことは，規制緩和の方向を将来的に継続するための政策スタンスを提示する

ものであった。

　以上，再改正大店法によって，大店法の条文と運用の乖離が縮小され，全体的に法の運用体系と手続きの簡素化・透明化・適正化がもたらされ，大店法本来の目的の実現に近づいたといえよう。その後，日米構造問題協議で公約されたように，再改正大店法の見直しが行われ，1994年5月1日からさらに大店法の運用基準が緩和された。そして1998年5月27日に大店法の廃止が決定され，それに代わって大店立地法が成立したのである。

第4節　大店立地法とまちづくり三法

1. 大店立地法成立の背景

　1998年5月27日に大店法に代わる大店立地法（正式名称：大規模小売店舗立地法）が成立し，6月3日に公布（2000年6月1日施行）された。これにより改正都市計画法（1998年5月29日公布，同11月20日施行），中心市街地活性化法（1998年6月3日公布，同7月24日施行）とともに「まちづくり三法」が成立したのである。

　これにともなって大型店出店調整は，大店法に基づく店舗面積・開店日・閉店時刻・休業日数を基準とした経済的規制から，大店立地法に基づく地域社会との調和やまちづくりという視点から交通・環境問題などを基準とした社会的規制へと調整方式が転換したのである。

　このような大店法から大店立地法への政策転換にいたった背景としては，第1に，大店法に基づく商業調整によっても中小小売業の衰退を阻止することができず，大型店の出店が加速化していったことがあげられる。しかも大型店出店は地価高騰や交通混乱・駐車場問題を避けて都市郊外や地方中小都市で積極的に行われ，それによって商店街に空き店舗が目立ち，それがやがて中心商店街にまで及んできたことである。

　第2に，わが国経済の国際的地位や相互依存関係の高まりとともに，わが国の流通システムや流通政策に対する海外の関心や批判が高まってきたことがあ

げられる。特にアメリカ政府が日米構造問題協議や世界貿易機構（WHO）などによって大店法の規制緩和や廃止を要請したことである。

第3に，規制緩和の推進や官民の分担関係の見直し，地方分権の推進など国内の政治的要請との整合性上，大型店出店の調整システムを見直す機会ができたことがあげられる。とりわけ，1995年の規制緩和推進計画における「経済的規制は原則自由・例外規制，社会的規制は必要最小限」との原則が打ち出され，市場原理と自己責任原則の確立が求められ，これによって大店法の廃止の大義名分ができたことである（渦原1999, p.52）。

第4に，大型店の急速な出店は，交通混雑，駐車場・駐輪場の確保，騒音・廃棄物問題など大型店が地域社会にもたらす問題を表面化させてきたことがあげられる。

これまで考察してきたように，1980年代後半から国際世論を背景とした大店法の規制緩和のもとに，中小小売店の減少やその集積地域である商店街ないし中心商店街の衰退や空洞化という現実問題が表面化・顕在化してきた。ここに大型店出店調整は，都市計画サイドからのまちづくり視点がクローズアップしてきたのである。

2. 大店立地法の概要と課題

大店立地法[6]は，改正都市計画法，中心市街地活性化法とともに[7]，「まちづくり」の法律として，大型店が出店する場合，交通・騒音・廃棄物処理などの社会環境を基準として大型店出店を調整しようとするものである。したがって大型店出店調整は，大店法の「中小小売業の保護を主たる目的とした経済的規制」から，大店立地法の「地域の生活環境保全と計画的な地域づくりを主たる目的とした社会的規制」へと変化したのである。それとともに大型店出店（店舗面積1,000㎡超）を認可する当局は，都道府県・政令指定都市に一本化されたのである。

しかし，大店立地法の施行には，多くの問題が予想された。第1に，大店立地法が改正都市計画法，中心市街地活性化法との関連で矛盾なく施行できるのだろうか，特に日本的縦割り行政のもとで所管行政の壁を超えて健全に機能す

るのだろうかということであった。現実問題として，都市計画視点ないしまちづくり視点から大型店出店調整が行われるのであれば，都市計画法が大店立地法より優先されるべきであろう。そのうえで大店立地法と，中心市街地活性化法との関連性や優先順位の問題が問われることになった。

第2に，大店立地法の運営当局が，国家（政府）から地方自治体（都道府県・政令指定都市や市町村）へ移行することにあった。つまり，従来の政府レベル（一部では都道府県・政令指定都市レベル）で取り扱っていた大型店出店調整という課題を直接的にそれぞれの都道府県などの地方自治体レベルで抱え込むことになった。したがってまた，大型店出店調整は，それぞれの地方自治体の都市計画ないし「まちづくり」への考え方に依存することになったのであるが，その際に都道府県・政令指定都市ないし市町村の「まちづくり」への能力と資質が問われることになった。

第3に，第2の問題と関連して，「まちづくり」には，地域住民・消費者の参加が要請されるのであるが，その場合，地域住民・消費者の代表者がまちづくり協議会や審議会などのかたちで参加し，政策立案・決定過程に直接に参画することになるだろう。ここに本来の民主主義行政の在り方が試されようとしている。

3. まちづくり三法

まちづくり三法は，大店法の廃止にともなう大店立地法の制定を中心に，これを補完するものとして都市計画法の改正が行われ，さらに大店法廃止による中小小売業問題とそれに起因する中心商店街問題に対応するために，中心市街地活性化法が制定されたのである。

このうち大店立地法は，大型店出店に際して周辺の生活環境（交通渋滞・騒音・廃棄物処理など）の保持を目的とする法律であるために，郊外よりも都市の中心部においてクリアーすべきハードルが高いものとなり，結果的には大型店の郊外出店を促進させたのである。一方，大型店の立地を土地の用途指定によって制限することが期待された改正都市計画法では，それが可能なのはかぎら

れた範囲であって，大型店が出店ターゲットとした郊外やさらにその外においてはほとんど機能するものではなかったのである（番場 2013, p.33）。

このように，まちづくり三法は，大店立地法によって郊外に押し出された大型店を改正都市計画法が郊外で受け入れるという，二重の意味で大型店の郊外化に拍車を駆ける装置となったのである。つまり，まちづくり三法は，それぞれの個々の法律に問題があるとともに，3つの法律の関連性にも大きな問題があったといえる。そのために，まちづくり三法施行以降，大型店が郊外に多数出店し都市中心部の空洞化をいっそう促進することになったのである（番場 2013, pp.33-34）。

このまちづくり三法の問題を受けて，2006年に中心市街地活性化法と改正都市計画法が改正され，その前後に大店立地法の指針の見直しが行われたのである。まず大店立地法の指針の見直しのポイントは，ひとつには大規模小売店舗と一体として併設されているサービス施設部分についても大店立地法が適用されることとなった。もうひとつには大型店撤退に関わる社会的責任をはたすことが大型店に求められるようになったことである。

次に改正都市計画法の改正では，$10,000m^2$ 以上の大規模集客施設を対象としてその郊外への出店規制が強化されたことである。また土地利用に関わる影響は都道府県単位での調整を可能とする広域調整という視点が導入されたのである。

さらに中心市街地活性化法の改正は，ひとつには各市町村が支援を受けようとする場合，国の基本指針に基づき活性化のための基本計画を策定し内閣総理大臣による認定を受けなければならなくなったこと。もうひとつはこれまでのTMO（Town Management Organization: まちづくり機関）を廃して，中心市街地ごとに中心市街地活性化協議会を組織し，より総合的なまちづくりを企画・運営することが要求されたことである（番場 2013, pp.34-35）。

注

1) 大店立地法は，大型店を調整する法律であるが，それは伝統的な小売商業調整政策として中小小売店との競争条件を調整するための経済的調整でなく，交通・騒音・ごみないし「まちづくり」などの環境や地域社会との社会的調整であり，その意味では百貨店法や大店法とは範疇を異にしている。
2) 事前商調協は，大型店の建物設置者による届出いわゆる三条申請と大型店を出店する小売業者の届出いわゆる五条申請の間に開催されるものである。また，事々前商調協は，三条申請の前にもたれるものである（渡辺 1999, pp.174-175）。
3) 西ドイツにおいても日本と同じ状況がみられる。すなわち，1973年から1974年とそれに続く数年間の不況とともに，相対的な低経済成長と利潤獲得の困難の増大が再び商業内部の対立を増大させている（K. Nieschlag, 1980, S.77）。
4) 大規模小売店舗規制に関わる法律ないし行政指導の経緯を示したものが図表6-1である。

図表6-1 大規模小売店舗法関連略年表

年　月	事　項	内　容
1973.10	大店法の公布 (74.3 施行)	○百貨店法の許可制・企業主義から事前審査付届出制・店舗主義へ ○対象店舗面積：1,500m² 以上 　（特別区・指定都市 3,000m² 以上）
	ー―〈規制強化の時代〉―ー	
1978.11	改正大店法の公布 (79.5 施行)	○調整対象の拡大・勧告期間の延長などによる規制強化 ○第1種大規模小売店舗：1,500 m² 以上 　（特別区・指定都市 3,000 m² 以上） 　第2種大規模小売店舗：500m² 超 1,500m² 未満 　（特別区・指定都市 500m² 超 3,000m² 未満）
1982.1	「当面の措置」通達 (82.2 実施)	○事前説明指導・特定市町村における出店自粛指導による運用強化・出店抑制
1983.12	「80年代の流通産業ビジョン」	○82年措置の暫定性を確認しつつも実施状況について肯定的評価
1984.2	「今後の取り扱いについて」通達	○82年措置の継続
	ー―〈規制緩和への転換期〉―ー	
1986.4 1987.6 1988.12 1989.6	前川レポート 大店審議会会長談話 （「今後の大店法の運用について」） 新行革審答申 「90年代の流通ビジョン」	○大店法の運用適正化による規制緩和を提言
	ー―〈規制緩和の時代〉―ー	
	日米構造協議中間報告	○大店法の3段階の規制緩和プログラムを公約

第6章 小売商業調整政策　137

年　月	事　項	内　容
	大店法運用適正化通達	○出店調整期間の短縮（1年半以内）・手続きの簡素化・透明化などによる規制緩和
	日米構造協議最終報告	
	再改正大店法の公布 (92.1 施行) (輸入品専門売場特例法) (特定商業集積整備法) (改正民活法) (改正中小小売商業振興法) 〈いわゆる大店法関連5法〉	○種別境界面積の引上げ・商調協の廃止・出店調整期間の短縮（1年以内）などによる規制緩和 第1種大規模小売店舗：3,000m² 以上 （特別区・指定都市 6,000m² 以上） 第2種大規模小売店舗：500m² 超 3,000m² 未満 （特別区・指定都市 500m² 超 3,000m² 未満）
1994. 2	行革推進本部「行革大綱」	○経済規制は「原則自由・例外規制」，社会規制は「自己責任原則に基づき必要最低限に」
4	大店法運用緩和通達 (94.5 実施)	○店舗面積 1,000m² 未満の出店の原則自由化などによる規制緩和
4	対外経済改革要綱	○大型店の出店に伴う開業関連許認可などの手続きの簡素化・迅速化
6	行革推進本部「規制緩和策」決定	○当初検討されていた大店法の「段階的廃止」の方針を明示することは見送りとなり，中期的に見直していくことのみを確認
1995.6	「21世紀に向けた流通ビジョン」	
1997.5	大店法抜本見直しに着手	
1998.5	大規模小売店舗立地法の公布 (2000.6 施行) (改正都市計画法) (中心市街地活性化法) 〈いわゆる街づくり3法〉	○店舗面積 1,000m² 超 ○調整対象が交通・環境問題等の生活環境への影響など社会的規制 ○運営主体は，都道府県・政令指定都市
1999. 6	大店立地法の運用指針策定	
2000.6	大店立地法の施行・大店法の廃止	

（出所）渡辺 1991,pp.171-172（一部，修正）。

5）大店法関連法
　①輸入品専門売場特例法
　　輸入品専門売場の設置に関する大規模小売店舗における小売業の事業活動の調整に関する法律の特例に関する法律。大規模小売店舗内における輸入品専門売場を 1,000㎡以下で設置する場合，大店法の調整を免除する。
　②特定商業集積整備法
　　特定商業集積の整備の促進に関する特別措置法。大型店と中小小売店が共存共栄しうる商業集積，コミュニティ施設，スポーツ・レジャー施設，公共施設などを含む複合型ショッピングセンター，商店街などの商業集積づくりを官民一体となって促進する。
　③改正民活法
　　民間事業者の能力の活用による特定施設の整備の促進に関する臨時措置法の一部を改正する法律。本法の対象とする特定施設に特定商業集積整備法の特定商業集積を追加する。

④改正中小小売商業振興法

中小小売商業振興法の一部を改正する法律。商店街などの商業集積の活性化のための店舗集団化事業，商店街整備等支援事業，コンピュータ利用経営・活用などを追加・拡充し，大店法の規制緩和などで影響を受ける中小小売商業者をより支援する。(矢作・清成 1991，p. 39 および 1992 年度版の六法全書より作成)

6) 大店立地法の目的と概要は次の通りである。

(1) 大店立地法の目的

この法律は，大規模小売店舗の立地に関し，その周辺の地域の生活環境の保持のため，大規模小売店舗を設置する者によりその施設の配置及び運営方法について適正な配慮がなされることを確保することにより，小売業の健全な発達をはかり，もって国民経済及び地域社会の健全な発展並びに国民生活の向上に寄与することを目的とする(第一条)。

(2) 大店立地法の概要(基本的な事項)

①対象となる大型店は，店舗面積 1,000㎡超のもの(政令事項)。

②調整対象の事項は，地域社会との調和・地域づくりに関する事項として

イ) 駐車需要の充足その他による周辺の住民の利便及び商業その他の業務の利便の確保のために配慮すべき事項(交通渋滞，駐車，交通安全その他)

ロ) 騒音の発生その他による周辺の生活環境の悪化防止のために配慮すべき事項

③本法の運営主体は，都道府県，政令指定都市とする。同時に市町村の意見の反映を図ることとし，また，広範な住民の意思表明の機会を確保する。

(3) 施行期日

2000 年(平成 12 年) 6 月 1 日とする。

7) ①改正都市計画法は「特別用途地区の類型を予め法令により限定せず，具体の都市計画において定めることができる」ということである。つまり，特別用途地域の指定を法律で規定せず，市町村に権限を与え市町村で設定することができる。たとえば，大型店の立地を制限した中小小売店の集積による街並みの形成をはかるため「中小小売店舗地区」を指定することも可能となる。また特別居住地域を指定し，その地域では良い住環境を維持するために大型店の設置を規制できる。つまり，従来の都市計画法が大幅に緩和され実情に応じて柔軟に対応することが可能となった。

②中心市街地活性化法は，正式には「中心市街地における市街地の整備改善及び商業等の活性化の一体的推進に関する法律」と呼ばれ，空洞化している中心市街地の再活性化をはかるため，地域の創意工夫を活かしつつ「市街地の整備改善」，「商業等の活性化」を柱とする総合的・一体的な対策により，地域の振興と秩序ある整備をはかるものである。この法律は旧通産省をはじめ旧建設省・旧運輸省など 13 省庁に関わり総額 1 兆円を超える大きな施策になっている。

参考文献

（ 1 ） 秋本育夫・渡辺公観（1983）「現代日本資本主義と市場問題」秋本育夫・角松正雄・下川浩一編『現代日本独占のマーケティング』大月書店。
（ 2 ） 阿部真也（1990）「『大店法』改正がもたらすもの」『財界九州』財界九州社，No.791。
（ 3 ） 石坂敦（1969）「流通『合理化』政策の新段階」『経済』新日本出版社，No.66。
（ 4 ） 岩永忠康（1988）「戦後わが国の流通政策の展開」田中由多加編著『入門商業政策』創成社。
（ 5 ） 岩永忠康（2004）『現代日本の流通政策－小売商業政策の特徴と展開－』創成社。
（ 6 ） 上田作之助（1968）「日本の商業（2）」森下二次也編『商業概論』有斐閣。
（ 7 ） 上野祐也（1987）『競争と規制－現代の産業組織－』東洋経済新報社。
（ 8 ） 渦原実男（1999）「街づくりと小売業」建野堅誠・岩永忠康編著『都市小売業の構造と動態』創成社。
（ 9 ） 岡村明達（1982）「大型店規制の新段階」『経済』新日本出版社。
（10） 加藤義忠（1986）『現代流通経済の基礎理論』同文舘。
（11） 加藤義忠（1989）「第2次百貨店法の特質」『関西大学商学論集』第34巻第4号。
（12） 小谷正守（1979）「商業政策と消費者」糸園辰雄・加藤義忠・小谷正守・鈴木武共著『現代商業の理論と政策』同文舘。
（13） 小林逸太（1980）「商業調整政策の決定過程分析」早稲田大学社会科学研究所『社会科学討究』第25巻第2号。
（14） 佐藤肇（1974）『日本の流通機構』有斐閣。
（15） 白髭武（1974）『現代日本の流通問題』白桃書房。
（16） 清水克男（1984）「今後の大型店出店抑制措置をめぐって」『通産ジャーナル』第17巻第5号。
（17） 杉本修（1989）「大型店と小売商業政策の展開」糸園辰雄・中野安・前田重朗・山中豊国 編『転換期の流通経済1　小売業』大月書店。
（18） 杉本修（1991）「流通再編と大店法問題」宮下征次・三田保正・三島徳三・小田清編著『経済摩擦と日本農業』ミネルヴァ書房。
（19） 鈴木武（1979）「流通政策の基本課題と論理構造」糸園辰雄・加藤義忠・小谷正守・鈴木武 共著『現代商業の理論と政策』同文舘。
（20） 田村正紀（1976）『現代の流通システムと消費者行動』日本経済新聞社。
（21） 田村正紀（1981）『大型店問題』千倉書房。
（22） 通商産業省企業局編（1972）『流通革新下の小売商業－百貨店法改正の方向－』大蔵省印刷局。
（23） 通商産業省資料（1974）『今後の大店法の運用について－大店審会長談話－』
（24） 通商産業省産業政策局・中小企業庁編（1984）『80年代の流通産業ビジョン』（財）

通商産業調査会。
(25) 通商産業省産業政策局・大規模小売店舗調整官付編（1985）『大規模小売店舗法の解説』（財）通商産業調査会。
(26) 通商産業省商政課編（1989）『90年代の流通ビジョン』（財）通商産業調査会。
(27) 鶴田俊正（1978）「流通機構における出店調整と公的介入」専修大学経済学会『専修経済学論集』第13巻第1号。
(28) 中西寅雄（1938）「百貨店対中小商業問題」中西寅雄編『百貨店法に関する研究』同文舘。
(29) 番場博之（2013）「地域の再生とまちづくり」佐々木保幸・番場博之編著『地域の再生と流通・まちづくり』白桃書房。
(30) 掘新一（1966）『商業学の基礎』風間書房。
(31) 森下二次也（1974）『現代の流通機構』世界思想社。
(32) 保田芳昭（1984）「流通政策の展開と80年代流通ビジョン」滋賀大学経済学会『彦根論叢』第228・229号。
(33) 矢作敏行・清成忠男（1991）「改正大店法と都市商業政策」清成忠男・矢作敏行編『改正大店法時代の流通』日本経済新聞社。
(34) 渡辺達朗（1995）「流通政策の転換―大店法緩和と独禁法運用強化―」田島義博・流通経済研究所編『規制緩和―流通の改革ヴィジョン―』日本放送出版協会。
(35) 渡辺達朗（1999）『現代流通政策―流通システムの再編成と政策展開―』中央経済社。
(36) K. Nieschlag, (1980) *Binnenhandel und Binnenhandelspolitik,* Duncker & Humblot, Berlin.

第Ⅲ編　小売国際化

第7章　小売企業の国際化

はじめに

　現代の経済のグローバル化にともなって，一部の小売企業は，それを取り巻く環境要因として本国のプッシュ要因と進出国のプル要因に規定されながら，経営・技術革新による競争優位性を基盤として積極的に海外進出している。特にアジア諸国においては，1980年代後半から1990年代にかけて，外資系小売企業が政府の市場開放政策を契機として次々と市場参入を試み，まさに小売国際化の舞台となっている。

　小売業が商品の仕入・品揃え・販売を業務としているかぎり，小売企業の国際化についても小売経営ノウハウ（小売経営技術）を駆使して，国際的規模での商品調達，商品品揃え，商品販売といった活動を行っている。

　本章は，小売国際化の一端で基本的な側面である小売企業の海外進出とその展開の分析に当てている。そこで，第1節では，小売国際化の概念を述べたうえで，小売企業ないし小売市場の国際化の見解を紹介している。第2節では，小売企業の事業活動と小売企業の国際化プロセスについて考察する。第3節では，小売企業の海外進出の背景・動機・戦略について考察する。第4節では，日系百貨店を事例として小売企業の海外進出・閉店の実態について考察する。

第Ⅰ節 小売国際化の概念

1. 小売国際化の概念

　小売業は，商品流通の末端部分に位置し，個人的消費者（消費者）を対象に商品の売買活動を行っている。そのために，小売業は消費者に固有の小規模性・分散性・個別性によって規定されている。小売業が販売対象とする消費者の経済単位は世帯であり，その世帯は全国各地域に空間的に存在し，商品に対する嗜好も世帯ないし個人によって千差万別である。しかも消費者の購買は，生活手段として必要に応じて少量ずつ購入する当用買いが常態である（森下 1966, p.145，岩永 1995, p.26）。したがって，小売市場は，消費者に規定され空間的・地域的範囲がきわめて狭い領域に制約されている点に特徴があり，その意味で，小売業は地域に密着した地域産業ないし立地産業，さらに生活文化産業としてのドメスティック産業として特徴づけられる。

　このような地域・立地産業ないしドメスティック産業としての小売業においても，情報・物流技術の発達や社会経済のグローバル化にともなう小売経営技術の革新や小売経営組織の改革によって，大規模化・組織化・チェーン化しつつ小売の国際化ないしグローバル化が進展している。一部の小売企業は，グローバル競争のもとに商品輸入や開発輸入をはじめ積極的に海外に出店するなど国際規模での売買活動を展開している。

　Alexander, N. は，「小売国際化は規制的・経済的・社会的・文化的・小売構造的な境界を超越することによって，小売企業を国際的な環境に存立させると同時に，国際的統合レベルの小売組織化を到達させる小売経営技術の移転ないし国際的取引関係の確立である」（Alexander 1997, pp.133-134）と規定しているように，小売国際化は，小売業を国際的な環境に存立させる店舗立地，小売経営技術の移転，国際的な取引関係を包含しているといえよう。

　また，矢作敏行は，「小売国際化は小売業の諸活動が国境を越え，異なる経済的，政治的，文化的構造をそなえた国際市場に組み込まれていく過程を意味している。

したがって，分析視点は市場と組織の2つに大きく分かれる」(矢作 2007,p.23)と規定している。矢作による分析視点の組織次元とは，小売企業行動を対象にしており，おもに個別企業や特定業態に焦点を当てるミクロ的視点である。以下，これを小売企業の国際化と呼ぶことにしよう。また市場次元とは，小売企業の行動によって変化し，またはそれに影響を与える流通システムなどの小売市場ないし市場環境に焦点を当てるマクロ的視点である。以下，これを小売市場の国際化と呼ぶことにしよう。

なお，小売企業の国際化と小売市場の国際化は，どちらか一方だけが現象化するというものではなく，小売企業の国際化が小売市場の国際化に影響を与え，また小売市場の国際化によってフィードバックされて再び小売企業の国際化を促進させるなど，相互作用的に影響を及ぼしあう関係にあることはいうまでもない。そこで，代表的な論者の小売企業の国際化の諸側面・現象を紹介しておこう。

2. 小売企業の国際化

鈴木安昭は，小売企業における国際化について，商品，小売経営技術，労働力，資本という4つの側面をあげている。第1の側面は小売業が取り扱う商品に関する国際化である。第2の側面は小売業の経営技術に関わる国際的伝播である。第3の側面は小売業の技術・経験をもった労働力ないし経営担当者に関わる国際的移動である。第4の側面は小売業に関連する資本の国際的な直接投資である。このうち中心となるのは，小売企業が他国において資本を投下して単独あるいは現地資本と合弁で小売企業を設立する，いわゆる海外出店である(鈴木 2001, pp.259-260)。

川端基夫は，小売企業の国際化に関して，店舗立地の国際化，商品調達の国際化，資金の国際化，金融機能の国際化，非小売事業の国際化，労働力の国際化の6つの現象をあげている。第1の現象である店舗立地の国際化は海外出店である。第2の現象である商品調達の国際化は，海外市場から直接商品を調達する国際的商品調達があげられる。第3の現象である資本の国際化は，海外での資金調達であり，これは海外出店行動と密接に関わっている。第4の現象で

ある金融機能の国際化は,小売企業自身あるいは系列カード会社によるカード事業の国際化である。第5の現象である非小売事業の国際化は,製造業,卸売業,レジャー業,ホテル業など,小売業の枠を越えた異分野への進出,すなわち多角化である。第6の現象である労働力の国際化は労働者の国際移動である(川端 2000, pp.19-23)。

McGoldrick, J. P. は,小売企業の国際化について,小売経営ノウハウの移転,海外出店(国際的拡張),海外競争(外資系小売企業の参入),国際的な企業間提携,国際的な供給(商品調達)といった5つの側面を捉えている(McGoldrick, J. P. 1995, pp.1-3)。

以上,各論者にみられる共通の側面についてみると,小売企業の国際化は,主体としての資本,客体としての商品,小売業務としての小売経営ノウハウといった3つの側面に集約される。つまり,「資本」については,海外市場における完全子会社や現地資本と合弁事業の設立ないし海外企業の買収といった形で国境を越えて出店して小売事業活動を展開することである。「商品」については,輸入・輸出といった形で国境を越えて商品の調達・供給活動を展開することである。「小売経営ノウハウ」については,小売経営ノウハウや小売経営技術が国境を越えて伝わり普及していくことである。

Kacker, M. P. は,小売経営ノウハウとして,小売概念,小売哲学,経営管理,経営手法などの経営的側面と品揃え,店舗レイアウト,立地条件,価格などの技術的側面をあげている。また,その小売経営ノウハウの国際的流出には,海外へのビジネス旅行ないし専門的な会合やセミナーなど無計画的・付随的な形で流出する伝播(Diffusion),技術もしくは技術革新の計画的・意図的な形で流出する移転(Transfer)といった2つの方法をあげている(Kacker, M. P. 1988, pp.46-50)。

さらに,矢作敏行は,小売企業の国際化について,小売業務システムの観点から,販売,仕入,小売経営技術の3つの側面から捉えている。つまり,販売の国際化は,小売企業による海外出店と考えてよい。仕入の国際化は,外国製品の輸入(商品の国際化)だけでなく,開発輸入(商品調達の国際化)も含まれる。

小売経営技術の国際化は，販売と仕入を遂行するための経営ノウハウやそれに関連した物流，情報等の経営システム全般に関することである（矢作 2002, p.29）。

小売企業の国際化とは，小売企業の事業活動が国境を越えて展開されることであり，それには小売企業の国境を越えた商品の調達・供給や小売経営に関する情報・物流技術の国際移転などが含まれる。しかし，小売企業が空間的・地域的に存在している消費者を対象として商品の売買活動を固有の業務としているかぎり，海外出店による店舗経営を通しての小売事業こそが最大の特徴といえる。なぜならば，海外店舗による小売事業は，主体としての資本をもとに業態・立地を決定し，客体としての商品を内外からの調達・品揃えしたうえで小売経営技術を駆使しながら商品の販売を遂行するといったいわば3つの側面が集約されているからである。

国境を越えた小売企業の出店（業態・店舗進出）は，進出先に既に存在している小売業態であったり，まったく新しい小売業態であったりする。いずれにせよ，小売企業が国境を越えて小売店舗を構えて小売事業を展開するためには，進出先における現地市場に受け入れられ，かつ厳しい市場競争に適応するだけの小売経営技術をベースとした競争優位性を有していなければならない。

なお，小売企業の海外出店に際しては，小売イノベーションが技術移転を契機とすることは珍しいことではない。たとえば，19世紀後半に欧米で開発された百貨店が世界の大都市に移転されたのをはじめとして，1960年代〜70年代にかけてスーパーマーケット，1970年代〜80年代にかけてコンビニエンスストア，1990年代以降はハイパーマーケット，ディスカウントストア，スーパーセンターといった新しい小売業態とその経営技術が移転されてきたのである。そのために従来の小売国際化の研究は，個別の小売「技術」というよりも小売「業態」の国際移転を取り扱う研究が多く，その結果，小売技術の問題ないし移転される小売技術の内容が曖昧にされたまま小売国際化の論議が小売業態を中心として展開されてきた（川端 2003, pp.235-236）という経緯がある。

3. 小売市場の国際化

　小売市場の国際化は，国境を越えた進出先における流通システムの動態に焦点を当てたマクロ的アプローチである。外資系小売企業（小売外資）の現地小売市場への参入は，小売市場の国際化を大きく推進する起爆剤となる。つまり，外資系小売企業が現地小売市場に参入することによって，小売企業間の競争が促進される。とくに既存の現地小売企業とは違った革新的な経営方法を採用している外資系小売企業が参入して競争優位性を発揮する場合，小売競争が激化する。さらに外資系小売企業が現地市場を席巻してしまえば，小売構造も大きく変化する。また国内既存の取引慣行（商慣行）とは違った商慣行を持ち込んだ外資系小売企業が現地市場を席巻した場合，現地の商慣行が大きく変化する可能性もある（青木 2008, pp.80-81）。それによってまた，逆に外資系小売企業の母国の小売企業ないし小売市場にもフィードバックして影響を与える。

　また，外資系小売企業の市場参入・発展は，現地小売市場においてグローバル競争を引き起こし，現地小売企業に模倣・修正・拒絶などといった行動を顕在化させるだけでなく，卸売業や製造業さえも何らかの対応を迫られるなど，垂直的競争関係にも大きなインパクトを与える（向山 2001, p.336）。つまり，外資系小売企業による市場参入が，国内の既存小売企業の行動に影響を与えるだけでなく，既存の小売構造や商慣行を含む流通システムに大きな影響を与え，それがまた垂直的競争関係にある生産・卸システムのみならず消費者行動まで変化させていくのである。

　しかしながら，小売市場の国際化は，外資系小売企業の現実的参入という直接的影響だけで進展していくわけではない。それは，生産部門を対象とした市場開放が持続的経済成長を実現し，国民所得を増加させ，それが内的圧力として作用することによって小売国際化が導かれるという側面を見逃してはならない。つまり，生産力の発展にともなう国民所得の上昇とともに消費購買の向上や消費構造の変化が既存の小売構造や小売業態に新たな変化を要請し，そのことが先進諸国の視察を通して小売経営技術を観察・研修・修得したりあるいは先進的な小売経営技術者を招聘させるなど，国内の小売企業がインフォーマル

ないしフォーマルな形で海外の先進的な小売経営技術を導入したり，それによって新しい小売業態が形成されるケースも小売企業の国際化がもたらされる一因に違いない。現実的な外資系小売企業の参入に直面していない段階であっても，国内の小売企業は何らかの対応を迫られるのである。その意味では，「内的作用による小売国際化」ともいえるだろう（西島 2007, p.134）。

第2節　小売企業の国際化プロセス

1．小売企業の事業活動

　小売企業が商品の売買活動，つまり商品の仕入・品揃え・販売を業務とするかぎり，小売企業の国際活動も商品の国際的規模での商品調達，商品品揃え，商品販売といった3側面から成り立っている。なお，小売事業は小売業務システム，商品調達システム，商品供給システムの3つの機能的サブシステムから構成されている（図表7-1 参照）。

　図表7-1 にみられるように，小売事業の3つの機能的サブシステムは次の通りである。

　①小売業務システムは，顧客との対応関係に規定され，小売業態戦略の立案とその運営・管理業務などで構成されている。このシステムの目標は，販売額ないし販売効率性が指標となっている。

　②商品調達システムは，商品の仕入活動，独自商品の企画・開発，調達先の開拓・組織化などで構成されている。このシステムの目標は，粗利益率が基本指標であり，自社開発商品（PB 商品）の比率が戦略的要素となっている。

　③商品供給システムは，在庫管理，配送，流通加工，情報処理の物流・情報流関連業務などで構成されている。このシステムは，「在庫回転と欠品率」・「配送頻度と配送費」の最適化が目標となっている。また，店頭起点の効果的・効率的なサプライチェーンを構築・運営することが戦略的要素になる（矢作 2007, p.33）。

150　第Ⅲ編　小売国際化

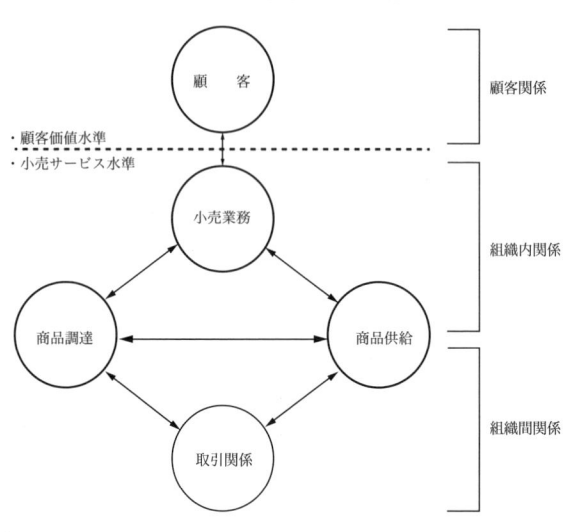

図表 7-1　小売事業モデルの枠組み

```
                    ┌─────┐
                    │ 顧 客 │ ┐
                    └──┬──┘ │ 顧客関係
  ・顧客価値水準        │     │
  ─ ─ ─ ─ ─ ─ ─ ─ ─ ─│─ ─ ─┘
  ・小売サービス水準    ▼
                    ┌─────┐ ┐
                    │小売業務│ │
                    └─┬─┬─┘ │
                   ↗     ↖   │ 組織内関係
              ┌─────┐  ┌─────┐│
              │商品調達│◀▶│商品供給││
              └──┬──┘  └──┬──┘┘
                   ↘     ↙   ┐
                    ┌─────┐  │ 組織間関係
                    │取引関係│  │
                    └─────┘  ┘
```

（注）矢印は作用の方向性を示す。

（出所）矢作 2007，p.34。

　この３つの機能的サブシステムうち，小売業務システムが小売店頭に商品を品揃え（アソートメント）することで消費者に商品とサービスを提供する最も重要なシステムであり，それを支援するシステムが商品調達システムと商品供給システムである。そして，この３つのサブシステムがうまくかみ合えば，高い顧客価値を実現することができ，顧客関係は良好な状態になる。すなわち，小売業務は商品の調達・供給システムなしには遂行できず，逆に商品の企画・開発や物的活動などの商品の調達・供給は小売業務における最終販売なしには社会的な価値を見出せない。さらに優れた商品企画・開発や物的活動は小売業務の競争力を強め，逆に小売業務による高い販売力は商品の調達力や物流効率化を促進させるのである。その意味では，これら３つのサブシステム間には相互依存性のみならず，ある１つのシステムが強化されると他のシステムも連動して強化されるなど相互補完関係が作用して小売事業における持続的な競争優位性が形成されていくのである（矢作 2007, pp.33-35）。

2. 小売企業の国際化プロセス

　小売企業の国際化プロセスは，時間の経過とともに，①初期参入段階，②現地化段階，③グローバル統合段階へと展開していく（矢作 2007, p.36）。そこで，小売企業の国際化プロセスの各段階の活動を矢作敏行『小売国際化プロセス』に基づいて説明していこう。

(1) 初期参入段階

　小売企業の国際化プロセスの最初の段階は，初期参入（海外市場への参入）すなわち海外進出である。小売企業が母国市場と異なる経済的・政治的・文化的構造を備えた異国市場へ進出するためには，多くの条件やリスクをクリアしなければならない。

　小売企業の海外市場参入（海外進出）は，小売企業を取り巻く国内外の経済環境条件や，小売企業自体の経営ビジョンないし経営組織や経営技術といった内的要因を考慮したうえで決定される。つまり，外部環境を考慮して小売企業の資源や特質に基づいて意思決定者（経営者）が最終決定を下すのである。その場合，経営者の特性としては，①自らの海外市場等の知識，②海外業務の経験，③海外投資リスク等に対する経営者自身の認識・態度等があげられる。また，企業の特性としては，①国際化を進めるための十分な資金や人材等の経営資源，②小売業務の革新性等の競争優位性といった「経営の優位性」があげられる（矢作 2007, p.27）。

　この初期参入（海外進出）段階においては，参入時期，参入先，参入業態（小売業態・店舗特性等），参入方式（直接投資，買収，合弁，業務提携等）の決定が重要となってくる。なぜならば，この初期参入が，その後の現地化段階やグローバル統合段階に大きな影響を与えるからである。

(2) 現地化段階

　小売企業が異国市場へ参入した後は，現地市場において店舗を構え小売活動を行う現地化段階に入る。小売企業が海外へ進出し現地市場において他の小売企業と競争しながら小売活動を行うためには，何らかの競争優位性を発揮しなければならない。それは，小売業態（小売店舗）を核とした経営の優位性

であり，具体的には小売経営ノウハウ，従業員の技術や経験，技術情報，組織としての仕事のやり方（組織ルーチン），現場の実行力等があげられる（矢作2007, p.9）。

　小売企業の国際化プロセスで最も重要なのは現地化段階である。それは，現地市場への適応化が店舗進出後の国際化の展開を大きく左右するからである。つまり，小売企業の現地市場に対する戦略としての標準化－現地化戦略は，その後のグローバル統合（場合によっては撤退）につながるために，現地化段階が最大の課題となるのである[1]。

　矢作敏行は，現地化段階における基本戦略としての標準化－適応化戦略について，次の4類型に分類している。

① 「完全なる標準化」志向 → 母国市場で確立し標準化された小売事業モデルをそのまま進出した現地市場においても追求する戦略である。たとえば，ルイ・ヴィトンのような高級ブランド・ショップは店名・店舗イメージをはじめとして取り扱う商品の価格設定，接客，包装紙にいたる細部まで標準化するものである。

② 「標準化のなかの部分適応」志向 → 母国市場で確立し標準化された小売事業モデルを移転するのであるが，現地市場特性に応じて部分的に修正を加える。つまり，都市構造，人口密度，交通体系，地価等の差異から店舗規模，立地選定，品揃え形成など店舗属性の現地適応化が求められる。たとえば，日本におけるトイザらスがあげられる。

③ 「創造的な連続適応」志向 → 標準化された小売事業モデルを現地市場特性に応じて連続的に適応する結果，移転された事業モデルの単純複製でなく，基本業態コンセプトは維持しながら，既存モデルを超えた革新的な小売事業モデルが創造されるケースである。たとえば，セブンイレブンが日本型コンビニエンスストアを創り出したケースがあげられる。

④ 「新規業態開発」志向 → 進出先に適合する新規業態を創り出し，新しい小売事業モデルを構築する。つまり，新規小売業態による新規市場を開拓するケースである。たとえば，各国におけるさまざまな業態開

発を行っているテスコのハイパーマーケットがあげられる（矢作 2007, pp.37-39）。

(3) グローバル統合段階

小売企業は現地市場における成功と失敗の経験に基づく学習効果を通して，小売経営ノウハウを蓄積しつつ現地化戦略を展開していく。それとともに情報技術を駆使したグローバル規模での資源の配置や活動の調整・統合を通して小売企業の国際化を拡大し，国際ネットワークが形成されていくのである。このような小売企業の国際化は，ある国・地域への進出・現地化という経験を通して，次の進出先にフィードバックされ，さらなる国際化への方向や拡大につながっていくのである。

小売企業の国際化プロセスは，母国市場から進出先市場との「内から外」あるいはそのフィードバックされた「外から内」への 1 対 1 の関係ばかりでなく，海外会社同士間ないし海外会社を通して「外から外」ないし「外→外→内」との関係へと展開していく。つまり，母国市場と多数の進出先市場が相互に連結

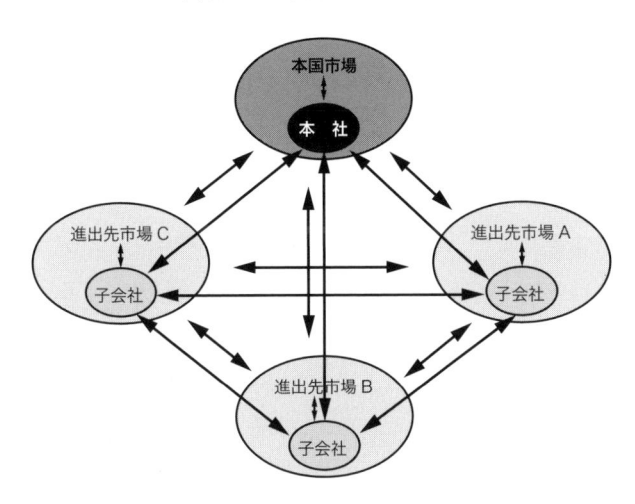

図表 7-2　国際ネットワーク

(注) 矢印は作用の方向性を示す。

(出所) 矢作 2007, p.41 より作成。

される複雑なネットワーク構造による本社・子会社間，子会社同士間の関係性と相互作用というグローバル・ネットワークに依拠した相乗効果によってさらなる小売企業ないし小売市場の国際化が展開されていくのである（矢作 2007, pp. 40-41）（図表 7-2 参照）。

第3節　小売企業の海外進出戦略

　小売企業が国境を越えて異国市場へ進出し小売事業を遂行していくためには，多くの条件やリスクをクリアしなければならない。そこで，小売企業の海外進出の背景・動機・戦略について考察していこう。

1. 海外進出の背景

　小売企業が海外へ進出し小売事業を展開していくためには，その背景として小売企業を取り巻く国際環境等の外的要因と，意思決定すべき小売企業自体の経営ビジョンないし経営組織・経営技術の革新などの内的要因といった条件をクリアしなければならない。

(1) 小売企業を取り巻く国際環境の変化

　1980 年代後半からの国際環境の大幅な変化により，従来の環境的限界が大幅に緩和され，市場経済のグローバル化が急速に進展してきている。たとえば，ヨーロッパ諸国においては 1991 年のソ連の崩壊を契機として東ヨーロッパ諸国の市場経済化が進展し，1993 年にはヨーロッパ連合（EU）が発足した。またアジア諸国においては経済規制の緩和とりわけ市場開放による自由化を契機として，アジア NIEs（韓国，台湾，香港，シンガポール）の経済発展をはじめ，その後の ASEAN 諸国の経済発展，さらに中国の経済発展とそれにともなう巨大市場の形成が世界規模での市場拡大をもたらしたのである。

　同時にまた，1990 年代以降，欧米諸国においては，交通渋滞，街並み・景観維持，都市計画，中小小売業の保護等の社会的視点から大型店規制が強化され，他方では市場の成熟化や小売競争の激化による経済的要因などによって，

国内市場の拡大や大規模小売企業の成長にブレーキがかかった。その結果，欧米系大規模小売企業を海外へ押し出すプッシュ要因とアジア諸国の市場開放と経済発展にともなう市場拡大によるプル要因の双方からの相互作用によってアジアを舞台とした小売の国際化が急速に進展してきている（矢作 2007, pp.2-3)。

(2) 小売企業自体の経営ビジョンの変化や小売経営技術・経営組織の革新

社会経済の国際化の進展にともなって，小売企業自らの将来を海外市場に託すという明確な経営ビジョンを打ち出す経営者や企業グループが現われてきた。それと同時にその意思決定を下すべき情報・物流技術といった社会基盤の整備や小売経営技術・経営組織の革新といった経営資源の優位性も備わってきたのである。たとえば，優秀な経営資源を有する小売企業は，チェーンシステムや物流システムの整備によるコスト削減ないし国際規模でのサプライチェーンマネジメント（SCM）の形成に基づく品質管理やコスト削減によって現地市場における競争優位性を発揮することができるようになったのである。

2. 海外進出の動機

小売企業の海外進出には，小売企業の主体的・戦略的な行動に規定されて進出していく積極的進出と，小売企業を取り巻く環境要因に規定されて進出していく受動的進出が考えられる（Alexander 1997, pp.123-140)。そのうち小売企業を取り巻く環境要因としてはプッシュ要因とプル要因が考えられる。Alexander, N. によると，図表7-3にみられるように，プッシュ要因とプル要因とも政治的要因，経済的要因，社会的要因，文化的要因，小売構造要因があげられる。

たとえば，プッシュ要因としては，国内における政治的不安定，厳しい出店規制，経済の低迷，市場の成熟，人口の停滞，排他的文化風土，厳しい小売競争や業態の飽和などがあげられる。プル要因としては，海外における政治的安定，ゆるやかな出店・営業の規制，良好な経済状態，巨大市場や市場発展，人口増加，文化的共通，ニッチ機会の存在などがあげられる（Alexander 1997, p.129)。

小売企業の海外進出は，自国での経営状況やポジションを基盤として進出すべき業態・地域・時期などによって異なってくる。さらに環境条件がいくら整

っていても,小売企業自体による必然性のない海外進出はありえない。つまり,小売企業の海外進出は,環境要因に影響されるが,基本的には小売企業の主体的・戦略的な動機によって実現される（鳥羽 2001, p.96）。それと同時に,小売企業が国境を越えて事業を展開するためには,国境という障壁を克服し,進出国市場において小売競争を有利に展開すべき競争優位性を有していなければならない。

図表 7-3　Alexander, N. による海外進出要因

	プッシュ要因	プル要因
政治的要因	政治的不安定 厳しい規制環境 反商業振興的な政治風土の支配 消費者金融の制限	政治的安定 ゆるやかな規制環境 商業振興的な政治風土の支配 ゆるやかな消費者金融の規制
経済的要因	経済の低迷 低成長 高い運営コスト 市場の成熟 国内市場規模の小ささ	良好な経済状態 高度成長の潜在的可能性 低い運営コスト 発展市場 資産投資への期待 巨大市場 良好な為替レート 安い株価
社会的要因	ネガティブな社会環境 魅力に欠ける人口統計上の傾向 人口の停滞もしくは減少	ポジティブな社会環境 魅力的な人口統計上の傾向 人口増加
文化的要因	排他的文化風土 異質な文化環境	文化的共通点によるなじみやすさ 魅力的な文化的組織構造 革新的なビジネス・小売文化 企業エートス 同質的な文化環境
小売構造要因	厳しい競争環境 高い市場集中度 業態の飽和 好ましくない経営環境	ニッチ機会の存在 自社保有設備の存在 追随的拡張 良好な経営環境

（出所）Alexander, N.(1997), p.129.

一般に，小売企業の競争優位性としては，斬新な業態コンセプトや商品企画力ないし品揃えに基づくブランド力，広範にわたる商品調達ネットワーク，効率的な物流・情報システムの完備，効率的で幅広い取引関係，有能な人的資源活用の可能性などがあげられる。

　したがって，小売企業が海外市場に進出し事業を展開していくためには，このような競争優位性を発揮しながら現地の消費者に何らかの有効性を訴求して受け入れられなければならない。さらにそれを背後で支援する補助技術や調達・供給システムが不可欠となり，そのうえで進出国の社会・経済・文化・政治・法律などの環境要因に影響されるのである（鳥羽 2002, p.125）。

　また小売企業の国際化は，経済枠組みを規定している国家のスタンス，つまり小売業に対する政府の政策のあり方にも大きく規定されている。とりわけアジア諸国は，欧米諸国に比べて経済後進国のために，市場経済化ないし経済の国際化に対する国家の規制が強く，小売外資参入に対して大きな障壁となっている。中国の社会主義的市場経済のもとでは，市場経済化が国家政策によって規定されているために，市場開放政策が小売企業の国際化の進展を規定している最大の要因であるといえよう。

3. 海外進出戦略
(1) 海外進出方式

　小売企業の海外進出方式（参入モード）は，現地経営の統制レベルや経営資源の投入レベル，事業自体のリスクやノウハウの流出リスクの度合い，進出後の店舗拡大などを規定することから，その選択は，小売企業の進出（参入）後の戦略に大きな影響を与える（川端 2003, p.20）。小売企業の海外進出方式は，小売業態の差異ないし進出先の政策や現地市場の情報・知識の程度によって，直接投資（子会社設立），買収，合弁，業務提携（技術供与やフランチャイジング等）等がみられるが，低リスク・低関与型の業務提携から始まり合弁，買収さらに直接投資（子会社設立）へと高リスク・高関与型進出方式へ展開していくのが一般的である。

図表 7-4　日本市場における小売外資の参入・撤退動向

(カッコ内が撤退件数)

	業務提携	合弁会社	子会社	合　計
1970年代	19(15)	6(5)	2(0)	27(20)
1980年代	20(17)	4(1)	3(0)	27(18)
1990年代	11(3)	15(6)	11(2)	37(11)
合　計	50(35)	25(12)	16(2)	91(49)

(出所) 矢作 2003, p.176 より作成。

　たとえば，日本市場における小売外資の参入件数についてみると (図表7-4参照)，1970～80年代においては，参入した小売外資54件のうちの39件(約72%)は技術供与や商品供給等の業務提携であり，低リスク・低関与型参入モードが選択された。それが1990年代になると，37件の小売外資参入のうち，業務提携が11件（約30%）に減少し，合弁会社15件（約40%），小会社11件（約30%）と中高リスク・中高関与型参入モードへとシフトしてきた。

　この点について，1970～80年代においては，小売企業が小売外資の経営技術や商品力を利用しながら国内での競争を有利に展開するため，小売外資と業務提携ないし合弁会社を設立したことによって第一次外資参入ブームが起こった。それに対して1990年代になると，小売外資の国際化が本格化し，世界第2位の規模を誇る日本市場に向けて直接資本投資をするプロアクティブ（能動的）な子会社ないし合弁会社を設立する小売外資が増大し，第二次外資参入ブームが起こったという事情があった（矢作 2003, p.176）。

　また，欧米系小売企業はそれなりの投資リスクを負担した戦略的な海外投資として進出する傾向が強いのに対して，日系小売企業は投資リスクを抑制した現地側の誘いで進出しようとする傾向が強い。たとえば，カルフールは本社の統制力を強めた子会社での進出が多く，テスコは現地パートナーのノウハウを活用するために高い出資比率の合弁会社での進出が多い。それに対して日系小売企業は低い出資比率の合弁会社での進出が圧倒的に多いといった特徴がみられる（川端 2003, pp.20-21）。

　さらに，個別企業についてみると，ウォルマートの場合は，進出国の状況や

機会などによって，あらゆるタイプの進出方式（参入モード）を柔軟に採用している。たとえば，合弁（1991年のメキシコ，1994年の香港，1995年のブラジル，1996年の中国，2002年の日本），買収（1994年のカナダ，1997年のドイツ，1998年の韓国，1999年のイギリス），直接投資（1995年のアルゼンチン），フランチャイジング（1997年のインドネシア）といったようにミックス型の進出モードを採用してきたのである（白石・鳥羽2003, p.91）。

(2) 海外進出地域

小売企業が海外進出する国・地域の選定は，進出先の法的規制や経済状況，社会的インフラ，文化的背景，消費者行動の特性などの環境条件によって規定される。一般に，小売企業の海外進出は，比較的に参入障壁が低い近隣の同質的市場への進出から開始され，海外経験が蓄積されるにつれて段階的に遠隔の異質的市場へと拡張していくケースが多い。実際，ウォルマートの場合は，1991年にメキシコに出店したのを皮切りに，1992年にカナダ，1993年にアルゼンチン，1995年にブラジルといったようにアメリカ周辺の近隣諸国から始まり，それ以降は，1994年の香港をはじめアジア諸国，さらに1997年のドイツや1999年のイギリスとヨーロッパ諸国へと進出している（白石・鳥羽2003, p.90）。

(3) 海外進出業態

小売企業が海外進出する際の小売業態としては，小売業態自体の競争優位性あるいは他業態との差別的優位性を海外市場において如何に発揮できるのかが選択の基準となっている。ウォルマートの場合は，国内市場においてディスカウントストア，スーパーセンター，サムズ・クラブの3業態を中心としたポートフォリオ戦略を展開することによってあらゆる市場に包括的に対応してきている。同様に海外市場においても進出先の市場環境に対応した多様な業態をポートフォリオ戦略的に展開する「多業態戦略」を採用している。この多業態戦略は，さまざまな市場に柔軟に対応することができるために，海外進出を展開する小売企業に有利な戦略になりつつある。これに加えて，小売業務を支えるグローバルな商品調達システムや商品供給システムを構築するに際しても，

バイイング・パワーを強化するといった相乗効果を発揮することができるのである（白石・鳥羽 2003, pp.93-94）。

第4節　小売企業の海外進出・閉店の実態

1. 小売企業の海外進出・閉店

　小売国際化の一端を担う小売経営技術や小売業態の移転・伝播，商品調達，海外出店は戦前から行われていた。戦前から戦後を通して，日本の小売企業の海外出店が，主として在日日本人や日本人観光客等を対象として欧米・アジア諸国に散発的にみられた。さらに，日系小売企業の海外進出が本格化してきたのは，プラザ合意を契機とした1980年代後半からの経済の国際化・グローバル化の進展，とりわけアジア諸国の市場開放政策やそれにともなう経済発展によるものであった。しかも進出地域は東南アジア地域に集中しており，他方で1990年代からは閉店の増加もみられる（図表7-5参照）。

　日系小売企業の国際化の先陣をきったのは百貨店であったが，1970年代からはスーパーに国際化がみられ，1980年代末からはコンビニエンスストアの国際化も始まった。日系小売企業の海外進出は，百貨店で7割以上，スーパーやコンビニエンスストアでは9割以上がアジア地域への進出していることに特徴がみられる。しかし，現在，本格的・戦略的に国際化を展開している日系小売企業としては，百貨店が伊勢丹，総合スーパーではイオン，イトーヨーカ堂，コンビニエンスストアではファミリーマートくらいである（川端 2005, p.76）。

　川端基夫は，企業秘密や統計上の困難もあり海外店舗の業態，店舗面積，出資形態，さらに倒産・撤退等に関する総合的なデータが不十分な実情であるとしたうえで，『小売業の海外進出と戦略―国際立地の理論と実態―』（新評論）や「日本小売業の多国籍化プロセス―戦後における百貨店・スーパーの海外進出史―」『経営学論集』のなかで日系小売企業（百貨店・スーパー）の海外出店・閉店の実態と要因を分析している。そこで，川端基夫の上述の文献に基づいて

日系百貨店の海外出店・閉店の実態と要因を紹介しておこう。

2. 日系百貨店の海外出店

　日系百貨店の海外出店は，欧米諸国では現地駐在日本人や日本人観光客を主たる対象としたニッチ市場向けのテナント出店ないし小規模店舗での出店であり，それらはまたブランド品の輸入基地として卸売機能の役割も兼ね備えていた。日系百貨店が戦後初めて海外出店したのは，1958年にニューヨークに出店した高島屋をはじめとして，1959年にハワイに出店した東急百貨店（白木屋），1962年にロサンゼルスに出店した西武百貨店などアメリカであった。しかし，アメリカ本土の現地市場を目指した高島屋や西武は進出当初から苦戦を強いられ，結果的には現地アメリカの消費者を引きつけることができず店舗面積の縮小や閉店を余儀なくされたのである（川端 2005, pp.78-79）。

　1970年代に入ると，1971年の変動相場制の移行による円高傾向と1972年の外資持ち出し規制の撤廃といった条件のもとに，ヨーロッパ諸国へ団体旅行客が増加し始めた。それにともなって1970年代から1980年代にかけてヨーロッパ諸国への出店がみられた。ヨーロッパ諸国への出店は現地消費者を対象としたものでなく，もっぱら日本人観光客を対象とした小規模店舗であった（川端 2005, p.71）。

　しかし，1990年代に入ると，1990年代前半は増加したものの，逆に1990年代後半からは閉店が増加してきた。その背景としては，単に景気変動によるものでなく，日本人観光客の構造変化によるものであった。それには，第1に日本人がブランド品をメーカーの直営店から購入する傾向が強まってきたこと。第2に日本人観光客の商品知識が豊かになり，ブランド品購入に慎重になってきたこと。第3に日本人観光客が団体客から個人客へと変化してきたこと。第4に日本人観光客の購買額が低下してきたこと（川端 2000, p.143）などがあげられる。そのうえ，日系百貨店の日本本社の経営基盤が弱体化してきていることも起因している。

　ともあれ，1990年代に入ってから，ヨーロッパ諸国における日系百貨店は，

国際化の進展にともなう海外製品とりわけブランド品の日本国内市場での入手の容易さに基づいたヨーロッパ現地店舗での購買減少によって撤退ないし閉店に追い込まれていったのである。

これに対して，戦後のアジア地域への日系百貨店の進出は，1960年の大丸百貨店による香港への出店から再開され，1964年にはバンコク（タイ）にも出店した。これらの出店は，現地の開発業者からの誘致によるもので，香港においてもバンコクにおいても本格的百貨店として人気を集め，早期に黒字を達成した。この大丸百貨店の成功事例は，先発のアメリカ出店での失敗と対比され，欧米先進国では難しいがアジアの途上国なら有利に展開することができるという認識を日本の業界内に共有させることになった（川端2005, p.79）。

1970年代末になると，海外旅行が身近になり，香港やシンガポールへのショッピングツアー客が増大していき，それにともなって1980年代前半に日系百貨店がそれらの地域へ進出していった。1980年代に入ると，アジアのNIEs諸国やASEAN諸国においては，輸出指向型の工業化が進展し，これら諸国の都市部においては所得水準が急増していった。その結果，これら諸国の都市部には消費ブームが到来し，多くの商業用のビルが建設され，その開発ビルの核テナントとして，日本の百貨店が誘致されたのである。

このようにアジアの現地市場の拡大に合わせ，日系百貨店の海外進出は1990年代前半にピークを迎えることになったのである。

3. 日系百貨店の海外閉店

1990年代のアジア地域における日系百貨店の海外進出は，1990年代前半にピークを迎えながら，同時に1990年代から大量の閉店もみられた。1990年代においては，全体として，出店64件に対して閉店43件であった。アジア地域に限定してみても，出店51件に対して閉店29件であった（図表7-5参照）。

閉店の理由にはさまざまな要因が考えられるが，最大の理由は，日本本社側のリストラによる海外店舗の戦略的な閉店であった。バブル崩壊後の長期不況のなかで事業の再編が急務となり，海外の赤字事業を放置できず，折し

図表 7-5　日系百貨店の海外出店・閉店状況（時期別・地域別）

年代	中国	香港	台湾	シンガポール	タイ	マレーシア	インドネシア	その他アジア	合計	イギリス	フランス	イタリア	ドイツ	スペイン	オーストリア	アメリカ合衆国	オーストラリア	その他	合計
55～59																2			2
60～64		1		1	1				3							1			1
65～69					1 (1)				1 (1)							(1)			(1)
70～74		1		1	1 (1)				3 (1)		3					1			4
75～79		1							2	1	2	1	1			1			6
80～84		4		4 (1)	2		(1)		10 (2)			1				4			5
85～89	1	4	4	6 (1)	1	4			20 (1)	2	2 (2)	1	1			1			7 (1)
90～94	4 (1)		9 (6)	5 (5)	4 (2)	6	1		29 (14)	1	1 (1)		1 (1)	4 (2)	1	2 (1)	2		12 (5)
95～99	2 (2)	1 (7)	11	2 (2)	2 (2)	4 (2)	2		22 (15)	(2)	(3)	(1)		(1)		(2)		1	1 (9)
00～05	1 (2)		8 (2)	(3)		(6)			9 (13)	(1)	1 (1)				(1)			(3)	1 (6)
合計	8 (2)	12 (10)	32 (8)	19 (12)	9 (5)	14 (8)	4 (1)	1 (1)	99 (47)	4 (3)	9 (6)	2 (2)	4 (1)	4 (3)	1 (1)	12 (4)	3 (3)		39 (22)

(注1) 上段は出店数，下段（　）は閉店数をさす。
(注2) 店舗数は2005年12月末時点。小型店を含むが，レストラン，専門店業態，テストショップは含まない。
(出所) 川端2005, p.78, 83より作成した。

も1997年7月に発生した通貨危機でアジア市場が大きな打撃を被った（川端2005, pp.83-84）。

なお，アジア地域における日系百貨店の業績悪化の要因は，次のようなものがあげられる（川端2005, pp.85-87）。

① 店舗家賃の高さと変動の大きさ
② 流通システムの問題と粗利益の構造的な低さ
③ 市場のモザイク性と立地の読み誤りによる小売店舗立地選定の失敗
④ 日本人団体観光客の激減

2000年代以降，アジア地域において新規開店したのは台湾と中国大陸のみ

であり，逆に閉店が増加している。現時点で海外進出を行っている百貨店は，伊勢丹，高島屋，三越，東急，阪神の数社で，本格的な国際化を展開しているのは伊勢丹だけといってよかろう（川端2005, p.87）。

近年，伊勢丹が中国大陸に力を入れている。中国政府が外資系小売企業に門戸を開いた1992年以来，1993年に上海1号店（准海路店），1993年に天津市，1997年に上海2号店（南京路店），2005年に済南市，2007年に成都市，2008年に瀋陽市にそれぞれ開店した。しかし，経済不況のもとに済南店と上海店を閉店して，北京の出店予定も中止し，2014年現在では4店舗を展開しているのみである（伊勢丹のホームページおよび外部公表資料）。

これまで日系小売企業は東南アジア地域を中心として多くの海外出店を試みてきているが，本格的な国際化を展開しているのは，百貨店では伊勢丹，総合スーパーではイオン，イトーヨーカ堂，コンビニエンスストアではファミリーマートくらいしかない。したがって，伊勢丹の事例にみられるように，日系小売企業は，堅実な出店を展開しているとはいえ，カルフールやウォルマートに代表される欧米小売企業に比べて，出店数も少なく本格的な国際化戦略を展開しているとはいいがたい。

注
1）小売企業の標準化－現地化戦略は，国際マーケティング論の研究成果の中にみられる。たとえば，白石善章・鳥羽達郎は，次のようにHelfferichの複数戦略論を紹介し説明している。
　①インターナショナル戦略 ⟹ 自社業態の訴求 ⟶ ブロッカー，ハルフォーズ
　②グローバル戦略 ⟹ 最小限の現地適合 ⟶ マクドナルド，トイザらス
　③トランスナショナル戦略 ⟹ 適度な現地適合 ⟶ カルフール
　④マルチナショナル戦略 ⟹ 最大限の現地適合 ⟶ アホールド
（白石・鳥羽2002, pp.42-43）。

参考文献
(1) 青木均（2008）「流通の国際化」岩永忠康・佐々木保幸編著『流通と消費者』慶應義塾大学出版会。
(2) 伊勢丹のホームページおよび外部公表資料。

（3）岩永忠康（1995）「小売商業の変化」岡田千尋・岩永忠康・尾碕眞編『現代日本の商業構造』ナカニシヤ出版．
（4）川端基夫（2000）『小売業の海外進出と戦略―国際立地の理論と実態―』新評論．
（5）川端基夫(2003)「小売経営技術の移転」関根孝・オセジョ編著『日韓小売業の新展開』千倉書房．
（6）川端基夫（2003）「小売国際化の進展とアジアの商業空間の再編」龍谷大学経営学会『経営学論集』第42巻第4号．
（7）川端基夫（2005）「日本小売業の多国籍化プロセス―戦後における百貨店・スーパーの海外進出史―」龍谷大学経営学会『経営学論集』第45巻 第3号．
（8）白石善章・鳥羽達郎（2002）「小売技術の海外移転に関する一考察（1）」『流通科学大学論集』第14巻第3号．
（9）白石善章・鳥羽達郎（2003）「小売企業の総合型業態による海外戦略----ウォルマートの海外展開を通じて----」『流通科学大学論集流通・経営編』第16巻第1号．
（10）鈴木安昭（2001）『日本の商業問題』有斐閣．
（11）鳥羽達郎（2001）「小売企業の海外進出における動機についての考察―マーケティングの二面性を基に―」（神戸商科大学）『星陵台論集』第34巻 第2号．
（12）鳥羽達郎（2002）「スーパーマーケットの海外進出に関する一考察―小売技術移転の新たな視角を求めて―」（神戸商科大学）『星陵台論集』第34巻 第3号．
（13）西島博樹（2007）「中国における小売国際化プロセス」田中富志雄・安部文彦・岩永忠康・宇野史郎編著『現代の流通と経済』創成社．
（14）向山雅夫（2001）「アジア流通革命の展望」ロス・デービス／矢作敏行編『アジア発グローバル小売競争』日本経済新聞社．
（15）森下二次也（1966）『現代商業経済論』有斐閣．
（16）矢作敏行（2002）「小売国際化のプロセスについて」『経営志林』第38巻第4号．
（17）矢作敏行(2003)「小売市場の国際化」関根孝・オセジョ編著『日韓小売業の新展開』千倉書房．
（18）矢作敏行（2007）『小売国際化プロセス―理論とケースで考える―』有斐閣．
（19）Alexander, N. (1997), *International Retailing*, Blackwell.
（20）Kacker,M.P. (1988) "International Flow of Retailing Know-How :Bridging the Technology Gap in Distribution,"*Journal of Retailing*, Vol.64 No.1.
（21）McGoldrick,P. and Davies,G. (eds.) (1995) ," Introduction to international retailing, " *International Retailing :Trends and Strategies,* Pitman.

第8章　台湾の日系百貨店

はじめに

　わが国においては，1980年代後半から経済の国際化ないしグローバル化が急速に進展してきている。小売業においても海外からの商品調達ならびに海外への出店等による小売国際化が進展し，国際的規模でのグローバル競争が激化してきている。

　日系小売企業の海外出店は，欧米諸国をはじめタイ，シンガポール，香港，台湾，中国等のアジア地域を中心として展開されている。特にアジア地域において，自由貿易地域としてのシンガポール・香港では，初期の頃には日本人を対象に商品（ブランド品）の販売ないし商品の輸入基地として出店し，その後は次第に現地消費者を対象として商品の販売が行われている。他方，台湾や中国では，段階的な経済開放政策のもとに国家の流通近代化政策の一環に便乗したかたちで，現地小売企業・メーカー等と技術提携ないし合弁形態を取りながら現地消費者を対象として店舗進出を展開してきている。

　本章は，台湾における日系百貨店の経営戦略の特徴と台湾の百貨店業界に与えた影響について分析する。そこで，第1節では，台湾の小売業の概況を述べたうえで，日系百貨店の海外進出と進出要因について考察する。第2節では，台湾における百貨店の経緯と特徴について考察する。第3節では，日系百貨店の経営戦略について考察する。第4節では，台湾における百貨店の課題と方向性について考察する。

第1節　日系百貨店の海外出店

1. 台湾における小売業の概況

2005年現在における台湾の商業を売上高ベースでみると，卸売業，小売業ともに売上高が各々前年比6.87%増，同5.83%増と順調な伸びを示している（経済部統計処編2006, p.1）（図表8-1）。

図表8-1　商業の売上高

(単位：100万元)

	商業		卸売業		小売業		飲食業	
	営業額	前年比(%)	営業額	前年比(%)	営業額	前年比(%)	営業額	前年比(%)
1999	7,877,710	-	5,222,777	-	23,829,66	-	271,966	-
2000	8,737,008	10.91	5,921,225	13.37	2,515,202	5.55	300,581	10.52
2001	8,155,255	△6.66	5,426,418	△8.36	2,465,069	△1.99	263,768	△12.25
2002	8,587,841	5.30	5,732,469	5.64	2,952,050	19.76	263,332	△0.17
2003	8,927,208	3.95	5,954,469	3.87	2,706,432	△8.32	266,307	1.13
2004	9,822,150	10.02	6,617,540	11.14	2,930,582	8.28	274,029	2.90
2005	10,466,719	6.56	7,072,017	6.87	3,101,475	5.83	293,227	7.01

(出所) 経済部統計処編（台湾）2006, p.1。

そのなかで外資系主導の近代的小売業態である総合商品小売業の売上高は，2004年に前年比7.00%増，2005年に前年比3.06%増と順調な伸びを示している。この総合商品小売業を細かくみると，コンビニエンスストアや百貨店（デパート）の伸びが著しい。百貨店は，2004年に前年比12.85%増と大きく伸び，2005年に前年比5.47%増の伸びを示している。これらの百貨店のうち，売上高上位のほとんどが日本の百貨店との合弁ないし技術提携した日系百貨店であった。またコンビニエンスストアは，2004年に前年比6.48%増，2005年に前年比8.88%増と高い伸びを示している。さらに最近，大型のショッピングモールが出現するなど，総合商品小売業間の競争が激しくなりつつあり，量販店は2004年には前年比2.34%減，2005年に前年比0.13%増と低い推移を示し，かんばしくない（経済部統計処編2006, p.6）（図表8-2）。

図表 8-2　総合商品小売業（近代的小売業態）の売上高

(単位：100 万元)

	総合商品小売業										
		デパート		スーパーマーケット		コンビニエンスストア		量販店		その他	
	営業額	前年比(%)	営業額	前年比(%)	営業額	前年比(%)	営業額	前年比(%)	営業額	前年比(%)	営業額	前年比(%)
1999	523,234	-	136,933	-	74,475	-	105,346	-	110,431	-	96,049	-
2000	569,571	8.86	148,834	8.69	74,457	△0.02	115,113	9.27	129,124	16.93	102,043	6.24
2001	592,781	4.07	154,764	3.98	76,983	3.39	128,092	11.28	136,671	5.84	96,290	△5.64
2002	622,833	5.07	172,411	11.40	75,857	△1.46	141,778	10.68	141,680	3.67	91,106	△5.38
2003	644,794	3.53	169,328	△1.79	79,842	5.25	153,802	8.48	143,040	0.96	98,784	8.43
2004	689,950	7.00	191,092	12.85	85,133	6.63	163,768	6.48	139,698	△2.34	110,258	11.62
2005	711,057	3.06	201,551	5.47	86,842	2.01	178,312	8.88	139,883	0.13	104,469	△5.25

(出所) 経済部統計処編 (台湾) 2006, p.6。

　この総合商品小売業態の発展を年代別にみると，1980年代から百貨店，1990年代からコンビニエンスストアや総合スーパー（ハイパーマーケット，ディスカウントストアなど含む），2000年代からショッピングセンターの成長が著しい（台湾イオン総経理の作成資料2006）。

　なお，台湾では総合商品小売業の範疇にあるスーパーマーケットはあまりかんばしくない。その理由としては，一方では伝統的小売市場（イチバ）・中小零細小売店ないし屋台・露店商の根強い人気によるものであり，他方では百貨店（その一部にスーパーマーケットを営業している場合が多い）やハイパーマーケットなどの近代的小売業態の発展によるものである。特に伝統的小売市場・中小零細小売店ないし屋台・露店商は，消費者の多頻度小口購買に適しており，これら伝統的小売業などは税金面などでのコストを低く抑えることができるために，相対的にスーパーマーケットが低価格での販売を実現できなかった。さらにメーカーのパワーが強く，スーパーマーケットが大量仕入れによるコストダウンをはかることができなかったなどが考えられる（台湾日系百貨店スタッフからの聞き取り2006）。

　2005年現在で台湾における小売業の売上高（営業額）をみると（図表8-1・2），小売業の売上高が3兆1,015億元（台湾元）を示しており，そのうち総合商品小売業（百貨店，スーパーマーケット，コンビニエンスストア，量販店，その他）の

売上高が7,111億元(台湾元)を示し,そのシェアが約23%を占めているにすぎない(経済部統計処編2006, p.1, p.6)。それだけに中小零細小売店をはじめとした伝統的小売市場や屋台・露店商(これらは統計資料に表われてない部分が多い)が依然として大きな割合を占めていることが理解できる。

さらにいえば,台湾における小売構造の特徴としては,屋台・露店商の存在が大きく,その数は正確に把握されておらず,それに加えて伝統的小売市場が多数存在している。特に台湾の食料品事情については,このような露店商や伝統的小売市場という従来からの食材調達市場が存在し,現在も大きなウェイトを占めている(台湾日系百貨店スタッフからの聞き取り2004, 2006)。したがって,台湾における小売業は,総合商品小売業としての近代的小売業,伝統的な中小零細小売店ないし小売市場,屋台・露店商という三極構造に特徴づけられる(曾相栄1995, p.75)。

2. 日系百貨店の海外出店

日系百貨店による海外出店は,欧米諸国への出店にみられたような現地駐在日本人や日本人観光客を主たる対象として大規模小売店舗の一角にテナント出店ないし中小規模の店舗開設として展開していった。しかし,この欧米諸国への出店は,国際化の進展にともなって海外製品(特にブランド品)を日本国内市場で入手する容易さに基づく現地店舗での購買減少(売上減少)によって撤退ないし閉店に追い込まれた場合が多い。

これに対して,アジア諸国への出店は,政府規制ないし経済自由化の進展度によって2つのレベルに分けられる。ひとつは,政府規制が少ないシンガポールや香港などにおいては日本人の現地駐在員・観光客ないし一部の現地富裕層から次第に一般の現地消費者へと対象を拡大しながら出店を展開させてきた。もうひとつは,台湾や中国のように政府規制が強い国においては1980年代後半や1990年代になってようやくサービス・流通部門にも自由化が進展し,同時に政府による流通近代化政策の一環に便乗したかたちで現地小売企業・メーカー等と技術提携ないし合弁形態を取りながら現地消費者を対象として出店

を急速に展開させてきた。

　戦後，アジアへの日系百貨店の進出は，1960年代から1970年代にかけて香港・タイ・インドネシアへの出店がみられる。これらの諸国への出店は，現地の開発業者からの誘致によるもので，香港においてもタイにおいても初の本格的百貨店として人気を集め，早期に黒字を達成した。

　1980年代に入ると，アジアのNIEs諸国やASEAN諸国においては，輸出指向型の工業化の進展による経済発展によって，これら諸国の都市部では所得水準が急増して消費ブームが到来し多くの商業用のビルが建設された。その開発ビルの核テナントとして，日本の百貨店が誘致されたのである。そのために香港やシンガポールをはじめとして，タイ・マレーシア・台湾への出店が増加したのである。

　台湾への日系百貨店の海外進出は，高級百貨店としての偉容を放つものであり，その代表的なものが「そごう」の台湾進出であった。「そごう」は，1987年に台湾のゼネコン・太平洋建設との合弁（そごう49％出資）で台北市に太平洋崇光百貨店として出店し，高級百貨店としてのステータスを確立したのであった（川端2005, pp.79-81）。

3. 台湾における日系百貨店の進出要因

　台湾における日系百貨店の進出要因としては，①プッシュ要因，②プル要因，③百貨店の内部要因が考えられる。たとえば，川端基夫は，プッシュ要因としては，大店法による出店規制，国内市場の成熟と競争の激化，出店・運営コスト（地価・建設費・人件費・輸送費）の増加，バブル景気による投資拡大，国際展開のノウハウ取得，先行者利益への期待をあげている。またプル要因としては，投資自由化政策，市場将来性（急激な経済成長と所得の伸び），出店・運営コストの安さ，対日感情の良さ，日本語を話せる年代層の存在をあげている（川端1996, pp.71-73）。そこで，①，②，③について，さらに立ち入って考察してみよう。

　①日本からのプッシュ要因としては，市場の成熟化（飽和化）と大型店規制があげられる。日本においては高度経済成長期を通して国民所得の向上と耐久消費

財の普及による成熟社会が到来した。そこでの市場競争は、一定の与えられた市場をめぐるゼロサム的競争として激しくなり、中小零細小売業が減少させながら既存大型店の成長も鈍化させてきた。これと関連して1973年に大店法が制定されて以来、改正をともないながら1980年代前半まで厳しい大型店規制が行われてきた。このような国内市場の成熟化とそれにともなう大型店規制が、台湾への海外進出の一要因として考えられる。静岡県で開店し発展したヤオハンが早くから海外進出を展開していったのもこのような背景によるものであった。

②台湾からのプル要因としては、台湾の経済は、1970年代後半以降、特に1990年代にかけて国民所得の増大にともない顕著に伸びた。それにともなって、台湾における小売業を取り巻く環境も大きく変化しつつあった。たとえば、女性労働者の増加に関連して、出生率の低下、女性の社会進出の増大、共働き夫婦の増加などの社会生活環境の変化が考えられる。またこれら社会生活環境の変化にともなうライフスタイルの変化、従来からの衣料品に加えて生鮮食料品や家電品も百貨店で購買するような消費者の購買行動の変化などがみられるようになった（黄淳慧1999, pp.45-48）。

さらに、台湾小売市場を大きく変えた要因としては、1986年と1989年の外国人投資条例の改正をあげなければならない。当時の台湾政府は、台湾の後進的な流通システムを変えるべく、生産性の高い近代的な流通システムの導入を推し進めた。経済部による外国人投資条例の見直しは、外資系小売企業にとって魅力的な台湾市場進出への決定的な契機となったのである。それによって、百貨店業界では、これまでの技術提携から合弁形態によって外資系百貨店が台湾への出店を加速させていった。たとえば、1987年のそごう百貨店をはじめ、ヤオハン（現在撤退）、三越、伊勢丹など日本の大手百貨店が地場企業との合弁形態により進出したのである。

③日系百貨店の内部要因については、百貨店自らが積極的に海外市場へ進出することである。すなわち、百貨店の内部要因による意思決定により海外へ進出したことである。日系百貨店の台湾進出は、先発優位性獲得のメリットが大きく関係し、合弁先の台湾企業からの要請など何らかの縁があり、その関係に

より出店するにいたったのである（台湾日系百貨店スタッフからの聞き取り2004,2006）。

ともあれ，日系百貨店の台湾進出は，台湾の経済成長と国民所得の増大によって台湾の地場百貨店が相次いで開店したのを契機としている。すなわち，台湾の地場百貨店ないし企業グループは，近代的百貨店の経営技術を導入するために，外資系百貨店とりわけ日本の百貨店との技術提携ないし合弁形態を積極的に行ったという背景があり，それを契機として日系百貨店が台湾進出をはたしたのである。

なお，川端基夫は，太平洋崇光百貨店（そごう日系百貨店）の台湾進出の成功要因として，①当時の台湾はNIEsの一角を占める工業国となって所得が急伸していたが，一方で日常生活を規制する戒厳令が長年敷かれ，消費者は抑圧された状況下にあった。その戒厳令が，折しも「そごう」開店の4ヶ月前に解除されたことで，人々の消費意欲が一気に高揚した。②台湾の消費者は日本に対するイメージが非常に高く，「そごう」は台湾の消費者のステータスシンボルともなった。③開業して間もなく，台湾のバブル経済が始まり，台湾でも日本と同様に株や不動産が高騰した。それによる資産バブルによって，キャピタルゲインを得た人が多く出現して，高級品が飛ぶように売れた。④合弁相手の太平洋建設が店舗不動産のオーナーであったことから，店舗賃料を低く抑えることができた。⑤消化仕入れや納入業者からの派遣社員の受け入れなど日本で培ってきた百貨店の経営ノウハウの多くが台湾でも通用したことなどをあげている（川端2005, pp.81-82）。

第2節　百貨店の経緯と特徴

1. 台湾における百貨店の経緯

台湾における百貨店は，日本統治時代の1932年に開業した日本人経営の菊元百貨店が百貨店の始まりとされている。なお，菊元百貨店は1952年に南洋百貨公司と社名を変更した（朱國光・葉翀2003, p.105）。

戦後，台湾における最初の百貨店としては，1949年に台北市に開設された建新百貨店であった。この建新百貨店は2階建の店舗の中に織物・衣料品などの商品を販売していたものであった。

次に，台湾の最初の総合百貨店（本格的百貨店）としては高雄市に開設された大新百貨店といわれている。この百貨店は，中国シャツ店・新高織物品店・大新衣料品店の3店が1958年に合併して設立されたもので，当時珍しい正札と定価の販売方式を実施した大型百貨店であった。その意味で，この大新百貨店は，当時一般的に行われていた値引き販売方式に対して革新的な経営理念に基づく販売方式に特徴があったといえる。

さらに，1965年に第一百貨店（1981年に今日百貨店に合併）が開設され，台北市で初めての総合百貨店であった。これ以降，台北市には多くの百貨店が開設され，しかも大型化の傾向がみられる。1966~1969年の間に設立された百貨店は，華僑・遠東・萬国・日々新・今日・亜州・大千・天鵞などがあげられる。遠東百貨店は第1号店舗を開設して以後，主要都市にチェーン店を展開し，9店舗を有する台湾最大の百貨店となった。この遠東百貨店が成功したのを契機として，他の企業グループも百貨店業界に参入し始めたのである（曽知聰 1991, pp.45-47）。

1972年以降，台湾の高度経済成長を背景として国民所得は国民一人当たり約2,100ドルに上昇し，社会的消費能力は大幅に増加した。それにともなって，百貨店の大幅な拡張により激しい価格競争が繰り広げられ，また人材不足などの悪条件も重なり市場の混乱が生じたのである。このために大手百貨店は日本人専門家を技術指導者として招聘するなど技術提携によって，その小売経営ノウハウを導入した（朱國光・葉翀 2003, p.105）。その後，外国資本とりわけ日系資本との提携がブームとなり，多くの台湾百貨店は外資と提携関係を結ぶことにより新たな小売経営技術を導入していったのである。

台北市においても，1974年から百貨店業界は乱立状態の戦国時代に入り，生き残りをかけた激しい価格競争とりわけ値引き競争が行われた。この値引き競争の導火線となったのが今日百貨店といわれ，今日百貨店は値引きを販売促

進の重要な手段とする戦略を取ったのである。それによって周辺の百貨店も値引きしなければ顧客が来ないといった状況に陥っていった。この激しい値引き競争と資金繰りの悪化によって，1971年から1980年の間に萬国・亜洲・天鵝・中外・洋洋・揚洋など多くの百貨店が倒産したといわれている（曽知聰1991, pp.47-48)。

1980年以降になると，国民所得は国民一人当たり5,000ドルを超えるまでになり，環亜・統領などの大型百貨店が相次いで開店した。1986年と1989年の外国人投資条例の改正という台湾政府の外資政策の転換により，外国資本による百貨店への投資が許可されるようになった。このような台湾政府による外資導入の自由化によって，台湾の百貨店業界は1つの転機を迎え，多くの華僑系・外資系百貨店が進出することになった。

この外資導入の自由化政策は，外資の進出方式を初期の技術提携から合弁形態へと変化させ，台湾の百貨店業界に新たな発展がみられたのである。たとえば，1987年にそごう百貨店と太平洋グループとの合弁で開店した太平洋崇光百貨店は，開業わずか一年目で損益均衡を達成するなど異例の売上高を記録し，その影響を受けて1991年は日本と台湾の合弁百貨店の店舗数が最も多い時期であった。このように台湾の企業グループが日本の百貨店と合弁して百貨店経営に参入したために[1]，小規模で資金力の弱い現地百貨店は，競争圧力に耐えきれず市場から撤退せざるをえなかった。また日系百貨店も本社自身の財務問題によって台湾市場から撤退するケースもあった。前者として今日百貨店，後者として日本のヤオハン（八百伴）百貨店などがあげられる（朱國光・葉翀 2003, pp.105-106)。

2000年以降，国民所得は国民一人当たり10,000ドルを超え，ショッピングの環境と商品に対する消費者の要求はさらに高まった。それにともなって台湾の百貨店業界は，競争圧力と消費者の要求に対応するために，専門店などへの業態転換，計画的に人口密集した商圏への立地移転，中型都市への出店など新たな方向ないし戦略を展開していった（朱國光・葉翀 2003, p.106)。

なお，台湾における百貨店の経営戦略としては2つの方向がみられた。ひ

とつは大規模な売場を有し，ワン・ストップ・ショッピングの便宜を提供し，大衆顧客を対象とする幅広い品揃えを志向するもの。もうひとつは中規模な売場を有し，消費者の個性化傾向を狙って特定の顧客層に品揃えを絞り込むものであった（曽知聰 1991, p.49）。このような百貨店の経営戦略によって，図表 8-2 にみられるように，台湾の百貨店業界は，他の小売業態と比べて，2000年以降（2003年を除いて）高い売上高の伸び率を示している。

2. 台湾百貨店の特徴

台湾百貨店は，①地場企業グループにおける資本蓄積装置の一手段，②テナント経営で貸しビル（場所貸し）の役割，③夜間志向の営業，④割引販売やバーゲンセール，⑤実演販売，⑥利益直結型の短期経営志向で場当たり的経営などに特徴がみられる。そこで，これらの特徴を考察してみよう。

(1) 地場企業グループの資本蓄積の一手段

台湾の企業グループは，地縁・血縁を主な拠り所として形成され，資金運用あるいは資本蓄積の一手段として百貨店を所有し，かつ百貨店を所有すること自体が 1 つのステータスシンボルにもなっていた（台湾日系百貨店スタッフからの聞き取り 2004, 2006）。したがって，台湾の百貨店は企業グループによる資金運用・調達としての一手段であり，企業グループでの百貨店は貸しビルの大家といった側面を有している。そのために，小売経営に関する知識や技術ないし経験に乏しかったこともあり，安易なテナント制を導入したのである（番場 1996, p.95）。

(2) テナントの高い割合

台湾の百貨店は，店舗売場に占めるテナントの割合（専櫃制度）が異常に高い。企業グループによる貸しビル（場所貸し）の機能を担っているために，他の百貨店と似かよった経営になりやすく，差別的優位性を発揮することができない。テナント制は，メーカーないし問屋による百貨店への出店を意味し，百貨店側と基本的な契約（営業時間，基本サービス，百貨店のコンセプトとの対応，出店料の支払いなど）によって営業している。その場合，従業者の確保，仕入，商品管理，広告などの店舗管理や小売経営に関する一切の責任はテナント側に所属してい

た。またテナント料は売上高の割合ないし売場面積などによって決定された。したがって，台湾の百貨店は小売経営としてよりも，むしろ貸しビルの大家であり，テナントは単なる店子といった側面が強い（番場 1996, pp.94-95）。

(3) 夜間志向の営業

台湾では出店や営業に対して公的規制がほとんどなく，しかも消費者の購買行動が夜間志向のために，ほとんどの百貨店の営業が夜にずれ込んでいる。たとえば，大葉高島屋百貨店の場合は，月～木・日・祭日が 11:00 ~21:30，金・土・祝祭日の前日が 11:00 ~22:00 までの営業時間になっている。このような営業時間の組み方は台湾百貨店に共通の特徴といえる（大葉高島屋百貨店資料と総経理からの聞き取り 2006）。

(4) 割引販売ないしバーゲンセール

台湾の百貨店は，百貨店の特徴である定価販売にもかかわらず，割引販売ないし特定期間のバーゲンセールが日常茶飯に行われている。これは，1970年代に台北市において多くの百貨店が倒産ないし閉店し経営権を交代した経緯を踏まえ，過当競争を避けるために台北市百貨店協会の設立を契機として定期的なバーゲン期間が定められたことによるもので，その後も，この商慣習が存続し現在にいたっている（曽知聰 1991, p.53）[2]。

(5) 実演販売

台湾の消費者は，商品を実際に見て確認してから商品を購買する習慣がある。そのためにまた，台湾の百貨店は実演販売を実施しているところが多い。その理由の1つとしては，台湾の小売市場（イチバ）や露店商などでは公然として偽物商品ないしコピー商品が多く出回っているために，百貨店の商品の実物を確認してから購入するからである。なお，台湾の消費者は偽物商品も安さに魅せられて喜んで購入しているという事実もある。これに関連して，台湾では通信販売がほとんど普及していないという理由にもなっている（台湾日系百貨店スタッフからの聞き取りと店舗視察 2006）。

(6) 利益直結型の短期経営志向で場当たり的経営

台湾の百貨店は，小売経営や店舗管理など不十分であるうえに利益直結型の

短期経営を志向している。つまり，現地企業グループは，百貨店を企業集団の資本蓄積装置として短期利益を追求し，また百貨店を企業グループのステータスシンボルとして位置づけ，百貨店からの利益をあまり期待していない場合もある。そのために，長期戦略的経営を欠如した短期経営志向の場当たり的な経営になりがちである（台湾日系百貨店スタッフからの聞き取り 2006）。

第3節　日系百貨店の経営戦略

1. 日本の百貨店との技術提携と合弁

台湾の地場百貨店は，小売競争を有利に展開するために，百貨店の特徴や独自性を消費者に認識させる経営戦略ないし店舗戦略を採用しなければならない。そのため採用された手っ取り早い手段としては，外国の大手小売業との技術提携ないし合弁形態による優れた経営技術や経営ノウハウを導入することであった。具体的には，海外有名ブランド品の導入，店舗独自の魅力的な売場作り，優秀な従業員の教育・採用などによる近代的な経営・運営方式によって差別化をはかったのである。

台北市における地場百貨店と外国企業との最初の経営提携は，1977年の永琦百貨店と東急百貨店との提携といわれている。当時の台湾の百貨店業界では日本のサービス方式や売場作りなどを模倣することが流行した。1982年に新光百貨店が三越百貨店と経営提携を契約したことで，経営提携活動は本格的な段階に入ったと考えられる。台北市において外国企業との提携関係のある百貨店は合計8社12店に達し，総店舗数の半分以上を占めていた。その提携の相手は日本の大手小売業が中心となった（曽知聰 1991, p.57）。

日本の大手小売業との提携の要因としては，第1に，日本の百貨店がかなりのノウハウを集積しその特有の経営管理の理念とノウハウをもっていた。第2に，台湾の年配百貨店経営者は日本語の教育を受けたことがあったので日本に親しみを持っていた。第3に，台湾の市場との同質性は日本が欧米より高かった。第4に，欧米系小売業にとっては，台湾の市場規模が小さく発展も限られてい

たためほとんど関心を示さなかったなどがあげられる（曽知聰 1991, p.58）。

台湾の百貨店は，日本からの技術導入によって急速に発展していき，台湾において最も発展している小売業態として小売業界をリードしてきた。台湾の百貨店の発展経緯をみると，1980 年代以降では日本の百貨店と現地百貨店との提携によって技術が導入され，1980 年代末の外国人投資条例の改正によりそれらが合弁形態に移行することによって急速に発展していった。つまり，台湾の百貨店は，日本の技術導入を取り入れなかった百貨店は低迷し，提携も単なる技術導入よりも合弁形態による技術導入を取り入れた百貨店が著しく発展していった。その理由としては，合弁形態でなければ百貨店の管理運営が十分に発揮できず，さらに技術提携だけでは日本側に百貨店を成功させるメリットも意欲もわかなかったことが指摘される（朱國光・葉艸 2003, p.107）。

2. 日系百貨店の経営戦略

日系百貨店は，台湾の地場百貨店に比べて近代的経営ないし戦略的経営（計画，組織構造，指導方式，コントロール方法）（朱國光・葉艸 2003, p.108）に特徴がみられる。具体的には，店舗設計やその立地といったハード面，サービスやイベントなどの販売促進の充実，仕入・販売方法といったソフト面，マーチャンダイジング（品揃え，陳列方法など）といった小売経営ノウハウがあげられる。品揃えについても独自の高級化路線，対象顧客の広範囲な設定，テナントに関わる代理商制度の見直しなど多岐にわたっている。

一般に，百貨店においては，経営資源でも目に見えない部分である顧客の信用，ブランドイメージ，流通チャネルの支配力，従業員のモラルの高さ，経営ノウハウといった「見えざる資産」といわれる情報経営資源（伊丹 1984, p.48）が重視される傾向にある。たとえば，ブランドイメージには「企業や店舗への信用や知名度」が考えられる。また経営ノウハウには「販売のノウハウ」に関わる仕入交渉力ないし販売力が当てはまる。これらの「見えざる資産」は他社との競争優位の源泉となることは当然のことである。

そこで，日系百貨店の競争優位性について，①ハード面として店舗，現地適応

化の立地戦略，情報システムの整備，②ソフト面として組織構造，社員教育，指導方式，コントロール方法，販売方法やサービス方法，③小売経営ノウハウとしてのマーチャンダイジング（品揃え，陳列方法など）から考察を加えてみよう。

(1) ハード面として店舗施設・立地と情報システムの整備

　百貨店の店舗自体の大規模・豪華な設備と商品陳列（レイアウト）などが消費者に魅力的なものとなっており，快適なショッピング環境を創出している。店舗立地については，合弁相手企業の大半が豊富な資金を持つ企業であるので，高額な地価にもかかわらず人口密集した交通の便の良い都心部ないしMRT（捷運）沿線に店舗を構えている。また郊外の高所得者層が多い住宅密集地の商圏を対象として店舗を構えている。前者の事例として太平洋崇光百貨店や新光三越百貨店，後者の事例として大葉高島屋百貨店があげられる。また情報システムの整備については，データベースによって顧客管理を行い固定客の維持・拡大をはかりつつ効率性を上げている（朱國光・葉翀2003，p.110）。特に顧客管理に基づくクレジットカードの活用による各種のサービス（割引，無料駐車・配達，プレミアムなど）によって売上高の増進をはかっている（台湾日系百貨店スタッフからの聞き取り2006）。

(2) ソフト面として組織・経営管理

　第1に，組織管理については，日系百貨店の経営管理者はほとんど日本本社から派遣され，台湾では管理責任者として任命され，経営に関する意思決定を行い，合弁会社と本社の架け橋となった。つまり，現地企業との交渉および共同経営を担当し，日本百貨店の経営ノウハウを普及させていった。このように初期の頃は，各部門の担当もほとんど日本人をメインに構成され，日本人が指導者となり技術を指導し，従業員への教育訓練も日本側によって行われながら次第に現地化させていったのである（朱國光・葉翀2003，pp.108-109）。

　第2に，社員教育については，日系百貨店が台湾へ出店した際に最も苦労した点とされている。現地社員の教育は，すべて本社からの出向社員総出で行ない，ある時期には台湾から日本の本社ないし日本の関連企業への研修制度を実施していた企業もあった。その教育内容は，挨拶・顧客への応対はもとより，

商品知識や商品管理の方法などについて徹底した教育を行っていた（台湾日系百貨店スタッフからの聞き取り 2006）。

　第3に，指導方式については，組織学習と技術提携で台湾人幹部を育成していた。組織学習は定期会議の場での技術の育成をはかっていた。技術提携については，台湾側としてはハードウェアなどの設備を提供し，日本側としてはノウハウをサポートしていた。初期の頃には本社からの派遣員が直接に経営のやり方を移転していたが，現在では顧客満足を向上させるために現地従業員によって運営されている（朱國光・葉翀 2003, p.109-110）。

　第4に，コントロール方法については，市場コントロールと社内コントロールに分かれ，そのうち市場コントロールは，初期の頃には日本スタイルに非常に近かったが，現在では大半が現地適応化している。その目的は，専属カウンターの増加と自社ブランド（PB）の開拓による品揃えの空間拡大である。社内コントロールは，初期の頃には日本側の指導に依存していたが，現在では経営管理の引継ぎは日本と台湾の共同によって行われている。またブランドの導入と販売の権利も本社から認可されている（朱國光・葉翀 2003, p.110）。

　第5に，販売方法やサービス方法については，従業員のサービス態度や流行情報の伝達など顧客の要請に俊敏に対応できる日系百貨店のサービスシステムが，現地消費者に高く評価されている。日系百貨店の進出により広まった日本式のサービス理念はいまや最高峰のものと認知されている（朱國光・葉翀 2003, p.110）。この日本式のサービスは，さらにクレジットカードの活用，実演販売・割引販売などの実施によっても高められている。

(3) マーチャンダイジング

　小売経営ノウハウとしてのマーチャンダイジングは，まずテナントないしその品揃えに関わる意思決定である。ほとんど売場がテナントによって占められているので，商品の仕入・品揃え・販売業務は，ほとんどテナントに一任され売れ残りのリスクも負担させている。最近では，百貨店主導によってマーチャンダイジングが行われ，フロアマネジャー（経理部長）を通して取扱商品の指示や商品入れ替えに関与することもある。またテナントごと入れ替えも珍しく

はなく，それによって差別化がはかられている。

　品揃えについては，衣料品・流行雑貨・食品関連・家庭用品・娯楽品の順に多くなっている。各店舗では，それぞれ輸入品を取り扱っており，その比率は取扱商品ごとに異なっている。輸入品は，当然関税の関係から値段も高く設定される傾向にあるが，特に生鮮食品は，台湾在住の日本人消費者を中心に購買されているようで人気が高い。他方，化粧品・食品の約半分を日本から取り揃え，逆に生鮮食品は取り扱わない店舗も存在している。

　テナント誘致ないし店舗の品揃えの差異は，フロアマネジャーないし仕入担当者の権限の差としてあらわれ，有名ブランドの品揃えが集客力の差となっている。つまり，ブランド品の品揃えによるストアロイヤルティの提供が，店舗差別化となっている（台湾日系百貨店スタッフからの聞き取り 2006）。

第4節　百貨店の課題と方向

1．台湾における百貨店の課題

　台湾の百貨店は，小売業界や百貨店業界における激しい競争のもとで，従業員の管理・教育を通して商品知識やサービス意識の向上をはかりながら，効率的な営業を行うためには，次のような課題をクリアしなければならない。

(1) 自主商品企画力の強化

　台湾の百貨店は，店内の品揃えや商品管理がほとんどテナント先のメーカーや問屋に任されており不動産屋化している。しかも，自主企画商品ないし PB 商品の割合が低いことから粗利益率は低いものと想定される。したがって，今後の方向としては，現在の委託仕入や消化仕入を徐々に買取仕入に転換するとともに，自主企画商品ないし PB 商品の品揃えを高めながら店舗の個性やアイデンティティーを発揮できるような商品構成ないし品揃えを形成することで（黄淳慧 1999，pp.55-56），テナント依存型の貸ビル的な経営体質から百貨店本来の小売経営体質へと改善していかなければならない。

(2) 商品管理体制の整備

　台湾の百貨店は，商品仕入・商品販売・在庫管理などをテナントに一任するだけではなく，仕入の品目や数量さらに欠品の管理ですらテナントの派遣店員に任せている。また商品情報の管理においても販売量をチェックしテナント料を計算するだけであった。したがって，今後の百貨店の方向としては，商品管理体制を確立し，商品の仕入・販売・在庫ならびに顧客情報の管理・把握が不可欠になってくる。そのためにPOS（販売時点情報管理），EOS（電子発注システム），VAN（付加価値通信網）などを含む情報システムの構築が課題となっている（黄淳慧1999, p.56）。

(3) マネジメント人材育成

　台湾の百貨店の課題としては，店員管理の困難性があげられる。つまり，百貨店の店員管理は，テナント依存型経営体質による派遣店員の管理が最大の問題となっている。派遣店員はメーカーないし問屋の社員として行動し，そのために百貨店への忠誠心が薄く，百貨店の経営方針を無視して行動する場合が多い。したがって，百貨店としては，各テナントで別々の営業活動になりやすいので，統一的な百貨店経営が要請される（黄淳慧1999, pp.56-57および台湾日系百貨店スタッフからの聞き取り2006）。

(4) 仕入や販売価格の管理

　台湾の百貨店の仕入や販売価格は，テナント制により価格決定権がメーカーや問屋などに握られているために百貨店サイドでの意思決定が弱い。それとともにバイヤーが仕入や商品価格の設定を左右する立場にある。したがって，これから百貨店の営業活動を有利に進めるためには，良いバイヤーを養成しながら自主企画の品揃えを高めつつ価格も管理していかなければならない。そのためにはバイヤーの育成は百貨店の経営にとって重要な課題となっている（黄淳慧1999, p.56）。

2. 台湾における百貨店の方向性

　日本の百貨店の進出が台湾の小売業界ないし百貨店業界に与えた影響は，小売業精神（イメージ）の把握，サービスの向上，経営理念の導入，長期的な経

営戦略などがあげられる。今後ますます激しくなる小売競争のもとで百貨店が目指すべき方向性として，①大型化，②多店舗化，③専門化，④品揃え・サービス重視などがあげられる。そこで，4つの方向の事例について百貨店名をあげながら説明していこう。

(1) 大型化の方向

太平洋崇光百貨店や新光三越百貨店などは，店舗施設自体が豪華で大規模な売場とレイアウトを擁した豊富な商品の品揃えによってワン・ストップ・ショッピングの便宜を提供し，多くの消費者の支持を得ている。同時にまた品揃えの高級化ならびに徹底した日本式サービスを重要な戦略として差別化をはかっている（黄淳慧1999, p.55および台湾日系百貨店スタッフからの聞き取り2006）。

(2) 多店舗化の方向

遠東百貨店，新光三越百貨店などは，多店舗化による全体の売場面積の増加によって集客力を高めようとしている。たとえば，台湾最大の地場百貨店チェーンである遠東百貨店は，日本の大手小売業の進出に対抗するために，多店舗化を積極的に推進している[3]。遠東百貨店は多業態にわたり台湾全体で百貨店9店，スーパー3店，家電専門店1店などを所有しており，遠東グループ（遠東紡織）の所有地で積極的に出店を進めている。このように遠東百貨店は多店舗展開によって他の百貨店と差別化をはかり，市場シェアを高める戦略をとっている（黄淳慧1999, p.54）。

また，新光三越百貨店は，2007年現在，台湾全体で13店舗を有している。特に台北市では1991年開設の台北南京西路店をはじめ7店舗，そのうち台北市都心部の世界一高いビル（101）周辺の信義新天地の狭いエリアに1997年に1号店（総合カジュアル中心の品揃え），2002年に2号店（若者中心の品揃え），2003年に3号店（ブランド品中心の品揃え），2004年に4号店（ヤングレディー中心の品揃え）などを構え，大型化と多店舗による売場の拡大によって集客力を高めようとしている（新光三越百貨店資料と台湾日系百貨店スタッフからの聞き取り2006）。

(3) 専門化の方向

中興百貨店はかつて台北市において百貨店業界のトップに君臨していた[4]。

中興百貨店は中規模の売場ながら消費者の個性化傾向に狙いを定め，特定の顧客層に向けて品揃えを行っている。その特定顧客層は年齢25～35歳の高所得者を対象として，個性的な生活を追求する消費者をターゲットにしている。同店は「中國創意文化」をテーマとしており，現代的なイメージと伝統的なイメージとを併せ持つ中国的な百貨店を演出し，日系百貨店に対抗して差別化をはかっている（曽知聰1991, p.67）。

(4) 品揃え・サービス重視の方向

大葉高島屋百貨店は，欧米や日本などからの海外ブランド品を積極的に輸入し品揃えの高級化によって差別化をはかろうとしている（黄淳慧1999, p.55）。たとえば，「ファミリーが1日楽しめる百貨店」・「アットホームな雰囲気と特色ある品揃え」（台湾日系百貨店スタッフからの聞き取り2004）といったキャッチフレーズにもあるように，アットホームな店舗づくりやバラエティに富んだ品揃えに基づいたきめ細やかなサービスによって他の百貨店と差別化をはかっている[5]。

注

1) たとえば，紡績・保険などを中心とした新光グループによる新光三越百貨店，電機・電子・建設を中心とした太平洋ケーブルグループによる太平洋崇光百貨店，自動車・バイク製造を中心とした羽田機械による大葉高島屋百貨店などがあげられる（番場1996, pp.85-86）。

2) 「台北市百貨店協会」によって設定された定期的なバーゲン期間は，次のようなものがある。
　　①冬服バーゲン——旧正月から春服の始まり（3月中旬）まで約1ヶ月～2ヶ月間
　　②総統・副総統就任記念日——5月20日ごろの約5日間
　　③夏服バーゲン——8月から秋服の始まりまで約1ヶ月～2ヶ月
　　④復興記念日——10月25日ごろの約5日間
　　⑤創立記念日——百貨店の創立記念日はたいてい11月以降に集中
　　　協会の協調によって百貨店はお互いに重ならないように約5日間のバーゲンを行う。
　　（曽知聰1991, p.53）。

3) 遠東グループは，2007年現在で2つの百貨店を所有している。1つは遠東百貨店のもとに台湾に9店舗，大陸（中国）に2店舗を有している。もう1つは太平洋そ

ごう百貨店のもとに台湾に8店舗，大陸（中国）に12店舗を有している。なお，両者の関係は，各々独立した経営体として相互の交流はない（台湾日系百貨店スタッフからのメールでの聞き取り 2004）。
4）中興百貨店の1平方メートル当たりの販売額は太平洋崇光百貨店の2倍以上であった（曽知聰 1991，p.67）。
5）大葉高島屋百貨店のサービス事例の紹介として，「豊富な食材で勝負するスーパーマーケット，くつろげるカフェや特色あるレストラン，消費者のニーズをおさえたバラエティに富んだ商品の品揃えなど。徹底した従業員教育による，きめ細やかで行き届いたサービスがとりわけ目をひく。・・・品揃えも衣食住のバランスに重点をおき，ファミリー客のニーズにあった店作りを心がけている。特筆すべきは，地下1階のマーケットプレイス（スーパーマーケット）のバラエティに富んだ商品群だ。日本製品の比重は全体の4割と多く，納豆だけでも30種類は置いてある。欧米の駐在員やその家族も多く来店することから，欧米からの輸入品も豊富だ」（「『ゆとり』と『やすらぎ』を提供－大葉高島屋百貨（股）有限公司－」2005, pp.40-42）をあげておこう。

参考文献

（1） 伊丹敬之（1984）『新・経営戦略の論理』日本経済新聞社。
（2） 大葉高島屋百貨店資料と総経理からの聞き取り（2004, 2006）。
（3） 大葉高島屋百貨店 (2005)「『ゆとり』と『やすらぎ』を提供－大葉高島屋百貨（股）有限公司－」『な〜るほど・ザ・台湾』Vol.214。
（4） 川端基夫（1996）「アジアにおける日系小売業の店舗立地行動－とくに台湾での進出・撤退行動を中心として－」『龍谷大学経営学論集』第36巻 第3号。
（5） 川端基夫（2005）「日本小売業の多国籍化プロセス―戦後における百貨店・スーパーの海外進出史―」龍谷大学経営学会『経営学論集』第45巻 第3号。
（6） 経済部統計処編(2006)『中華民国・台湾地区　批發・零售及餐飲業動態統計年報』。
（7） 黄淳慧（1999）「流通業の国際化に関する一考察―日台小売業の変化を中心として―」東京国際大学大学院国際関係学研究科『国際関係学研究』第12号。
（8） 朱國光・葉翀（2003）「台湾における日系百貨店の成功要因」『流通科学大学論集　流通・経営編』第16巻第2号。
（9） 曾相栄（1995）「台湾の屋台業問題と小売業の三極競争構造」『立命館経営学』第33巻 第6号。
（10） 曽知聰(1991)「台湾の百貨店に関する一考察」関西大学大学院『千里山商学』第33号。
（11） 台湾イオン総経理の作成資料（2006）。
（12） 台湾日系百貨店スタッフからの聞き取り（2004, 2006, 2007）。
（13） 番場博之（1996）「台湾における小売業の特質とその動向」『千葉商大論叢』第33巻 第4号。

第9章　中国の外資系小売企業

はじめに

　中国小売業は，「世界の工場」・「世界の市場」[1]を背景として，1990年代に入り大きく変化してきている。政府の経済改革と開放政策のもとで市場経済の進展は，外資導入を梃子として流通近代化，近代的な小売業態の出現，小売国際化をともなっている。

　したがって，中国の小売国際化は，政府の開放政策と市場経済の進展によるものが大きく，その意味では，中国の市場経済化の進展は同時に国際化の進展でもあった。特に1990年代中頃から，中国小売市場にはウォルマートやカルフールをはじめとする世界的な外資系大型小売企業が次々と市場参入を試み，まさに小売国際化の舞台と化している。

　本章は，中国における外資系小売企業の市場参入プロセスとそれによる中国小売構造の変化と課題の分析にあてている。そこで，第1節では，中国小売市場への小売外資参入の経済的要因について考察する。第2節では，中国小売市場開放政策の背景と展開過程について考察する。第3節では，外資系大型小売企業の参入とその経営戦略について考察する。第4節では，外資系小売企業の影響下での中国小売構造の特徴と課題について考察する。

第1節　中国小売市場への小売外資参入

1. 小売外資参入の要因

　現代の小売業においては，小売経営技術の革新や小売経営組織の改革によっ

て大規模化・組織化・チェーン化しつつ小売の国際化ないしグローバル化が進展している。一部の大型小売企業は，グローバル競争のもとに商品輸入や開発輸入をはじめ積極的に海外出店など国際規模での売買活動を展開している。

小売企業の海外進出は，環境要因に影響されているが，基本的には小売企業の主体的・戦略的な動機によって実現される。それと同時に，小売企業が国境を越えて事業活動を成功させるためには，国境という障壁を克服し，進出国の市場で競争に勝てるだけの競争優位性[2]を有していなければならない。

なお，小売企業を取り巻く環境要因としてはプッシュ要因とプル要因が考えられ，プッシュ要因とプル要因とも政治的要因・経済的要因・社会的要因・文化的要因・小売構造要因があげられる。

アレキサンダー(Alexander,N.)が提示した参入要因(プル要因)のうち(第7章，図表7-2)，中国小売市場への小売外資参入の経済的要因は，巨大で成長しつつ多様性のある中国小売市場の魅力があげられる。また小売構造要因として，国内地場小売企業の経営の未熟性や多くの生業的小売業の存在が，外資系小売企業にとっては参入・発展するチャンスとなっている。なお文化的要因として，欧米系小売企業の参入にとっては消極的要因であり，今後の市場経済化ないし国際化の進展によって解決していかなければならない要因であろう。

そこで，中国小売市場への小売外資参入の経済的要因として，中国小売市場の巨大性・多様性ならびに小売構造要因としての地場小売企業の経営の未熟性について考察してみよう。

2. 中国小売市場の巨大性と多様性

中国小売市場の特質は巨大性と多様性にある。まず中国小売市場の巨大性としては，中国の巨大な人口規模の存在と経済発展にともなう国民所得水準の向上によって大衆消費社会が形成され，小売市場の発展・拡大をもたらしているということである。なお，中国における大衆消費社会は，経済発展の地域格差を反映した「大都市型」・「地方都市型」・「農村型」の重層的な大衆消費社会とそれによる小売市場の発展に特徴がみられる（李海峰 2004, pp.40-42)。この

中国小売市場の巨大性と発展性が小売外資参入の促進要因になっている。

次に中国小売市場の多様性としては，中国小売市場における地域的差異であり，それには地域間レベル（地域的差異）とエリア間レベル（市場内差異）の2つのレベルのものが存在している（川端 2006, p.194）。前者の「地域間レベル（地域的差異）」は，広い国土を有する中国小売市場の巨大性ゆえの多様性であり，いわば中国国内小売市場における地域間レベルでの多様性である。たとえば，沿海部と内陸部あるいは北部と南部といった気候・生活習慣・言語などの地域差に基づく中国小売市場の多様性である。また，沿海部といっても，そこに属している各都市を比較すれば，大連・北京・青島・上海・広州・香港では当然ながら大きな差異がみられる。この都市間における多様性ないし差異性も「地域間レベル」の差異に含まれる。

後者の「エリア間レベル（市場内差異）」は，同一都市内での小売市場における空間的多様性ないし差異性であり，いわばエリア間格差の問題である。たとえば，北京市内あるいは上海市内など，行政区分は同じであっても，都市の内部を詳細に眺めると，民族レベル，所得レベル，住宅環境，ライフスタイル，価値観などを異にするエリアがモザイク状に混在している。わが国ではこうした都市内におけるエリア格差による小売市場の多様性は比較的少ないと思われるが，中国の各都市（特に北京・上海などの大都市）では一般的にみられる特性である。この「エリア間レベル（市場内差異）」における小売市場の多様性は，都市内部における各店舗に対してきめ細かな対応が要求されるため，外資系大型小売企業が標準化戦略を展開するに際して厳しい市場条件として映ることになっている（西島 2007a, pp.134-135）。

3. 中国地場小売企業の経営の未熟性

中国地場小売企業の経営の未熟性ないし多数の生業的小売店の存在が競争優位性を有する小売外資参入の促進要因になっている。

第1に，中国地場小売企業のほとんどが小規模零細企業で占められ，その経営は家族の生活手段としての生業的経営であり，市場競争力を欠如した低生

産性にあまんじている。

第2に，中国小売業態の発展プロセスは，ほとんど国外から導入した経営手法によるもので，実質的経営はもちろん店舗形態・商品ディスプレイ・インテリアなども表面的な導入や模倣が多い。たとえば，地場スーパーの多くは表面的にはチェーン店の形態になっているが，実際の実質的な経営においては，各店舗のほとんどが独自でばらばらの経営を行っており，チェーン経営のメリットが発揮されていない。

第3に，中国地場小売企業の一部は国営企業から変化したものが多く，従来の官僚主義的経営の特徴を残存させ，表面的・形式的な経営を行っている。

第4に，政府主導による地場小売企業の合併・合弁によって成立した大規模小売企業においても，規模の利益を十分に発揮できず利益率も低い水準で推移するなど経営面で多くの問題が山積している。

第5に，中国地場小売企業はほとんど財務的問題を抱え，かなりの負債経営を余儀なくされている。

第6に，中国小売企業の物流システムは緒についたばかりである。そのために，配送センターの小規模性，施設の分散化，低い物流技術，高いオペレーションコストなどの非効率な物流配送の問題に直面している（陳立平 2005, pp.147-148）。

要するに，中国地場小売企業の多くは，家族経営の生業が多く生産性（販売高）も低い。また一部の近代的小売企業であっても官僚的経営が残存し，規模の利益が十分に発揮できず，外資系小売企業と比べて相対的に経営戦略が未熟なものになっている。このことが競争優位性を有する小売外資参入の促進要因になっている。

第2節　中国小売市場開放政策の背景と展開

1.　市場開放の背景

アレキサンダーが提示した参入要因（プル要因）のうち，中国小売市場への外資参入の最も規定的な要因は政治的要因としての政府の市場開放政策であろ

う。つまり，中国の中央政府は，市場開放政策と小売近代化のために外資系小売企業の参入制限を次第に緩和し，さらに地方政府は，経済発展と小売近代化をはかるために外資系小売企業に優遇措置等を与えるなどして積極的に外資系小売企業を導入してきたのである。

中国政府が流通部門に対して，外資参入の原則禁止から積極的導入へと政策転換した背景には，国内および国外の諸要因が相互に影響している。中国の国内要因としては，第1に，生産部門の近代化による大量生産システムに対応すべき大量販売システムや消費革命などを実現しなければならないという認識が生じたことである。改革開放政策において先行した生産部門の外資導入は，国内生産力を飛躍的に向上させ，中国は「世界の工場」として君臨するまでに成長した。中国国内で生産された膨大な商品は，安価な輸出品として海外へ吐き出されていったが，それは同時に国民の所得を急増させ旺盛な国内需要を創出させることにもなった。しかも，消費者はただ単に量的側面だけでなく，質的側面においても高度なサービスを求めるようになったのである。しかし，当時はそれを充足するような近代的小売企業の整備が遅れており，外資導入をその起爆剤にしようという政府の思惑があったものと考えられる。

第2の国内要因としては，流通部門（小売部門）の成長にともなう雇用吸収力の拡大への期待があげられる。中国は国有企業や政府機構の構造改革にともない多くの余剰労働力（余剰労働者）を抱え，失業問題を発生させてきた。政策転換による市場経済の導入は，国有企業に残存するさまざまな無駄を取り除き国際競争力をつけるというメリットをもたらす一方で，その反射として合理化によって余剰労働者を創出する。一般に流通・サービス業は製造業などの産業に比べかなりの雇用吸収力をもつものと考えられるが，小売外資の導入による小売部門の発展は，そうした余剰労働者を雇用する場として機能し，社会安定に貢献するものとして期待されたのである。

第3の国内要因としては，経済力の高まりを背景とした国際社会における政治的発言力だけでなく，市場開放を背景とした経済領域での国際的発言力を強化したいという中国政府の思惑があったこともあげられる。

次に，国外要因としては，第1に，欧米先進諸国が中国に対する認識を「世界の工場」から「世界の市場」へと転換させたことにある。欧米先進諸国では，市場の成熟化による消費の低迷，企業間競争の激化による出店コストの上昇，中心市街地への大型店規制政策の強化など，大規模小売企業にとってはさまざまな国内問題を抱えている。その打開策として，大きな可能性を秘めた中国市場に対する関心が高まり，流通部門への開放要求が強まったのである。

第2の国外要因としては，WTO加盟の交渉の過程において，自由貿易への一般的条件を整備させる必要性から，欧米先進諸国が中国に対して流通部門における外資参入規制の緩和を要求したことにある（白石 2005, pp.24-26, 西島 2007b, pp.24-25）。

2. 市場開放プロセス

閉鎖的経済下の中国の流通部門は，指令性計画経済を遂行するために，縦割りと横割りとに規定された行政組織と多段階の流通機構によって構成されていた。その流通経路は商品（消費財）と物資（生産財），国内流通と国際貿易，都市部と農村部に分けられていた（黄磷 2003, p.207）。小売部門は，百貨店・専門店・一般小売店・総合型小売店の4つの小売業態しか存在しておらず，生産重視，流通軽視という風潮のもとで長い間停滞状況に置かれていた。閉鎖的経済下のもとで，小売部門は計画的配分を遂行するための末端組織として位置づけられていたために，既存の小売業態は明確な棲み分け状態にあり，当然ながら競争圧力はなく，自己革新の余地は存在しなかったのである（西島 2007a, p.138）。

こうした状況が一変する契機となったのは，政府による改革開放政策である。中国の経済は発展途上にあり，経済体制としては計画経済から市場経済に転換しつつあったため市場経済が十分に進展していなかった。そのために，政府の開放政策にともなって，市場経済の育成と市場経済体制づくりが重要な課題となったのである。そこで，中国における市場開放プロセスを概観していこう（于淑華 2002, pp.165-167, 胡欣欣 2003, pp.28-32）[3]。

第1段階は，1992年7月以前までの「原則的閉鎖段階」である。中国は，

1978年に始まった経済改革開放政策により，急速に市場経済化への途を突き進んでいた。しかし，その初期段階は第二次産業（製造業）に重心を据えた開放政策であったため，小売外資による市場参入は原則として認められていなかった。中国国内工場で生産された製品の一定割合販売が認められていただけであり，これが外資系企業による市場参入の唯一の例外的現象であった。いずれにしろ，小売業の市場開放は，製造業よりも10年以上後れることとなった。この段階では，中国国内工場で生産力の増加とそれにともなう雇用増加や所得水準の増加を背景に，外国の新しい小売業態の小売経営技術の伝播等を通して，形式的であるが新しい小売業態の導入が試みられるなど，「内なる小売国際化」の進展がみられたのである（西島2007a, pp.138-139）。

　第2段階は，1992年7月～1997年5月までの「漸進的開放段階」である。1992年7月の中央政府による内部通達により，流通分野において積極的に外資導入政策が実施されるようになった。これにより，北京・天津・上海・広州・青島・大連の6都市および深圳・珠海・汕頭・厦門・海南の5経済特区において各1社または2社の合弁・合作による小売外資の実験的導入が認められたのである。1995年6月には国内商業を制限業種に指定して独資企業の設立を禁止した一方で，同年10月には北京と上海に限って2社の外資チェーンストアの設立が実験的に認められることになった。ただし，中国側出資比率を51％以上とし，契約年数は30年を超えてはならないとされた。ここに中国において実質的に小売国際化の展開が始まったといえる。

　第3段階は，1997年5月～1999年6月までの「整理整頓段階」である。初期の流通開放段階においては，中央政府は雪崩を打ったような小売外資の参入を避けたかった。そのために，地方政府が地域経済活性化や雇用拡大への期待から小売外資の導入に積極的であったのに対して，中央政府は当初それに消極的だったといわれている。つまり，一部の地方政府は市場開放政策を推進し多数の小売外資プロジェクトを認可していった。それに対して，中央政府は，1997年5月に地方政府の越権行為としての小売外資プロジェクトの許認可を即刻停止し，再審査を実施した。このように中央政府は，整理整頓を断行する

一方で，1998年4月には国内商業の対外開放を沿岸部から中部と西部のいくつかの省政府所在都市に拡大させていったのである。

 第4段階は，1999年6月以降の「全面的開放段階」である。中央政府は，1999年6月，WTO加盟に向けて製造業と同様に小売業に対しても原則的に全面開放の方向性を打ち出した。小売外資の実験地域をすべての省政府所在都市，4つの直轄市および計画単列都市（行政指定都市）とし，北京・上海・天津・重慶，広州・鄭州・武漢・蘭州・成都には複数の小売外資の設立を認めた。2004年には，開放地域の拡大，出資比率の引き上げ，許認可手続きの簡素化が実施された。これにより，省都や経済特別区などに限定していた出店が原則的にどの地域においても認められ，同時に全額出資の外資系企業の設立が可能となった。さらに，2005年には，フランチャイズ・システム（FC）の経営管理規則が施行され，FC展開の土壌が整備されたのである（西島2007b, pp.23-24）。

第3節　外資系大型小売企業の参入と経営戦略

1.　外資系大型小売企業の参入

　中国小売業は，都市中心街に立地するごく少数の百貨店と街の随所に集積した多数の中小零細小売店をはじめとする在来市場（イチバ）や露店商が存在する小売の二重構造を特徴としていた。このような中国小売市場のもとに外資系大型小売企業が市場開放後一挙に参入してきた。1990年代後半からスーパーマーケット，ハイパーマーケットを中心として近代的小売業態が多店舗を通して急速に進展してきている。特に1995年を境に欧米系大型小売企業の進出が本格化し，1997年のアジア経済危機をへて21世紀にかけて一段と加速していったのである。その代表的な外資系大型小売企業は次の3タイプに代表される。

　第1のタイプには，欧州を中心に発達したハイパーマーケットと，アメリカで登場したスーパーセンターがあげられる。1万平方メートルを超える大型店舗で，衣食住関連商品を低価格で提供し，無料駐車場を構えているのが特徴である。

第2のタイプには，個人・法人需要の双方を狙ったメンバーシップ・ホールセール・クラブなどの会員制倉庫型店舗があげられる。

　第3のタイプには，日本の総合スーパー（GMS）で食料品を中心とした毎日の生活に必要な生活必需品や衣料品に注力している点に特徴があり，高費用・高粗利の業務システムを採用している。

　これらの外資系大型小売企業は，衣食住の3部門を主要な取扱商品として，しかも単品でも大量販売を実現するために多店舗化をはかり，それを効率的に運営するため商品調達（商品企画・開発・仕入）と商品供給（保管・流通加工・配送）をシステム化している点に特徴がみられる（矢作2003, pp.2-3）。

　この外資系大型小売企業の代表格がアジア主要都市で急成長しているハイパーマーケットである。この業態は，「単一場所で食品と非食品（服飾，雑貨，家庭用品，娯楽用品等），各種サービスの幅広い品揃えを，競争的な価格で提供するのがハイパーマーケットである。無料駐車場が揃えられた5,000～2万平方メートルの売場面積で平均8万品目を扱っている」（矢作2003, p.9）と指摘されているように，食品・非食品の幅広い品揃えに加えて各種サービスを提供することに特徴がみられる。

　この「各種サービス」にはサービス商品と顧客サービスがあり，伝統的ハイパーマーケットは低価格で幅広い食品・非食品のワン・ストップ・ショッピング（One Stop Shopping）機能を提供することで，顧客サービスの改善やサービス商品の提供にはほとんど重視してこなかった。ところが，「東アジアにおいてハイパーマーケットは単なる低価格訴求型店舗ではない。消費者は家族で楽しみのためにやってくる」（矢作2003, p.11）と指摘されているように，最近のアジアにおける最新の店舗には娯楽・文化サービス事業が取り入れられ，「楽しさ」という非価格要素がアジアにおけるハイパーマーケットの発展過程において大きな役割を占めている。このように，最近のアジアにおけるハイパーマーケットは，生活変化の激しい現地市場に対応した生活提案機能の店舗が求められている（矢作2003, pp.9-12）。

2. 外資系大型小売企業の経営戦略

中国小売市場において外資系大型小売企業が展開している経営戦略には，次のような特徴がみられる。第1に，長期戦略的経営に特徴がみられる。中国の地場小売企業は，計画経済のもとに計画的配分を遂行するための末端組織に過ぎず，競争圧力もなく自己革新の動機も皆無であった。このような官僚的経営が残存している地場小売企業は，経営管理や店舗管理等の管理についてのコンセプトや能力が不十分であり，そのために長期戦略的経営を欠如した短期経営志向の場当たり的経営になりがちである。それに対して外資系大型小売企業は，中国経済の著しい発展と広大な市場に着目し，中国市場でのシェア拡大と市場主導権を求めて長期戦略的経営の視点から経営を行っている。

第2に，店舗立地戦略に特徴がみられる。既に述べたように，中国小売市場はその巨大性と多様性を特徴としており，その市場多様性には地域的差異と市場内差異を含んでいる。そのために中国小売市場参入に際しての店舗立地の選択には非常に慎重である。外資系大型小売企業の立地分布は上海・広州・深圳・青島・大連・北京・天津などの文化水準の高い都市や経済水準の高い沿岸都市にかぎられていたが，最近での店舗立地をみると西部の中小都市にも進出している。同時に都市化プロセスの加速化や都市規模の拡大，都市中心部から郊外への人口移動にともなって郊外立地の傾向にも拍車がかかってきている。たとえば，ウォルマートは，中国においてもアメリカの実践に基づいて最初に華南地区の深圳を中心に出店戦略を展開し，その後華北地区では北京，東北地区では大連を中心として店舗のネットワークを形成し，さらに地区中心部の出店から周辺地域への出店へと店舗を拡大している（陳立平 2005, p.142）[4]。また，日系大型小売企業のイトーヨーカ堂は中国の北京においてビジネス地区・高級住宅地区など消費者市場特性とロジスティクスに基づいた店舗立地戦略を展開している（中国現地イトーヨーカ堂の総経理より聞き取り，2006）。

第3に，小売業態選択戦略に特徴がみられる。外資系大型小売企業は，激しい競争業態にある百貨店を避け，ハイパーマーケット，大型総合スーパー（GMS），会員制クラブなど将来性ある小売業態への進出に力を入れている。これら外資

系大型小売企業は食品スーパーと百貨店との2つの業態の特徴を併せ持った二重の機能を備えることでワン・ストップ・ショッピングを可能とし，しかも消費者への低価格ニーズにも対応しつつ大型駐車場も完備することによってより広域からの消費者を吸引し消費者の支持をえている（陳立平 2005, p.143）。

　第4に，価格戦略に特徴がみられる。欧米系大型小売企業の価格戦略は低コストによる低価格訴求戦略に特徴がみられる。つまり，欧米系大型小売企業は，「低利益・低価格」を目指した低価格戦略によって，中国小売市場において大きな市場シェアを獲得することを目的としている。外資系大型小売企業の低価格戦略は規模の利益とバイイングパワーによるコストダウンからもたらされたものである。たとえば，カルフールは強大な購買力に基づいてメーカーや供給業者から多くの優位条件を引き出し，経営コストの低下を可能にしている（陳立平 2005, p.144）。この低価格戦略は，総体的に低価格志向の消費者を対象にしている中国地場小売企業に大きなインパクトを与えている。

　ともあれ，多くの外資系大型小売企業は，衣食住関連商品の幅広い品揃えと低コスト経営に基づく低価格戦略により，中国小売市場において競争優位に立つことが可能となったのである。ウォルマートやカルフールなどの外資系グローバル小売企業は中国で店舗を増加させながら，低価格戦略の優位性をますます発揮させ，中国小売市場に大きなインパクトを与えている。

　さらに，近年，一部の外資系大型小売企業は，次から次へとグローバル購買センターを中国へ移転してきている。それにともない，中国はグローバル小売企業の重要な購買基地になっている。たとえば，ウォルマートは，深圳でグローバル購買センターを設立したのを皮切りに，東莞・福州・上海・大連に中国国内の購買支店を設立した。この商品購買ネットワークは生産力のある製造業が集積している珠江デルタと長江デルタをカバーしている。そして，中国で購入した商品を世界中の店舗の販売ネットワークに乗せて流通させている（陳立平 2005, pp.144-145）。

第4節 中国小売構造の特徴

1. 外資系大型小売企業の影響

　中国は政府の改革開放政策により計画経済から市場経済へと移行し，しかも外資導入を梃子として経済近代化を推進してきたのである。その結果，小売業においても著しい変化と近代化が起こるとともに，経営主体も多様化していった。改革初期の小売部門は個人商店の増大と伝統的市場の活発化によるところが大きく，必ずしも直ちに小売の近代化・システム化につながらなかったが，1990年代に入って小売の近代化が促進され，外資系大型小売企業の参入・発展とともに近代的小売形態が次々に導入されていった（胡欣欣 2003, pp.26-27）。その結果，中国小売企業ないし小売市場に次のような影響を与えている。

　第1に，小売企業間における重層的な競争の激化があげられる。外資系大型小売企業の参入・発展にともない激しい重層的な競争を展開している。たとえば，外資系大型小売企業同士の競争，外資系大型小売企業と中国地場小売企業との競争，中国地場小売企業同士の競争等により競争が激化している。そのことはまた，中国地場小売企業の生存と発展に対する厳しい試練でもある。

　第2に，小売市場の拡大があげられる。外資系大型小売企業が中国小売市場への進出を加速することにより，文化水準の高い都市や経済水準の高い沿岸都市の市場がますます飽和状態になり，西部地域の中小都市や農村市場まで拡大している。中国では大都市と中小都市，都市と農村との経済格差が大きくかつ拡大してきている。その場合の課題として，①中小都市や農村の消費者に志向され，かつ彼らのニーズに対応した商品をいかに安く調達・開発するか，②地方都市や農村市場に適応した新しい小売業態をいかに開発するか，③中小都市や農村の交通未整備の状況下でいかに統一した経営，統一した配送をするかという問題があげられる（陳立平 2005, p.150）。

　第3に，小売の合理化・近代化があげられる。近年，小売の近代化が絶え間なく推進されてきている。先進諸国が過去数十年間かけて開発・発展させてき

た各種の小売業態は，中国でほとんど同時に導入・開発されてきている。特に，チェーン経営の導入で中国小売企業が大きく発展している。また物流配送に関する技術の導入と開発も重視され絶えず発展してきている。小売業の合理化・近代化の指標としては，①上位100社の売上高の増加が高い。②企業の売上高の平均規模が大幅に上昇し，中国小売企業の規模は段々拡大している。③優良企業の市場集中度が上昇している。④新型小売業態の発展が速い。⑤全国消費財小売総額に占める百貨店等の比重増加などがあげられる（陳静宇 2005, pp.88-90）。

　第4に，小売企業の合併と再編があげられる。中国小売企業は，外資系小売企業と比べると規模面でも資金面でも劣勢な状況にあり，単独で資金や規模を拡大し，競争力をアップさせるのは困難である。そのために中国地場小売企業は，合併・吸収・株式買収などの資本提携などによって大型小売集団を形成し，資本の集中や規模の拡大で規模の利益を実現することによって市場競争力を強化する戦略をとっている。実際，政府主導の下で中国地場小売企業の合弁や連合が行われている。たとえば，2003年4月に上海市政府指導の下に上海一百集団・華聯集団・上海友誼集団・上海物資集団の4社による合併で百聯集団が設立された。それによって，総資産284億元で百貨店・食品スーパー・総合スーパー・コンビニエンスストア・ショッピングモール・専門店や物流センターなど多業態を有する中国最大の流通産業集団が形成された。しかし，政府主導の企業合併とはいえ，さまざまな問題が表面化してきている。経営規模や店舗数の拡大によっても利益の向上につながらず，また経営層・資産・業務・店舗・人員の整備などの諸問題も発生し，それによって企業が分裂したケースも少なくないなど（陳立平 2005, pp.149-150），小売企業の合併と再編が必ずしも成功しているとはかぎらない。

　第5に，小売業界における政治問題があげられる。中国政府は経済発展のために市場経済化をはかり，外資導入を梃子として小売近代化を推進してきた。これまでに，中国政府は外資吸収の必要のために外国の投資企業へ多くの優遇措置を提供している。特に地方政府は，地元経済活性化や政治実績のため，中

央政府の政策の制限を無視し，外資系小売企業へ土地使用権や税金面の特別な優遇政策を与えてきた。このことが，国内地場小売企業からの不満を噴出させ，外資系小売企業の進出・発展に対して社会問題化し，その結果，外資系小売企業に対して厳しく制限してほしいという声が絶え間なかった（陳立平 2005, pp.150-151）。

2. 中国小売構造の特徴と課題

中国は政府の改革開放政策により計画経済から市場経済へと移行し，しかも外資導入を梃子として小売近代化を推し進めた結果，中国小売部門において大きな変化がみられる。そこで，まず中国小売構造の特徴を述べたうえで，中国小売構造の課題・問題について考察していこう。

(1) 中国小売構造の特徴

第1に，小売の重層的な二重構造があげられる。中国小売構造は，少数の大規模小売企業を上位グループとして，他方では多数の小規模零細小売店や小売市場・露店商を底辺グループとする極端な二層構造を特徴としており，しかもその傾向が顕著になってきている。その背景には，中国政府が流通近代化の一環として，1981年に流通部門への自由参入を認めるようになったことにある（黄磷 2002, p.95）。その結果，比較的参入の障壁が低かった小売部門において新規参入が急速に増加し続け，そのうちでも特に個人経営の参入のウェイトが大きかった。一方，国有企業の改革が促進されるなかで，その国有企業の経営合理化の一環として余剰人員がリストラされた。そのため，小売部門がその余剰人員の受け皿として大量の従業員を吸収し，小売業に従事する者が著しく増加した（黄磷 2002, pp.95-96　柯麗華 2005, p.236）。

第2に，小売の多様化があげられる。この小売の多様化には，①小売業態の多様化，②小売主体の多様化，③小売チャネルの多様化がみられる。

まず①小売業態の多様化である。先進諸国では漸進的に革新的小売業態が生成・発展するというプロセスをへてきたのに対して，中国では政府の経済改革・開放政策と市場経済化の進展の下で，外資導入を梃子として流通近代化を推し

進めてきたために，多様な小売業態がほぼ同時期に誕生し発展してきている。

次に②小売主体の多様化である。中国の漸進的な開放政策によって小売主体の多様化がみられる。小売市場が急速に拡大するなかで，市場参入の自由化によって硬直化した行政従属型の国有流通企業が競争力を失っていった。それに代わって個人経営をはじめ私営企業，会社制企業，外資系企業など多くの小売主体が出現しそのシェアを大きく伸ばしてきている。

さらに③小売チャネルにおいても多様化がみられる。既存の小売チャネルに加えて，メーカーの販売自主権が認められ，メーカーによる直接販売が急激な需要拡大に対応し，既存の小売企業の機能不足を補う形で急速に拡大している（黄磷 2002, pp.92-95）。

以上のような中国小売構造の特徴は、同時にまた多くの課題や問題を発生させている。そこで、次に中国小売構造の課題や問題を考察していこう。

(2) 中国小売構造の課題

第1に，市場秩序の混乱があげられる。中国の経済改革開放政策による急速な市場経済化の進展とそれにともなう市場秩序に必要な法律・法規が不十分で，流通関連法体系の整備が遅れている。また法律があってもそれを守らないなど市場秩序の混乱と市場競争が阻害されている。

第2に，市場発展の不均衡があげられる。つまり，中国地域間における市場発展の格差が大きい。東部沿海地域では，発展速度が速くしかも市場シェアも比較的に高い状況にある。一方，中・西部地域では，発展速度が遅く市場シェアも低い状況にある。さらに都市と農村における市場発展の格差も大きい（陳静宇 2005, pp.90-91）。

第3に，小規模零細小売企業の増加による小売近代化の遅れがあげられる。小売市場への自由な参入が小売の二重構造を進展させ，多数の小規模零細小売店が増加している。これら小規模零細小売店の多くは，家族経営の生業で店舗規模が小さく，管理手法が古いため，その経営体質が脆弱（陳静宇 2005, p.92）で小売近代化にとってネックとなっている。

第4に，小売企業の表層的革新性があげられる。中国地場小売企業による

新業態は，単に表面的な形式を真似ただけのものが多く，小売技術の革新という内実を備えていない。つまり，技術革新による構造上の競争優位性によるのではなく，販売方法の変化など表面的な形式を真似るだけで，必然的に形式の追求と表面の模倣に走り，実質的な内容を欠いている。その意味では本来的な小売業態とはいえない。たとえば，百貨店の場合，相変わらず統制経済時代の歴史的な経営・営業が残されている。そのために中国の伝統的な多くの地場百貨店は相変わらずサービスが基準化されず，昔ながらの大衆消費者を主な対象とする顧客構造になっている。またスーパーマーケットは，本来のスーパーマーケットが備える低粗利益，高回転，廉売というメリットを持っていないだけではなく，食料品中心の品揃えになっていない（呉小丁 2000, pp.49-50）。

ともあれ，中国小売構造は急速な市場経済化に基づく小売近代化の発展プロセスにあるために，小売発展に関する全体的なビジョンがなく，流通関連法体系の整備も遅れている。それとともに中国小売企業は，従来からの国有企業の重い歴史的な荷物を背負い，制度革新の能力が欠如していることもあって，業態構造,販売方式および小売技術の応用などかなり遅れているのが現状である。

注
1) 1980年代後半から一部のアジア諸国は高い経済成長を遂げて，その後1997年のアジア経済危機をへて緩やかな成長過程にあった。そのなかでも中国は，地域・階層の格差拡大や官僚機構の問題など多くの矛盾を抱えながらも，安価で質の高い労働力などの優れた資源や立地条件によって国際競争力のうえで優れた商品供給力を生み出し「世界の工場」としての役割をはたすとともに，その成果によって沿岸部を中心に消費市場も飛躍的に伸びてきており「世界の市場」としても注目され，世界経済に大きな影響を与えている（矢作 2003, p.1）。
2) 小売企業の競争優位性としては，ブランド力を通じて斬新な業態コンセプトや商品企画力ないし品揃え，広範にわたる商品調達ネットワーク，効率的な物流・情報システムの整備，効率的で幅広い取引関係，有能な人的資源活用の可能性などがあげられる。なお，小売企業が海外市場に進出していくためには，このような競争優位性を発揮しながら現地の消費者に何らかの有効性を訴求し，さらにそれを背後で支援する補助技術や供給システムが必要とされる。その上に進出国の社会，経済，文化，政治，法律などの環境要因に影響されるのである（鳥羽 2002, p.125）。

3) 陳立平は同時期を3段階に分けている（陳立平 2005, pp.138-140）。
4) ウォルマートの母国アメリカにおける出店戦略については，諸泉（2007），pp.86-109を参照せよ。

参考文献
（1）柯麗華（2005）「規模・生産性からみた中国の流通構造」松江宏編『現代中国の流通』同文舘出版。
（2）川端基夫（2006）『アジア市場のコンテキスト【東アジア編】』新評論。
（3）于淑華（2002）「日米欧小売企業の中国進出」黄磷編著『WTO加盟後の中国市場』蒼蒼社。
（4）黄磷（2002）「中国の流通システム」黄磷編著『WTO加盟後の中国市場』蒼蒼社。
（5）黄磷（2003）「中国の小売業」佐々木信彰編『現代中国ビジネス論』世界思想社。
（6）呉小丁（2000）「中国の百貨店と小売業態の特徴」（関西大学商学会）『商学論集』第44巻第6号。
（7）胡欣欣（2003）「中国小売業の近代化と外資参入動向」矢作敏行編『中国・アジアの小売革新』日本経済新聞社。
（8）白石善章（2005）「WTO加盟後の中国流通構造」田中道雄・鄭杭生・栗田真樹・李強編著『現代中国の流通と社会』ミネルヴァ書房。
（9）中国現地イトーヨーカ堂の総経理より聞き取り，2006。
（10）陳静宇（2005）「中国流通業の現状および趨勢」松江宏編『現代中国の流通』同文舘出版。
（11）陳立平（2005）「中国小売企業の国際化と競争」松江宏編『現代中国の流通』同文舘出版。
（12）鳥羽達郎（2001）「小売企業の海外進出における動機についての考察—マーケティングの二面性を基に—」（神戸商科大学）『星陵台論集』第34巻 第2号。
（13）鳥羽達郎（2002）「スーパーマーケットの海外進出に関する一考察—小売技術移転の新たな視角を求めて—」（神戸商科大学）『星陵台論集』第34巻 第3号。
（14）西島博樹（2007a）「中国における小売国際化プロセス」田中富志雄・安部文彦・岩永忠康・宇野史郎編著『現代の流通と経済』創成社。
（15）西島博樹（2007b）「小売国際化と市場動態—中国小売市場を事例として—」代表者：岩永忠康『流通外資参入下の小売業の国際化戦略変化が地域流通構造に与える影響に関する研究』（平成16年～平成18年科学研究費補助金）（基盤研究B2）研究成果報告書。
（16）諸泉俊介（2007）「小売業の国際化と立地動向—ウォルマートの中国進出を事例として—」代表者：岩永忠康『流通外資参入下の小売業の国際化戦略変化が地域流通構造に与える影響に関する研究』（平成16年～平成18年科学研究費補助金）（基盤

研究 B2）研究成果報告書。
(17) 矢作敏行（2003）「新たな歴史的段階を迎えた東アジアの流通」矢作敏行編『中国・アジアの小売革新』日本経済新聞社。
(18) 矢作敏行（2007）『小売国際化プロセス―理論とケースで考える―』有斐閣。
(19) 李海峰（2004）『中国の大衆消費社会―市場経済化と消費者行動―』ミネルヴァ書房。
(20) Alexander, N.(1997), *International Retailing*, Blackwell.

第IV編　現代日本の流通システム

第10章　日本の流通システム

はじめに

　わが国の流通システムは，欧米先進諸国と同じような経済発展国に到達したにもかかわらず，日本の社会・文化・歴史的背景に規定されながら日本固有の日本型流通システムとして，欧米先進諸国とは異質のものとして認識されている。近年，わが国の流通システムは，グローバル競争下のもとで，経済・流通政策の変化や情報技術・物流技術の発達などによる社会制度や社会インフラの変化によって大きく変化している。

　本章は，日本の流通システムの特徴について分析する。そこで，第1節では，流通システムの概念と流通の役割について概説する。第2節では，日本型流通システムの特徴について考察する。第3節では，日本型流通システムを特徴づけている日本型取引について考察する。第4節では，日本型取引慣行について考察する。

第1節　流通システムの概念

1. 流通システムの概念

　流通システムとは，生産者から卸売業者や小売業者をへて消費者にいたるまでの垂直的関係における商品流通の社会的仕組みをシステムとして捉えたものである。それは長い歴史のなかで社会経済に定着し政治や文化を反映したものであり，生産分野と比べて人的活動に依存するところが多く，それぞれの国の社会構造や風俗・習慣など経済外要因にも影響を受けている（鈴木1999,

pp.4-5)。なお，流通システムは，生産者や卸売業者・小売業者などを構成要素とする流通構造のほか，これら流通内での取引関係や取引慣行等の流通行動を含んでいる。

2. 流通の役割

流通は，生産と消費を連結する領域であり，商品が生産者から販売業者をへて消費者へ移転する現象ないし活動である。マクロ経済的役割ないし機能的視点からみると，流通は商品の生産と消費との間の懸隔を人的，場所的ならびに時間的に架橋する活動といえる。この流通のうち，人的懸隔の架橋は商品の所有名義ないし所有権の移転に関わる商的流通（取引流通）であり，場所的・時間的懸隔の架橋は商品の場所的・時間的移転としての運送ないし保管といった物的流通である。したがって，流通は市場における商的流通とそれにともなう実質的な商品移転に関わる物的流通の両方を包摂するものである（鈴木2002, p.4）。

換言すれば，第1に，流通は生産された多種多様な商品を社会的に品揃えすることによって多様な消費需要に対応させるという，いわば商品需給を整合する役割を担っている。第2に，流通は生産段階と消費段階を継起的ないし段階的に結合する役割を担っている。これは，流通が単なる生産者と消費者を媒介するだけでなく，生産者と消費者の間に卸売業者や小売業者が継起的・段階的に介在して経済活動を遂行する垂直的関係ないし競争関係にあることを意味している（鈴木2002, p.4）。

第2節　日本型流通システム

日本の流通システムいわゆる日本型流通システム[1]の特徴としては，ひとつに先進諸国に比べて流通システムの発展の遅れや非効率性があげられる。たとえば小売部門における零細性・過多性・生業性・低生産性および卸売部門における過多性・多段階性・複雑性などがあげられる。もうひとつには日本の流通システムにおける独占的諸力の弊害があげられる。たとえば寡占メーカー主

導型の流通系列化にみられる閉鎖的な流通システムなどがあげられる。これらが日本的取引や日本的取引慣行を通して参入障壁として機能しており、それによってまた取引・流通費用を高め小売価格を引き上げている（田村 1986, 序文 p.1）。

1. 流通システムの遅れや非効率性

わが国の商業は、資本主義経済発展の後進性とその特異性に基づく所得水準の低さと市場の地域性・狭隘性などに規定されて、零細性・過多性・生業性・低生産性を特徴としていた。ところが、高度経済成長過程において大規模・寡占メーカーの積極的な経済活動による全国市場の創出や所得水準の向上によって大量生産システムと大衆消費社会が実現し、小売部門では新興小売業態であるスーパーの急速な発展により急激な変化がみられ、いわゆる流通革命が起こった。

しかし他方では、高度経済成長がかなり長期にわたっていたために、市場スラックが発生し、零細性・過多性・生業性を特徴とする相対的に生産性の低い中小商業にも存続の機会が与えられた。しかも免許・許可制、税制および大型店規制など政府の政策が中小商業を温存させる制度的装置として強力に作用していたのである（田村 1986, pp.66-67）。

図表 10-1　商業の国際比較

(店)

	日本('94)	アメリカ('92)	イギリス('90)	フランス('90)	西ドイツ('90)
小売店(千店)	1,500	1,526	348	462	439
人口1万人当たり小売店数	120	60	61	81	69
卸売店数(千店)	429	415	143	132	190
人口1万人当たり卸売店数	34	16	25	23	30
卸1店当たり小売店数	3.5	3.7	2.4	3.5	2.3

(出所) 通商産業省編 1995, p.199。

小売部門についてみると、欧米諸国に比べて店舗密度つまり人口当たりの小売店舗数が多い（通商産業省編 1995, p.199）。同時に生業的で生産性のきわめて低い個人商店を中心とする中小零細小売店（以下、中小小売店）が広範に存在

している[2]。このような特徴は，生鮮食料品などにみられる多頻度小口購買行動，きめ細かなサービスの要請，人間関係を重視して最寄の小売店を利用するといった日本の消費者の購買行動パターンに適合するものである。他方では小売業の開業や営業の容易さ，分散的かつ零細的な消費者の存在，小売業の兼業的経営や副収入的経営などの小売経営条件といった，わが国の歴史的・文化的な諸要因と密接に関連するものである。ともあれ，日本の生業的な小売店舗数の過多性が，その裏面の関係として，店舗規模の零細性といった構造的特徴につながり，それがまた小売業の低生産性の要因となっているのである。

次に卸売部門についてみると，小売部門と同様に店舗密度つまり人口当たりの店舗数が多い（通商産業省編 1995，p.199）。これは，わが国の国土が島国であるという地理的条件も加わって，多数の中小小売店の広範な存在が多数の卸売業の存在を必要としているからである。また，流通経路の多段階性ないし迂回度を捉える尺度としてのＷ／Ｒ比率が他の先進諸国と比べて著しく高い。すなわち，メーカーから小売業への直売はほとんどなく，百貨店やスーパーなどの大規模小売業も卸売業を通して購入することが通例になっており，多くの商品が 2 段階ないしそれ以上の卸売段階を経由して流通している。このことはまた，小売段階が 1 段階であるので，流通経路の長さは常に卸売段階数の多少によって規定されるかぎり，日本の卸売部門は複雑で長い多段階的構造となっているのである（鈴木 1997，p.53）。

2. 流通システムの閉鎖性・独占性

閉鎖的な日本の流通システムとして最も特徴的なものは，寡占メーカー主導型の流通系列化である。流通系列化とは，「製造業者が自己の商品の販売について，販売業者の協力を確保し，その販売について自己の政策が実現できるよう販売業者を把握し，組織化する一連の行為」（野田 1980，p.13）である。

この寡占メーカーによる流通系列化は，主として自動車・家電・医薬品・化粧品など製品差別化の進んだ消費財分野においてみられる。現実に遂行されている流通系列化手段としては，再販売価格維持契約，一店一帳合制，テリトリ

一制，専売店制といった販売業者を直接的に拘束する手段のほか，差別的リベート制，店会制，払込制，委託販売制などの間接的な手段がある。これらの手段のうち流通系列化の狙いを最も端的に体現しているのは，専売店制と再販売価格維持契約であるが，これらの手段が単独で行使されることは稀であり，それらを巧妙に組み合わせることによって，強固な拘束体系を形成していることが多い。

いずれにせよ，これらの流通系列化手段は，市場支配力を背景とする寡占メーカーが契約を通じて販売業者の自由な取引を排他的に制限し，流通末端での価格拘束と販路確保をめざすためのものである。これら流通系列化手段の中には，価格競争を忌避する非効率的な中小販売業者の利害と一致するものもあり，それどころか，寡占メーカーの巧妙な主導によって，寡占メーカーと販売業者との間には，運命共同体的な結束さえ見出されるのである（鈴木1985, p.208）。

ともあれ，寡占メーカーによる流通系列化は，生産から消費にいたるまで自社製品の流通や価格を管理するために，販売業者を系列化して，マーケティングを貫徹していくものである。その場合，寡占メーカーは規模の経済性と製品差別化に基づき，その流通支配力を行使して販売業者を支配・管理する関係にあるが，同時にまた日本型取引関係や日本型取引慣行を媒介として利益共同体的性格をもっている。

第3節　日本型取引

今日の企業間取引においては市場取引と組織的取引がみられるが，日本の企業間取引は，取引当事者の1回かぎりの市場取引によって行われるというよりも，長期継続的取引あるいは組織的取引によって行われているところに特徴がみられる。それと同時に，そこでの取引は，品質・サービスへの高い要求，納期の厳格性，特殊な売買契約，手形による決済（売手負担の金融）など多様な条件が要求される。つまり，日本の企業間取引にみられる日本型取引は，組織的取引関係を基盤とする多様な取引条件が要求される取引関係であり，さらに

義理,個人的信頼関係,顔なじみといった社会的特質によって補完されている（田村 1986, pp.9-10）ことに特殊性がみられる。そこで,日本型取引の特徴を取引形態と取引条件から考察してみよう。

1. 日本型取引の特徴

　日本型取引を特徴づける企業間取引は,人的活動に依存する度合いが強く,個人的な信頼関係が非常に重要な役割を演じている。つまり,日本型取引は経済的合理性に基づく透明度の高い契約関係というより,共同体・小集団にみられる個人的な信頼のうえに成り立つ人間関係に重きを置くものである。たとえば,自動車や家電製品の販売業者に対してメーカーが資本参加をベースとして役員を派遣する人的結合関係,商取引に際しての紹介者の必要性,社用のための個人的交際などといった個人的な人間関係の重視は,一種の長期継続的な組織的取引関係を志向するものである（岩永 2001, p.191）。

　次に,少数の取引相手と固定的な関係を結ぶことが基本原理となっている。日本には歴史的に取引先を特定企業集団に絞るという企業グループ内取引が存在し,特定の企業グループ内での取引頻度を高め長期継続的な取引関係を形成している。このような企業間取引の長期継続的関係は,企業にとって長期的計算のうえに基づいて経営していくために必要なことであり,さらに株式所有や役員派遣などが企業間関係を固定化させる手段として多くの企業で行われている。実際,日本の取引関係には,メーカーと販売業者の双方に短期的な視点よりも長期的な視点から取引の継続性を求める風土がある（鈴木 1992, pp.280-281）。また,いったん取引関係が成立すると,それが契機となって長期継続的・安定的取引が維持される傾向にある。つまり,この長期継続的取引は,取引当事者間で一連の取引が将来において続行される予定を含んでいる長期継続的取引である。

　さらに,取引に際して契約書が作成されなかったり,契約が存在しても形式に留まることが多い。もともと契約条項が厳密性を欠いているために,商取引に際しては意見交換とその後の状況を考慮に入れながら柔軟に契約の解釈が行

われている（丸山1990, p.63）。

ともあれ，日本型取引は，人的な信頼関係を前提に必ずしも契約書によらない暗黙の契約のもとに，特定企業との固定的な取引関係で結ばれた長期継続的・安定的な取引を重視する組織的取引を特徴としている。

2. 日本型取引の条件

日本型取引の特徴である組織的取引は，それを基盤とした信頼関係に基づく多様で厳しい取引条件を不可欠としている。まず，日本の消費者の品質やサービスに対する厳しい要望に応えるために，取引条件として品質やサービスに対する厳しい要求が突き付けられる。たとえば，消費者は機能上まったく影響のない疵であっても新品との交換を要求したり，故障の際の迅速な修理や自宅までの迅速な配達を要求し，特に贈答品について過剰な包装と配達の厳格さに対する要求が強い。このことはまた，わが国の商品配達の特徴である多頻度小口配達と関連している。このように，日本の商取引に求められる高い品質とサービス水準は，顧客の信用を獲得する，いわゆる「のれん」の役割を演じ，それによって競争のうえで優位な立場に立つことができる（岩永2001, p.192）。

次に，納期の厳格性が要求される。わが国における小売業の低い在庫水準や消費者ニーズの品質・サービスに対する厳しい要求のもとで，商品を安定的かつ迅速に供給するためには納期の厳格性が要求される。その意味では，品質や数量は納期と密接な関係にあるといえる。つまり，高い品質水準の要求は，短い在庫期間を要求し，短い在庫期間は納期の厳格性を要求する。したがって，納期の厳格性は市場での商品売り逃しを回避したり高い品質水準の要求に対応することができる（村上2000, pp.43-45）。

また，取引条件の多様性のもとで事後的な価格調整が行われている。わが国における商品の標準的な価格は，メーカーが自社商品に希望小売価格を設定し，それを基準にして流通各段階の取引価格が設定される，いわゆる建値制が慣行化している。この希望小売価格は，メーカーと販売業者との間の「共同利益の最大化」を志向するための協調行動であり，希望小売価格を維持しながら多様

な取引条件をはたすことによって事後的に利益を調整する方法として商品販売後に支給されるリベート制が慣行化している（岩永2001, p.193）。

さらに，一部の業界でリスク回避のための特殊な売買契約慣行が行われている。市場取引は原則として買取仕入であるのに委託仕入や消化仕入といった返品条件付の仕入形態，つまり返品を正統化した仕入形態が慣行化している。委託仕入の場合，納入された商品の管理や労働負担は，買手側が行う。消化仕入の場合，売場での商品の管理や労働負担は，売手側が行い，その場合，しばしば派遣社員が要請される（岩永2001, p.193）。

そのうえ，長期的な代金決済が行われている。日本では商品の取引時に現金で代金決済が行われることは少なく，締日後数カ月払いの手形という代金決済が慣行化している（田村1986, pp.134-135）。このように，日本の企業が取引相手に要求する取引条件は極めて多様であり，それは単なる商品の売買を超えた種々の付帯サービスの提供を含んでいる。

ともあれ，日本型取引は組織的取引と取引条件の多様性という2側面の相互作用関係に特徴づけられている。しかしまた，日本型取引は長年にわたって企業間取引において形成されたものであるだけに役割と課題を含んでいる。そこで，日本型取引の役割をみていこう。

3. 日本型取引の役割

日本型取引の長期継続的な組織的取引は，次のような役割をはたしている。第1に，長期継続的取引による情報や知識の共有化によって，市場ないし需要動向に関する不確実性を減少させ，残存する危険を効率的に分担しようという効果が働いている（丸山1990, p.64）。

第2に，取引関係を継続する過程で形成された相互理解や取引に関わる情報や知識の蓄積によって，コミュニケーション・コストをはじめとする取引コストが節約される（丸山1990, p.64）。つまり，取引が数次ないし継続的に行われ，しかも取引相手が特定されている組織的取引は，取引を通じてさまざまな情報や知識が蓄積され，情報収集に関する規模の経済性を発揮することができる（伊

藤・松井 1989, p. 29)。

　第3に，長期継続的な組織的取引によって協調関係が発生しやすい。一般に，市場取引における交渉は，取引当事者間における協調動機と衝突動機からなるゲームといわれているが，組織的取引においては，取引の衝突的側面が潜在化し協調的側面が顕在化する傾向にある。それは，取引の基礎になっている組織が取引当事者間での機会主義的行動を弱めたり，情報の偏在を克服したりして，互酬関係をより発展させるからである[3] (田村 1986, p.136)。

　第4に，組織的取引に基づく情報の共有化により経済活動に対する巧みな連携プレーが生み出される。たとえば，メーカーと販売業者の情報の共有化による連携プレーは，販売業者にとっては，消費者への的確な情報提供によりブランドイメージの向上や在庫管理につながり，結果的に商品の販売促進に貢献している。他方，メーカーにとっては，小売業者から消費者ニーズをフィードバックすることにより，メーカーの製品計画に反映させることができる。そのうえ，緊急事態にも柔軟に対応できる。つまり，企業が日常の経済活動を行っていくなかで，予想もしなかった突発的な事態が発生した時，企業間の長期継続的な取引関係によって，柔軟な対応が可能となり危機発生にもうまく対処することができる (西島 1997, pp.57-58)。

　第5に，取引主体間における支払いないし決済を長期的視点から柔軟に行うことができる。長期継続的な取引を前提とするならば，一回一回の取引ごとに支払いをする必要がなく，支払いをまとめて後に回したり，価格が変動する状況においても支払いを安定化させたり，さまざまな対応が可能となる。つまり，長期継続的取引においては，長年の取引信用に基づき長期的視点での決済や勘定を合わせることが可能であり，短期的な決済の煩雑さからも解放される。このような決済や支払い方法の調整は，また取引主体間での保険的役割や資本市場の役割などをはたすことにもなる (伊藤・松井 1989, p.31)。

　第6に，組織的取引は，市場取引に比べて競争が制限され効率性が劣ると考えられがちであるが，しかし少数者の競争が不特定多数の競争より，「管理された競争」ないし「顔の見える競争」[4]として激しい側面もある。特に「顔の

見える競争」は，競争の過程でお互いの特性がライバル間でよく観察され，それが競争意欲を高めることにつながる（伊藤・松井 1989, pp.37-40）。

このように日本型取引としての長期継続的な組織的取引は，一定の合理的な経済的機能（役割）を有し，今日でも日本の流通システムにおける主要な取引形態として存在している。しかし他方では，競争制限的な側面をもつことからアウトサイダーや海外企業にとっては参入障壁とみなされるなど，次のような課題を抱えている。

4. 日本型取引の課題

日本型取引としての長期継続的な組織的取引は，競争制限的な側面をもつことから多くの課題が指摘される。まず，新規参入が困難で参入障壁として作用している。日本型取引は，参入阻止の戦略的動機がなくても結果的に参入阻止効果が働いている。つまり，新規参入者が既存の取引相手より単に効率的に取引を行うというだけでなく，取引変更に要するコストもかかる。しかも長期継続的な取引関係のなかで蓄積された無形資産や関係特定的な投資が取引関係からの離脱を阻止するように作用する（丸山 1992, p.174）。とりわけ，日本型取引は，個人的な信頼関係を重視した人的な接触頻度の高いことから，取引担当者の所在地間の距離，言語の相違，文化の相違の程度によって参入障壁ないし参入費用が高くなる傾向にある（田村 1986, p.143）。したがって，外国企業が日本企業との取引に参入する場合には，これらの要因に加えて情報の不足やリスクの高さなどからいっそう厳しいものになっている。

次に，垂直的な協調行動が働き，競争が制限される傾向にある。日本型取引としてメーカーと販売業者との垂直的な長期継続的な取引関係は，取引における情報・探索コストの節約，支払いの柔軟性，連携プレーによる柔軟な対応などのメリットがあり，メーカーと販売業者の双方による長期的な視点から取引の継続性を求める傾向が強い。そのために，いったん出来上がった協調的な取引関係は硬直的かつ閉鎖的な性格をもつことになり，結果として競争制限的に作用している。

また，水平的な協調行動の基盤となる可能性も指摘できる。少数の固定化された経済主体間の水平的な協調行動は，外部からの競争圧力が働きにくくなり，水平的な「なれあい」ないし「もたれあい」構造や横並び意識などによる協調行動をとる危険性がある。そこでは，競争は存在するが，それは限られた範囲で行われる「管理された競争」ないし「顔の見える競争」関係にあるために，意図的に競争を取り止めたり，結束して新規参入者の締め出しをはかったり，脱落者が出ないように助け合ったりすることもありうる。このような「もちつもたれつ」の関係を温存することになれば，効率的な取引が阻害される（西島 1997, pp. 59-60）。

　さらに，企業の経営姿勢が安易になり自助努力による合理化・効率化の意欲が喪失されることも考えられる。既述したように，日本型取引は，新規参入を困難にするばかりでなく水平的・垂直的な協調行動をとる危険性がありうる。つまり，特定企業グループが「共同利益の最大化」のための競争制限的な協調行動に陥りやすく，企業の自助努力による合理化・効率化が損なわれる側面もある。

　そのうえ，最終的には消費者の利益が侵害される。消費者利益とは消費者選択の自由という消費者の権利が発揮されて獲得される経済的利益であり，購入先が自由に選択でき，それにより良質で安価な商品やサービスを購入できることである（鈴木 1992, p.280）。この消費者利益は，市場取引による競争メカニズムが有効に作用しているかぎり実現される。

　ともあれ，日本型取引は，あくまでも企業間の取引関係にみられる特徴であり，消費者との取引とは範疇を異にしている。つまり，企業と消費者との取引は，あくまで市場取引が原則的である。したがって，日本型取引の長期継続的取引に基づく協調行動は，競争制限的効果が働き，「共同利益の最大化」のための高価格に設定・維持された希望小売価格ならびに特定企業グループによる限定された商品供給によって消費者の利益が侵害されているのである（岩永 2001, p.219）。

第4節　日本型取引慣行

　流通システムにおける取引活動や行為がさまざまな環境条件のなかから一定の合理性をもって形成され慣行化されたものを取引慣行と規定するならば，日本においては建値制ないし希望小売価格制，リベート制，返品制，各種協賛金制，輸入総代理店制，派遣店員制などの取引慣行がみられる。これらの取引慣行（商慣行）は，欧米においても類似のものがみられるが，日本のそれは特殊なものとして日本型取引慣行と呼ばれている。
　流通システムの特徴のひとつは，そこで活動する経済主体間に外部効果が強く作用しているということである。たとえば，小売段階における商品価格の設定，アフターサービスの遂行，商品の品揃えや陳列などは，メーカーとの売買関係だけでなく，商品のブランドイメージ，メーカーと他の小売店との関係などにも大きな影響を及ぼすのである。このような外部効果が働く場合，メーカーは単に商品を一定価格で取引するだけでなく，販売業者の活動に誘因を与えるために，各種のリベートを供与し，高マージンを保証するための小売価格をコントロールするような取引慣行を遂行するのである（伊藤・松島・柳川 1991, p.133）。
　このような取引慣行は，高度経済成長期に定着化したものが多く，主としてメーカーのマーケティング戦略に関連して展開されている。とりわけ，わが国特有の取引慣行の多くは，従来からメーカーが販売業者に対して供与してきた各種のディーラー・ヘルプス（販売店援助）に関わるものであった。それは，もともと経営基盤の弱かった販売業者を援助するものであったが，次第に販売促進の動因としてもちいられ，家庭電器・化粧品・自動車・石鹸や洗剤などをはじめ製品差別化が進んだ消費財産業においてメーカーの流通系列化の手段として利用されている（小林 1990, pp. 51-52）。そこで，日本の取引慣行の典型的なものとして希望小売価格制，リベート制，返品制につい考察していこう。

1. 希望小売価格制

　日本においては，メーカーが自社の商品に卸売や小売の流通段階ごとに標準的な価格を設定し，これに準拠して実際の取引が行われる，いわゆる建値制が広く慣行化している[5]（田島 1988, p.49）。この建値制のうち流通末端における小売価格がメーカー希望小売価格（標準小売価格）である。

　希望小売価格の役割として，メーカーにとっては自社製品のもつ価値を価格という形で消費者に直接的にアピールすることができ，商品を選択する際の目安を提供するということで販売戦略的にも重要な手段になっている。次に，販売業者にとっては販売価格の設定や仕入価格の交渉を容易にするなど，取引業務を行ううえでの目安となっている。また，価格訴求型小売業者にとっては商品の低価格を端的に消費者に訴えるうえでの有効な手段となっている。さらに，消費者にとっては商品の価値に関する情報源として商品の選択を行う際の目安となっている（田島 1988, p.49）。

　しかし，希望小売価格は再販売価格維持契約に代替しうる効果をもつものとして登場してきたものであるだけに，①希望小売価格が高価格に設定されている。②希望小売価格が下がることはほとんどなく，希望小売価格は硬直化する傾向にある。しかも，販売業者の依存体質が希望小売価格の硬直性を強化する傾向にある。③希望小売価格と実売価格との乖離に問題がある。その場合，消費者に的確な情報を提供するという役割が失われ，消費者の利益が侵害されるなどの問題があげられる（岩永 2001, pp.199-200）。

2. リベート制

　リベートとは，語源的には「割り引く (rebaten)」から派生したもので，商取引にあっては「割戻し」の意味で，いったん売手が代金を徴収したあとでその一部を買手に払い戻すことである。その意味において，リベートは，自社製品の販売に協力してくれた販売業者に対するメーカーからの後払い方式の謝礼金ないし報奨金といえよう（小林 1990, p.53）。

　日本のリベートは，さまざまな目的のために支給され，多面的な役割をはた

している。リベートは、取引量や支払条件のほか取引関係の密接度（頻度）などが考慮されて個々の交渉によって、いわばその時々の状況に応じて恣意的に決められるために、リベート支給の明確な基準が存在していない。その特徴は、メーカーによって支給されるリベートが単に販売促進に対する報酬の域を超えて、差別的利益誘導により販売業者を統制するための手段としてもちいられていることである。つまり、メーカーが販売業者の協力度ないし忠誠度の度合いに応じて支給する差別的リベートこそがわが国特有のものとして特徴づけられるものである（鈴木 1992, pp.285-286）。

　リベートの企業間取引における役割は、①基本的にはメーカーに対する販売業者の協力度あるいは忠誠度をはかるものとなっている。そのために、販売業者にとっては協力度や忠誠度の度合いに応じてリベートの支給が左右されるので、その意味では「アメ」と「ムチ」の役割をはたしている。メーカーにとっては協力や忠誠を取り付けるためのインセンティブの役割をはたし、それによって自社商品の販売促進や価格維持などに貢献している。②販売業者との長期的取引のなかで、信頼関係を打ち立てるための効果的なコミュニケーションの手段となっている。③小売段階での値崩れなど市場条件の変化に際して、「事後調整金」としての役割をはたすなど、メーカーの価格戦略を弾力的なものにしている（小林 1990, p.54）。

　しかし、日本のリベートは、競争制限的に作用し、流通の合理化や新規参入を阻害することによって、消費者にとって次のような問題をもっている。①リベートが希望小売価格を補完する機能のために小売価格の硬直化の原因となっている。②リベートが値引き競争を引き起こし、希望小売価格と実売価格の乖離が生じ、商品価格に対する消費者の信頼が失われる。③リベートは販売促進を目的としたメーカーと販売業者の利益増進とその利益分配にもちいられ、安価な商品購入を望んでいる消費者の利益に背いている。④リベートの固定化は、販売業者にとっては既得権益化しリベートへの依存度を高め自主的な経営努力が損なわれ、メーカーにとってはリベートの固定化による固定費用の増加となり、結果的には消費者の商品価格に転嫁されることになる（小林 1990, pp.55-56）。

3. 返品制

　返品制とは，卸売業者または小売業者が納入を受けた商品を再びメーカーや納入業者に返却する制度である。日本では買取仕入の場合や不良品などの正当な理由がない場合でも，売れ残り品を仕入先に戻すという返品の慣行がみられる。なお，欧米諸国にも返品は認められているが，通常は消費者からの返品であり，不良品でも欠陥品でもないものを売れ残ったからといって，メーカーや納入業者に返品する制度は行われていない（矢部・山田 1996, p.46）。

　このような返品制[6]が定着した背景には，小売業における品揃えや販売力の不十分さ，需要を超えたメーカーの過剰な売り込みなど，メーカーと小売業の双方の複雑な事情のもとに，当初は限られた分野で例外的に行われていた。しかし，次第に日本社会に定着しその範囲を広げながら今日の企業間取引における基本的慣行として行われるようになったのである（鈴木 1992, p.283）。

　返品制は企業的視点から次のような役割を担っている。①返品制によって小売業の仕入リスク（売れ残りリスク）が回避ないし軽減されることになる。②メーカーの新規参入を促進する機能をもっている。③商品の需給を調整する機能をもっている。④豊富な商品の品揃え機能を充実することができる。この豊富な品揃えは消費者の利益にも貢献している（岩永 2001, pp.203-204）。

　このように，返品制の慣行は，一種のテスト・マーケティングとして商品の需給調整機能や新規参入促進機能などをはたしているが，他方では次のような問題があげられる。①返品制の慣行によって小売価格が割高になるように設定される傾向にある。②市場価格の硬直化をもたらす傾向にある。③返品制の慣行によって小売店の経営姿勢が安易になり，自助努力による合理化の意欲が喪失する。④返品制においては，取引当事者間で責任とリスクをどのように負担するかが不透明であるため，取引当事者間の力関係に左右されやすい（岩永 2001, pp.204-205）。

　いずれにせよ，わが国の返品制は，消費者の視点からは品揃えの充実をはかる点においてメリットとなっているが，小売価格の上昇ないしその価格の硬直化といったデメリットをもたらし，国民経済的にみても大きなロスとなってい

る。また取引当事者間で責任のリスクをどのように負担するかが不透明であるため、取引当事者間の力関係に左右されやすい。したがって欧米先進諸国からみると、極めて不合理な取引慣行として認識されている。

注

1) 日本型流通システムという用語は、田村正紀によれば、「国際比較の視座からみて、特殊な流通システムとしての日本流通システムである」と言及している。本章でも日本型流通システムはこの意味で用いる（田村1986, p.10）。
2) 中小小売店の存在の理由として、田村正紀は次の点をあげている。
　　第1に、医薬品・酒類・米穀・煙草等における免許・許可制や中小企業優遇税制のごとき、他の経済発展国にはあまりみられない制度的初期条件が存在していた。第2に、高度経済成長期において、市場スラック効果が中小小売店の広範な存在に貢献した。第3に、高度経済成長期において発展した寡占メーカーの流通系列化が、中小小売店の広範な存在を保障した。第4に、先進諸国には例をみないほどの大店法等による厳しい大型店規制が制度的措置として存在していた（田村1986, p.380）。（詳細は、本書第4章第2節参照）
3) 相互依存的あるいは共同体的な社会においては、継続的な取引が維持されやすく、協調的な関係が生まれやすい。狭い閉鎖的な社会においては、同じ人々が接触する機会は多く、長期的な関係を保つことは重要なことであり、日本の企業社会ではこのようなメカニズムが働いている（伊藤・松井1989, p.34）。
4) 「顔の見える競争」は、その他に序列競争の性格を強く持つということや退出と告発の比較による競争メカニズムもあげている（伊藤・松井1989, pp.38-39）。
5) 建値制とは、広義にいえば、売主が事前に設定して発表する商品の価格体系のことであって、現実の取引の際の標準になったり、参考になったりするものである（川越1989, p.9）。
6) たとえば、アパレル製品・書籍・医薬品を典型として、加工食品・日用品雑貨の分野を含む広範囲な分野にわたって返品制がみられる（丸山1990, p.64）。

参考文献

（1）伊藤元重・松井彰彦（1989）「企業日本的取引形態」伊藤元重・西村和雄編『応用ミクロ経済学』東京大学出版会。
（2）伊藤元重・松島茂・柳川範之（1991）「リベートと再販価格維持行為」三輪芳朗・西村清彦編『日本の流通』東京大学出版会。
（3）岩永忠康（2001）「日本型取引と取引慣行」安部文彦・山本久義・岩永忠康編著『現代マーケティングと流通』多賀出版。

（4） 川越憲治（1989）「日本的商慣行と独禁政策」『公正取引』No.467。
（5） 小林逸太（1990）「日本的価格形成とリベート制度」『ジュリスト』950号, 有斐閣。
（6） 鈴木武（1985）「流通政策の日独比較」バッツァー・鈴木　武編『流通構造と流通政策－日本と西ドイツの比較―』東洋経済新報社。
（7） 鈴木武（1992）「日本型取引慣行と消費者利益」バッツァー・ラウマー・鈴木武編『現代流通の構造・競争・政策』東洋経済新報社。
（8） 鈴木武（1997）『流通政策の潮流と課題』佐野書房。
（9） 鈴木武（1999）「日本型流通システムの規定要因」安部文彦・森泰一郎・岩永忠康編著『日本の流通システム』ナカニシヤ出版。
（10） 鈴木武（2002）「現代流通の位置づけと特性」鈴木武・夏　春玉編著『現代流通の構造・競争・行動』同文舘。
（11） 田島義博編（1988）『メーカーの価格政策と競争―メーカーの希望小売価格の実態と問題点－』公正取引協会。
（12） 田村正紀（1986）『日本型流通システム』千倉書房。
（13） 通商産業省編（1995）『21世紀に向けた流通ビジョン－我が国流通の現状と課題－』通商産業調査会。
（14） 西島博樹（1997）「日本型取引の特徴と問題点」鈴木武・小谷正守編著『現代流通のダイナミズム』晃洋書房。
（15） 野田実編著（1980）『流通系列化と独占禁止法－独占禁止法研究会報告－』大蔵省印刷局。
（16） 丸山雅祥（1990）「日本の商慣行と返品制度」『ジュリスト』950号, 有斐閣。
（17） 村上恭一（2000）「日本型取引関係の構図」高嶋克義編著『日本型マーケティング』千倉書房。
（18） 矢部丈太郎・山田昭雄（1996）「マーケティングと競争政策」矢部丈太郎・山田昭雄・上杉秋則監修『流通問題と独占禁止法（1996年度版）』国際商業出版。

第11章　日本の流通政策

はじめに

　現代の社会経済の変化にともなって流通システムは大きく変化している。現代の流通システムを変化させている背景・要因には，成熟化社会・国際化社会・情報化社会への進展，情報・物流における技術革新，経済・流通に対する政府の経済・流通政策の在り方などがあげられる。

　本章は，流通政策の基本的な考え方と日本の流通政策の基本的特徴について考察する。そこで，第1節では，流通政策の概念を述べたうえで，政策主体としての国家の役割について説明する。第2節では，流通政策形成のメカニズムやその政策主体と動機について説明する。第3節では，経済政策の目標や流通政策固有の目標とその評価基準について考察する。また，第4節では，日本の流通政策の特徴とその体系について説明する。第5節では，日本の流通政策の転換について考察する。

第1節　流通政策の概念

1．流通政策の概念

　流通政策とは流通を対象とする公共政策である。したがって，第1に流通政策は経済の部分領域である流通を対象とするものであり，第2に流通政策は公共政策の部分領域である（鈴木1998, p.1　岩永2009, p.9）。そこで，このような流通政策の概念規定について立ち入ってみることにしよう。

　第1の政策対象としての流通についてみると，流通とは商品の生産から消

費にいたる継起的段階であり，商品が生産者から消費者へ移転する現象ないし活動である。これを機能的視点からみると，流通は商品の生産と消費との間の懸隔を人的，場所的・時間的に架橋する活動といえる。この流通は，人的懸隔の架橋に焦点を合わせれば，商品の所有名義ないし所有権の移転に関わる商的流通（取引流通）であり，場所的・時間的懸隔の架橋に焦点を合わせれば，商品の運送・保管に関わる物的流通である（鈴木1998, p.3 岩永2009, p.10）。

流通は，多くの生産者によって生産された多種多様な商品を多様な消費者の需要に対応させるという商品需給調整の役割を担っている。この流通は，商業や流通機構によって遂行される活動としての社会的機能（役割）に注目する機能的視点に立脚した行動的側面，また生産者と消費者の間に卸売業者や小売業者が継起的・段階的に介在し流通機能を担当する制度体（組織体）に注目する制度的視点に立脚した構造的側面という2つの側面から捉えることができる。

このことはまた，流通政策の対象が商的流通と物的流通を含んでいることを意味する。したがって，流通政策は，生産と消費との間の懸隔を架橋して商品の効用を高める経済活動としての機能的視点とともに，このような流通機能を担当する商業や生産者の販売活動などの制度的視点からも政策対象とするものである（岩永2009, pp.10-11）。

第2の公共政策としての流通政策についてみると，政策とは，特定の目標を実現するための手段の決定についての指針や方策である。この政策は，その政策主体によって，国家等による財政政策・物価安定政策・金利政策といった公共政策と，個別経済主体である私企業による経営戦略やマーケティング戦略といった企業政策とに大別される。しかし，狭義には，国家とりわけ中央政府によって遂行される公共政策を意味する。つまり，公共政策は公共の利益すなわち社会全体の利益に寄与することを目的とした政府の政策である（岩永2009, p.11）。

この公共政策は，その政策主体・対象・目的などによって，経済政策，社会政策，文化政策，環境政策，防衛政策，厚生政策などさまざまな政策に分かれる。そのうち経済政策は，生産を対象とする生産政策，流通を対象とする流通

政策，消費を対象とする消費・消費者政策などに区分される。このうち流通政策は，公共政策のうち主として経済の部分領域としての流通を対象とする政策である。

現実の流通政策は，経済の流通領域において生起する諸矛盾ないし諸問題を解決するために，政府によって策定され遂行される経済政策であり，その一部は社会政策や総合政策の領域にまで及んでいる。なお，流通政策の当面の課題は，まず現実の流通部門において生起する当面の諸矛盾ないし諸問題を解決することにある。さらに現実の流通部門に対してより広範な視点から新たな流通部門あるいは流通システムを方向づけることも重要な政策課題となっている。

また，流通政策と商業政策との関係については，両者を同一視する捉え方があるが，厳密にいえば，流通政策は，卸売業や小売業のみならず生産者の販売活動や物的流通活動も政策対象に含まれる。これに対して，商業政策は，卸売業や小売業など商業そのものを政策対象とするものであり，流通政策ほどの政策領域の広がりはなく，いわば流通政策の部分領域であり，その意味では狭義の流通政策といえよう（鈴木 1998, pp.2-3　岩永 2009, pp.12-13）。

2. 政策主体としての国家

資本主義経済は市場経済に基づく自由な経済活動を基本理念としている。つまり，契約の自由，所有権の自由，人格の平等などを基本原則として，自由な経済活動を最大限に保障する体制である。そこでは，資源配分についての意思決定が個別目標を追求する経済単位によって分散的に行われ，それらの個別の意思決定が市場機構を通じて相互に調整される仕組みになっている（村上・熊谷・公文 1973, p.255）。したがって，初期の資本主義経済においては，国家（政府）の活動が，国防・治安や公共事業などの一部の経済活動を除いて，市場経済の制度的枠組みの形成と維持に関する活動に限定されていた。その意味では，国家の活動はきわめて受動的かつ消極的なものであった[1]。

他方，後発資本主義国としての日本においては，かつて殖産興業の旗印のもとに推進されたように，国家が産業政策のもとに経済発展の推進者ないし支援者と

して積極的に経済活動に介入してきた。つまり，国家は経済秩序の維持と経済の持続的・均衡的な発展をはかるために，産業の保護・育成のもと商品の生産・流通・消費にいたる経済活動に直接規制・統制を加えることによって積極的に産業政策を推進してきたのである（岩永2009, pp.13-14）。したがって，資本主義経済における国家の活動は，市場経済の制度的枠組みの形成や維持に関する活動と経済過程の実質的内容への介入を含む活動に大別することができる。

しかしながら，資本主義経済の発展過程においては，市場における自由な競争を通じ，資本と生産の集積・集中に基づいた寡占化の進展，カルテル的な協調関係の形成など市場機構の内部においてさまざまな市場競争の制限と市場支配が行われ，それによって市場の自動調整作用が十分に機能しなくなり，いわゆる「市場の失敗」が発生した。そのため国家（政府）にとっては，市場の失敗を解消しながら資本主義経済の均衡的な発展をはかることが不可欠となった。

そこで，現代の寡占経済における国家は，経済活動に対する積極的な役割をはたすものとして位置づけられ，本来の市場機構に国家の計画機構が含まれる混合形態をとるようになった（岩永2009, p.14）。つまり，現代の資本主義経済は，経済活動への国家の介入が制度化され，寡占経済と国家の政治過程が不可欠に結合した政治的かつ経済的システム（岡田1983, p.85）となっており，混合経済体制として特徴づけられ，経済問題の調整機構として市場機構のみならず計画化機構をも含む混合形態をとっている（中村1983, p.35）。

なお，流通部門における市場の失敗とは，生産と消費を媒介する流通の社会的機能が有効に遂行できないような事態であり，技術革新に基づく生産構造の変化や消費者の価値観・ライフスタイルの変化に基づく消費構造の変化といった，流通を取り巻く環境要因の変化に対する流通部門の適応の遅延性や困難性が発生することである。また，流通部門それ自体の内部に起因する種々の支配・拘束システムや不合理な取引関係ならびに取引慣行などによって，流通部門での競争が著しく歪められることである（鈴木1998, p.6）。そのために，現代の流通政策は，政府の介入・規制によって，市場機構の有効性を維持しながら，市場の失敗に対応して市場機構を補完する政治的調整機構として，現代の流通

機構において重要な役割を演じている。

第2節　流通政策形成のメカニズム

1. 政策形成のメカニズム

　流通政策は，公共政策の一環として流通部門において生ずる諸矛盾ないし諸問題を解決するために，政府によって策定され遂行される社会経済政策である。この流通政策の形成過程は，流通問題に対する政策主体としての政府の認識や望ましい流通部門のあり方についての政策的配慮といった政府の態度や行動に規定されながら，生産構造や消費構造といった流通部門を取り巻く経済的条件ならびに政策形成や政策実践に圧力をかける各種利害集団の影響力の程度としての政治的条件といった，そのときどきの経済的・政治的な状況を反映している（鈴木 1985, pp.203-204）。

　公共政策の対象として政策課題が政治問題化するのは，政策主体である国家（行政）としての官僚機構が経済環境の変化によって発生する諸矛盾ないし諸問題に対して政治問題として把握し，それらを調整し解決すべき審議事項として取り上げた場合である（大山 1986, p.55）。

　このような諸矛盾や諸問題を政治的に調整・解決すべき公的介入としての経済政策の形成過程は，政策主体としての官僚機構がそれに圧力をかける政党（政治家）や利益集団の利害を調整するメカニズムとして捉えられる。つまり「利益集団―政党―官僚機構」という政策主体（アクター）による行動関係ないし行動過程として理解できる。

　そこで，利益集団，政治家（政党），官僚（行政官僚）の基本的な行動パターンをみると，まず利益集団は，業界団体や事業者団体あるいは全国的な政治組織によって利益集団の組織化をはかり，資金や票をリソースとして，官僚（行政官僚）との定期的な接触，政治家（政党）との接触，頂上団体の形成と行政との制度的関係（審議会への参加）などを通じて政党や行政官僚に働きかける。次に政治家ないし政党は，自己の再選に必要な得票や資金をこれらの支持母体である利益

集団から受け取るとともに，その利益集団の代理人として行政官僚に対して法律や通達のなかにその要求を盛り込むように圧力をかける。さらに官僚（行政官僚）は，出世と予算の最大化に必要な情報や天下りポストをこれらの利益集団から受け取るとともに，その要求を代弁する部局や機関（審議会など）を設置したり，金融や税制上の優遇措置をとる（大山 1986, p.55）。

2. 政策形成の政策主体

　現代の国家機構においては，政策の決定は立法府としての国会，政策の実施は行政府，政策の維持・評価は司法府が担当しているが，基本的な政策を決定するのは国会やそれを構成する政治家である。したがって，政策形成ないし政策決定に直接関与するものは，政策主体（アクター）としての政治家である。

　しかし，今日の社会で発生する複雑多岐な政治・経済問題に対する現実的な政策決定において，政治家は政策の大枠を定めるだけで，行政官僚によって立案されたものに若干の修正を施し承認するのが精一杯である。そのために，現実的な政策決定の執行や解釈は，そのほとんどを専門的な行政官僚からなる官僚機構に委ねざるをえない。その意味では，政策原案の作成は官僚（行政官僚）によって行われ，その政策決定は政党（政治家）を通して国会で行われている（鈴木 1998, pp.7-8）。

　ともあれ，彼らは政策原案を作成し，これを公式に決定する役割を担っており，当該政策に利害関係をもつ利益集団の利害調整，提起された政策問題に対する理念的な解決案の両面を考慮しつつ政策を形成していくのである。その意味では，利益と政策理念（政策アイデア）が政策形成の基本動機となっている。

3. 政策形成の動機

　現代の社会では，各種の利益集団（圧力団体）が自分たちの利益を増進しようと政治的資源（手段）をもちいて，自己に有利になるように政治家や官僚に対して働きかけるという利益集団相互の駆け引きを通じて政策が決定されていく。その意味で，政策形成過程は，各種利益集団の調整過程ないし均衡過程と

して把握される。この場合の利益とは，富や権力，名声や自己擁護といった私的利益ないし自己利益のことを指している（内山1998, p.42）。

既述のように，利益集団である企業や団体にとっての利潤追求や団体擁護，政治家にとっての再選や党内競争での勝利，官僚にとっての出世や天下りポストや組織拡大などがあげられる。したがって，政策形成過程は，利益集団が自己に有利な政策の実現を目指して圧力をかけ，政治家が得票や献金の増大を期待してそれに応え，官僚が情報収集ないし権限拡大を目指して政策形成を進めるという各政策主体の行動の相互関係として捉えられる。

このように政策形成過程には，利益が中心的な動機として作用している。なお，利益には私的利益と公共の利益が考えられ，政府としての政治家や官僚は，公共の利益を実現することを自己の責務と認識して活動する。この場合，公共の利益の実現手段を具体的に提示するものが政策理念である。したがって，政治においては，公共の利益だけでなく，政策理念自体のもつ影響力もきわめて大きい。

なお，政府の活動といっても，単一のアクターが意思決定を行うわけでなく，省庁（行政官僚）間の対立，政党間の対立，行政官僚と政党の対立などにみられるように，公的アクターも多元的なものになっている。したがって，政策はこれらのアクター間の利益と政策理念の実現をめぐる相互作用として形成されるのである（内山1998, pp.41-44）。

第3節　流通政策の目標と評価基準

1. 経済政策としての流通政策の目標

流通政策が経済政策の部分領域であるかぎり，流通政策の目標は経済政策の目標と整合しなければならない。アロー（K.J.Arrow）は，経済政策の目標として経済安定，資源配分の効率化および分配の公正の3つをあげている（アロー 1977, p.160）。流通政策においても経済政策の諸目標のうち，資源配分の効率化および分配の公正といった政策目標が重要視されなければならない。たと

えば，流通部門での競争促進による流通機構の効率化によって，流通費用の引下げによる消費者利益がもたらされるであろうし，また流通部門での競争効果によって流通担当者間での公正な資源配分が実現されるであろう。

したがって，市場競争を維持・促進することにより，独占的な種々の特権や競争制限的な既得権を否認し参入障壁を除去することは，資源配分の効率を高めるためにも，また分配の公正を達成するためにもきわめて重要である。

要するに，市場における競争は，資源配分の効率化ならびに公正な分配を実現する有効な条件なのである。流通政策の目標もまた，基本的には，市場競争のもつこのような役割を肯定し，競争条件の維持・確保をめざすものでなければならない（鈴木 1998，pp.12-13，岩永 2009，pp.19-21）。

2. 流通政策固有の目標

流通政策は経済政策の部分領域であるが，流通政策に固有の政策目標も存在している。それは，流通領域によって遂行される流通活動の社会的経済性を実現することである。そのためには，第1に需要に適合した供給のための最適な流通機能の遂行を確保することであり，第2に流通活動の合理化を実現することである。その条件を実現するためには，第3に経済政策目標としての市場競争秩序が確保されなければならない。要するに，流通政策においては，商品の最適な需給調整，流通活動の合理化，流通部門における競争秩序の確保といった目標が基本となる（岩永 2009，p.20）。

このような流通活動の社会的経済性の理念は，社会的効率性と社会的有効性という2つの目標理念に大別される。流通活動の社会的効率性の理念は，社会的な流通機能の効率化であり，流通機能の向上による社会的流通費用の節約によって消費者価格の引下げを実現することである。他方，流通活動の社会的有効性の理念は，流通部門における競争を促進することによって，商品選択機会の拡大，労働力資源の配分の効率化，安定的商品供給を実現することである。

流通政策の基本目標である流通活動の社会的経済性の理念は，何よりも消費者優先の視点に立つものでなければならない。そのために当面の政策目標ない

し政策課題としては，第1に流通部門の合理化ないし簡素化によって社会的流通機能の向上をはかること。第2に流通部門における競争制限性ないし閉鎖的な取引関係や取引慣行の除去によって，消費者の商品選択の幅を拡大すること。第3に企業の価格競争回避志向の打破によって，消費者価格を弾力的なものにするとともに高物価水準を引下げること。第4に合理化志向あるいは効率化志向を企業に定着させながら，流通部門における利害調整をはかることなどがあげられる（鈴木1998, pp.14-16, 岩永2009, p.21）。

3. 流通政策の目的としての価値基準

流通政策の目的は，流通政策の目標を実現するための流通の「望ましい状態」を達成することにある。流通の望ましい状態の価値基準は，生産と消費の間の懸隔を架橋するという流通システムの社会経済的機能が効率的かつ有効的に発揮されているかどうかにある。いいかえれば，流通の社会的経済性としての社会的効率性と社会的有効性といった2つの目標理念が実現されるかどうかということである。

この望ましい流通のあり方を規定する価値基準ないし評価基準としては，社会的効率性として流通生産性ならびに社会的有効性として取引便宜性，配分平等性，競争公正性があげられる。さらに外部経済効果という社会的価値基準として社会環境保全性，都市機能などがあげられる（渡辺1999, pp.76-78）[2]。

第4節 日本の流通政策の特徴

1. 行政指導優先の保護的経過政策

わが国の基本的な経済政策は，傾斜生産方式に代表されるような少数の基幹産業を保護育成するという積極的な産業政策にウエイトをおく生産第一主義の傾向が強かった。たとえば，重化学工業に代表される戦略的産業に対してはその育成政策がはかられ，農業や流通のような国際的競争力の弱い産業にしては保護政策が加えられるなど，先端的産業の育成政策と伝統的産業の保護

政策との二面的な産業政策が推進されている（田島 1992, p.171）。特に流通・商業分野においては，生産部門の合理化や中小企業の停滞などにより生じた過剰労働力の吸収部門という役割をもって，産業政策を補完する二次的なものとしてわが国の経済を支えるとともに国民生活の安定化をはかるという，いわば社会政策的色彩が強いものであった（岩永 2009, pp.64-65）。

今日，世界で最も巧妙な誘導的市場経済とされている日本型混合経済は，資本主義発展の当初から一貫して日本特有の伝統的な経済システムを維持してきている。そのかぎりにおいて，わが国の流通政策も強力な権力体系に支えられた行政当局の策定する政策目標にしたがって，市場経済の方向を誘導するという行政的誘導経済が基本的な政策理念となっている。それだけに現実の経済主体の活動に，次のような影響を与えている。

第1に，行政官僚のリーダーシップによる企業や利益集団などに対しての誘導的な政策運営が公的介入の基軸になっているところから，自己責任原則を無視した温室的な保護体制が醸成されやすい。そのために企業や利害集団にとっては，自助努力による効率の達成よりも，政策的保護に安易に依存するという傾向が強い。

第2に，市場経済に対する政府介入が，広範かつ多岐にわたるばかりでなく，きわめて直接的である。しかも日本の流通政策は，市場経済に対する政府の基本的スタンスが曖昧であり，その時々の状況に応じて企業や利害集団に対する個別的な調整や保護が遂行されている。このために，現実の流通過程への直接的な公的介入は，恣意的に行われることが多く，競争市場の枠組条件の整備よりも経済過程への直接的介入という経過政策的志向が強くみられる。

このような政策理念に基づく流通政策は，その時々の政治的・経済的状況や各種利益集団の圧力の程度を反映した政策手段ないし規制・調整措置が講じられることが多く，したがって実施される政策の振幅がきわめて大きい（鈴木 1992, pp.209-210）。

2. 政策手段の体系性の欠如

　わが国の経済政策は，政策手段の体系に整合的脈略が欠如していることも特徴的である。ある政策体系が有効に成立するためには，第1に政策手段は政策目標に適合しなければならず，第2にある政策目標のために選択された手段は，同時に他の政策目標を阻害してはならず，第3に設定された諸政策目標は相互に背反してはならない（Weipert1953, SS.48-59）。つまり，政策体系を構成する諸要素それ自体が，統一性ないし一貫性をもつとともに，内的に矛盾するものであってはならない。しかし，わが国では，政策主体たる行政官僚が産業別に構成され，総合的ないし統一的に経済・流通を管轄する組織を有していないこともあって，経済・流通政策全体において政策整合性が欠如しているように思われる（鈴木1991, p.232）。

　流通政策は多様な次元の複合体である。それが有効に行われるためには，流通政策体系において内的にも外的にも整合性を保持していなければならない。しかし，流通政策内部での整合性は，流通競争政策とこれを補完する流通振興政策や流通調整政策などと論理的に相互矛盾に陥る危険性をもっている。また流通政策は，産業構造・雇用・金融・交通・中小企業など他の経済政策との整合性においても矛盾に陥ることがありうる。さらに最近では，社会政策や都市政策などとの学際的な整合性の問題も現実化している（荒川1989, pp.41-42）。

　日本の流通政策は，混合経済体制の基軸ともいうべき市場における競争秩序ないし競争法に対する政府当局の評価が相対的に低く，流通に対する政府介入の姿勢は，所轄官庁の違いによってかなり異なり，いわゆる政策間コンフリフトをしばしば発生させている。たとえば，公正取引委員会による流通系列化規制が，経済産業省（旧通産省）によって推進された流通効率化の政策的措置との間でしばしば衝突を起こすことがある。すなわち，かつて経済産業省（旧通産省）による流通効率化政策の一環として推進されてきた流通システム化政策が，独占禁止法による流通系列化の規制と衝突し，結果的には寡占メーカーの流通系列化をむしろ促進するという役割を演じたのである（鈴木1992, pp.210-211, 岩永2009, pp.66-67）。

3. 流通政策の体系

わが国の流通政策は，多種多様な政策が存在し，その目的・対象・政策手段などによって多種多様な体系化が試みられている。わが国の流通政策の体系の1つのモデルとしては，市場競争の維持・促進に関わる流通競争政策をベースに，それを補完する流通振興政策と流通調整政策，さらに特定の業種・商品に限定した業種別流通政策があげられる。そこで，このモデルにしたがって，わが国の流通政策体系を概説してみよう。

まず，流通競争政策は，流通において市場機構が正しく機能するように方向づける政策である。現代の資本主義経済においては，寡占企業による市場支配ないし競争制限によって市場本来の競争が損なわれ，いわゆる市場の失敗として市場機構が麻痺した状態になっている。この市場機構の麻痺を政策によって競争的市場機構に回復し，資本主義経済本来の市場競争を復活させることが不可欠になる。これに関する政策や法律としては，独占禁止法やその関連法があげられる。なお，流通分野における独占禁止政策の主要な政策課題として，流通系列化の問題，流通寡占化によるバイイング・パワーの問題，不公正な取引慣行の問題などが取り扱われている。

次に，流通振興政策は，流通における競争主体の競争力を強化し，その効率や経営能力を向上させ，競争主体の環境変化への適応を促進または援助し，絶えざる競争構造の変化に対して適応させようとする政策である。この流通振興政策には，第1に，流通近代化政策や流通システム化政策があげられる。これらの政策は，生産と消費に対する流通部門の環境変化に対して適応させようとする政策として高度経済成長期に推進された。第2に，商業部門内においては，大規模小売業に対して中小小売業の振興ないし活性化をはかる商業振興政策があげられる。この商業振興政策は，わが国の大部分を占めている中小小売業の近代化をはかるために，個々の中小小売業の合理化・近代化とともに，中小小売業相互の協業化・組織化を推進する，いわば中小商業近代化政策として推進されている。この商業振興政策は，中小小売商業振興法によって制度化され支援されている。

また，流通調整政策は，流通における競争主体の急激な競争圧力を弱め，競争の速度を緩和し，市場競争そのものを円滑に推進し，競争の促進・維持をはかろうとする政策である。資本主義の競争過程は必然的に経済の格差や規模の格差を生み出すが，流通部門における競争主体間に発達速度の不均衡が生じたときに，発達速度の早い経済主体に制限を加え，その速度を調整することによって流通システムの均衡をはかることがある。この流通調整政策には，わが国の伝統的な商業政策として百貨店や大型店を抑制的に調整する百貨店法や大店法ならびに中小小売業相互などを調整する小売商業調整特別措置法（商調法）があげられる。

　さらに，業種別流通政策は，国家が固有の目的をもった商品・産業に対して付随的に流通部門に介入する政策である。その場合，流通段階のみならず生産・輸入段階への介入も行われている。なお，最近この業種別流通政策は，かなり規制が緩和されつつある。①農水産物に関しては，卸売市場法をはじめ食糧管理法（新食糧法），農産物価格安定法，野菜生産出荷安定法などがあげられる。②消費者ないし生活者に関しては，その安全や保護を目的として，資格制度・検定制度および基準認証制度・許認可制度に基づき特定行為を禁止したり営業活動を制限したりする法律がある。たとえば，薬事法に基づき薬品の有効性や安全性を確保するために販売業者に対して許可制度がとられている。また揮発油販売業法に基づきガソリンなどの品質の確保，使用の節減，安定供給確保のための規制がある。さらに国家財政や社会規制と関連した政策として，酒類には酒税法，たばこにはたばこ事業法などがある（岩永 2009, pp.68-69）。

第5節　日本の流通政策の転換

1. 日本の流通政策の展望

　わが国経済は，資本主義経済本来の自由競争を基本原則としながらも競争原理を全面的に受け入れることなく，「発展指向型」「官民協調型」（上野 1987, p.132）の経済政策を拠り所にして，特定の産業を保護・育成する産業政策を

推進しながら著しい発展を遂げてきた。そのために，わが国の経済政策は，市場の競争秩序を維持すべき経済体制の枠組みを規定する経済秩序政策より，経済過程に直接的に介入する経過政策に重きを置いてきたのである。したがって流通政策についても，流通競争政策よりもそれを補完する流通調整政策や流通振興政策ならびに特定商品に関わる業種別流通政策に重点が置かれてきたといえよう。

近年，わが国経済が高度化・国際化するなかで，流通システムや流通政策に対する批判が内外から高まり，いまや国際的にも国内的にも，日本の流通政策それ自体についての抜本的な転換が強く迫られている。それは，従来の産業政策フォロー型の流通政策や業種別流通政策にみられた閉鎖的で競争制限的な流通政策から，消費者視点ならびに国際的視点に立脚した開放的で競争的な流通政策への改善ないし転換を意味するものであった。それを実現するための課題としては，流通部門における規制を緩和しつつ独占禁止政策の強化があげられる。具体的に，業種別流通政策については，農水産物の卸売市場法や食糧管理法（新食糧法），薬品の薬事法，酒類の酒税法などにみられるような多くの規制がかなり緩和されてきている。それによって開放的で競争的な流通システムが形成され，価格・サービス面での競争が活発になり消費者の利益にもつながっている。

また，流通調整政策については，大規模小売店が大店法による店舗面積などの需給調整的視点からの経済的規制に代わり，大店立地法による環境・騒音・ごみなど社会的規制による調整政策へと変化した。また流通振興政策については，まちづくりの視点から中小小売業の強化・振興をはかる方向に傾き，いわば経済的効率性に加え社会的有効性を強調した政策へと変化してきている。さらに市場の競争秩序を維持すべき流通競争政策は，流通系列化に対する規制強化にみられるように独占禁止政策の強化の方向へ向かっている。

ともあれ，規制緩和は，市場原理や競争原理を回復することによって経済の活性化を促し，消費者・生活者の利益を保障するとともに国際的にも調和・対応できるものとして歓迎できるであろう。しかしながら，規制緩和を推進する

一方，私的独占ないし私的規制による競争制限を阻止すべく独占禁止政策の強化をはからなければならない。それとともに消費者・生活者の利益を実現するためには社会的規制をさらに強化する側面も必要である（岩永2008, pp.156-158）。

2. 消費者重視の流通政策

　社会経済の最終目的は人類の福利厚生にあり，そのかぎりにおいては資本主義経済も消費者利益を最終目標としなければならない。しかし，今日の市場経済体制のもとでは，消費者の基本的な権利ないし利益ともいうべき消費者選択の自由が制約されているのが実情である。さらにいえば，現実の市場経済のもとで，最も弱い立場に置かれている経済主体は消費者であるといってよい。つまり，寡占メーカーのマーケティングによる価格支配と需要管理やそれを支える流通政策などによって，消費者の自由な選択という権利は著しく侵害されているのである。

　日本では，市場における取引主体は，大企業であれ個人企業であれ，主として集団主義を背景とした交渉力をもっている。大企業の市場交渉力が強いことは明白であるが，系列化された小売店も集団交渉力をもっており，個人経営の零細店でも有力ブランド商品を扱うかぎり，その商品自体がメーカーの集団交渉力をもっている。

　これに対して，個人としての消費者は，このような交渉力を備えていない。また消費者は，売手であるメーカーや販売業者の一方的な広告宣伝や不十分な表示を受動的に受け入れ，売手の設定した価格で購買せざるをえないため，決して対等な取引ではない。このような従属的な立場におかれている消費者の権利を市場での取引関係において擁護しようとするのが，消費者基本法をはじめとした種々の消費者保護制度であり，また市場における企業間の公正かつ自由な競争を促進することによって消費者の利益を間接的に擁護するものが独占禁止法やその関連法である。

　しかし，日本では，政府主導による市場機構の近代化の過程において，消費

者は育成措置からも保護措置からも無縁の存在として放置されてきたといえる。さらにいえば，日本政府は，市場への公的介入に際して，企業優先の政策に傾斜し消費者の権利を擁護することを最優先するという政策的視点をもたなかったのである。それは，消費者利益が政策当局によってほとんど無視されてきたということである。

今後，流通政策は，バブル経済崩壊以降の経済的閉塞性からの脱却をめざすとともに，国際化の対応と消費者の利益を最優先する政策課題へと視点を向けていかなければならない（岩永 2008，pp.158-159）。

注
1）このような国家観は，アダム・スミス（A.Smith）に代表される古典経済学派の夜警国家観であり，近代資本主義を成立させた先発資本主義国のイギリスを中心に展開された 18 世紀の国家観であった（岩永 2008，p.13）。
2）渡辺達明は，これらの価値基準に基づく目的を以下のように説明している（渡辺 1999，pp.76-78）。
　①流通生産性——流通システムにおける一定期間の産出量，これに対応する生産資源の投入量に対する比率のことである。生産性が高まれば単位当たりの流通コストは低くなる。
　②取引便宜性——売手と買手，特に生産者の販売や消費者の購買にとって便利で快適な取引ができることである。一般に必要な商品が必要な場所・時間・数量において適正な価格で売買できることである。
　③配分平等性——流通システムにおける効用の増加分や価値を関係者の間に，貢献度に応じて平等・公平に配分することである。
　④競争公正性——流通システムを構成している各機関間の取引が公正で自由な競争が行われるようにするとともに，そうした競争を促進することである。
　⑤社会環境保全性——生産者などのマーケティング活動が消費欲求を喚起することによって大量の廃棄物を発生させたり，小売商業施設や物流センターなどの立地によって交通混雑や騒音・廃棄物を増大させることに対して，生産資源の浪費や自然環境の破壊を防止しようとする，いわば外部不経済を緩和することである。
　⑥都市機能——流通業とりわけ小売業の活動は都市機能に対して外部経済や外部不経済などの影響を及ぼしている。たとえば，小売業は買い物の場だけではなく，都市の文化的行事や娯楽・にぎわい・コミュニケーションの場といった多種多様な機能で地域社会・文化に貢献するとともに，廃棄物・交通混雑・騒音などのマイナスの影響も及ぼす。そのために外部経済の側面を促進し，外

部不経済の側面を緩和することである。

参考文献
（1） 荒川祐吉（1989）「流通政策研究の体系について」広島経済大学経済学会『経済研究論集』第12巻第1号。
（2） 岩永忠康（2008）「流通と政府」岩永忠康・佐々木保幸編著『流通と消費者』慶應義塾大学出版会。
（3） 岩永忠康（2009）『現代日本の流通政策―小売商業政策の特徴と展開―』創成社。
（4） 上野裕也（1987）『競争と規制―現代の産業組織―』東洋経済新報社。
（5） 内山融（1998）『現代日本の国家と市場』東京大学出版会。
（6） 大山耕輔（1986）「官僚機構―大型店紛争における通産省・商工会議所の『調整』行動―」中野 実編著『日本型政策決定の変容』東洋経済新報社。
（7） 岡田裕之（1983）「現代流通と国家」阿部真也・鈴木武編『現代資本主義の流通理論』大月書店。
（8） 鈴木武（1985）「流通政策の日独比較」E. バッツァー・鈴木武編『流通構造と流通政策―日本と西ドイツの比較―』東洋経済新報社。
（9） 鈴木武（1991）「流通政策転換の方向」鈴木武編『現代の流通問題―政策と課題―』東洋経済新報社。
（10） 鈴木武（1992）「日本型流通政策の問題点と政策転換の方向」E. バッツァー・H. ラウマー・鈴木武編『現代流通の構造・競争・政策―日本とドイツの比較―』東洋経済新報社。
（11） 鈴木武（1998）『流通政策の概念と目標』鈴木武・岩永忠康編著『現代流通政策論』創成社。
（12） 田島義博（1992）「日本の経済政策に占める流通政策の位置」E. バッツァー・H. ラウマー・鈴木武編『現代流通の構造・競争・政策―日本とドイツの比較―』東洋経済新報社。
（13） 中村達也（1983）『市場経済の理論』日本評論社。
（14） 村上泰亮・熊谷尚夫・公文俊平（1973）『経済体制』岩波書店。
（15） 渡辺達朗（1999）『現代流通政策―流通システムの再編成と政策展開―』中央経済社。
（16） K.J. アロー（1977）「成長と公平のトレード・オフ」大来佐武郎・内田忠夫編『新しい繁栄を求めて』日本経済新聞社。
（17） G. Weipert（1953），*Werner Sombarts Gestaltidee des Wirtschaftssystems*, Gottingen.

第12章　サプライチェーン・マネジメント

はじめに

　近年，商品流通の仕組みとしての流通システムは大きく変化している。その背景と要因のひとつとして，生産から消費にいたる商品流通において情報技術を駆使したサプライチェーン・マネジメント（SCM）によって，生産と流通の在り方が大きく変化したことがあげられる。

　本章は，サプライチェーン・マネジメントの基本的な考え方や理論について考察している。そこで，第1節では，サプライチェーン・マネジメントの概念と特徴について概説する。第2節では，サプライチェーン・マネジメントの理論的根拠と発展プロセスについて考察する。第3節では，サプライチェーン・マネジメントの生成の経済的背景と技術的背景・要因について考察する。第4節では，サプライチェーン・マネジメントの効果と課題について論述する。

第1節　サプライチェーン・マネジメントの概念

1. サプライチェーン・マネジメントの概念
（1）サプライチェーン概念

　サプライチェーン（Supply Chain）は，直訳すると供給連鎖のことであり，原材料の調達から始まる供給業者から生産者・卸売業者・小売業者をへて最終消費者にいたる，企業間における一連の商品や情報などの流れのことである（柳 2003, p.12）。

　したがって，サプライチェーンは，商品供給に関わる関係者のつながりのこ

とであり，商品が消費者に届くまでの「利害関係者の連鎖」であるとともに「業務の流れの連鎖」として捉えなければならない。同時に視点を変えれば，業務の連鎖は，商品の価値が徐々に付加されていくことから「価値連鎖（Value Chain）」と呼ばれることがあり，また消費者の需要を満たすための業務の連鎖という視点から「デマンドチェーン（Demand Chain）」という用語が使用されることもある（地引 2000, p.9）。

このサプライチェーンは，商品の流れをベースとして，情報の流れや貨幣の流れに関わる関係者や業務のつながりのことである。つまり，サプライチェーンは，原材料の供給業者から生産者・卸売業者・小売業者をへて消費者にいたるまでの商品の所有権移転に関わる貨幣の流れ，商品それ自体の移転に関わる物流，それに伴う情報の流れにも関わるものである（地引 2000, pp.9-10）。

(2) サプライチェーン・マネジメントの概念

サプライチェーン・マネジメント（Supply Chain Management：SCM）は，サプライチェーンを管理することである。このSCMの概念は，研究者によっても企業の実践においても微妙に異なってはいるものの，共通の見解としては，原材料の供給業者から部品・中間財の供給業者・生産者・卸売業者・小売業者，そして顧客ないし消費者までの一連の供給連鎖における全体最適化を求めて管理することである（大石 2003, p.14）。したがって，SCMは，原材料や部品の調達，商品の生産，商品の販売という一連の過程を全体的視野から掌握することによって，サプライチェーン内における重複した作業や無駄な在庫を極力なくそうとするものである。

そして，SCMは，企業間連携の管理問題であり，「利害関係者の連鎖」の管理であるとともに「業務の流れの連鎖」の管理を行うものとして，一つの企業内だけで実践できるようなものではない。しかも，それは，持続的競争優位を確保するために，サプライチェーンの連携関係の改善を通じて川上から川下にかけての一連の活動を統合的に管理（新日本製鐵㈱ EI 事業部訳 1999, p.2）していくものである。

2. サプライチェーン・マネジメントのフレームワークと特徴

(1) サプライチェーン・マネジメントのフレームワーク

図表12-1は，SCMのフレームワークを示したものである。それによると，SCMの目標として，無駄の削減，時間の短縮，柔軟な反応，単位当たりの費用縮小があげられる。これによって，最終顧客の利益（製品・サービスの質の改善，時宜の改善，柔軟性の改善，価値の改善）ならびに金融面の利点（高い利ざや，キャッシュ・フローの改善，収入の増加，高い資産の見返り）がもたらされる。さらにSCMの改善（製品およびプロセス・イノベーション，パートナーシップ・マネジメント，情報フロー，競争企業による脅威および代替製品）によってより効果的・効率的なSCMが達成されるということである（Berwer/Speh 2000, p.78）。

(2) サプライチェーン・マネジメントの特徴

SCMは，供給業者・生産者・販売業者・消費者まで商品の移転に関わる商品・貨幣・情報の供給連鎖を管理するものであるが，その場合，情報共有を媒介として顧客や消費者の実需に基づく延期的意思決定を行うことによってサプライ

図表12-1 SCMのフレームワーク

【最終顧客の利益】
・製品・サービスの質の改善
・時宜の改善
・柔軟性の改善
・価値の改善

【SCMの目標】
・無駄の削減
・時間の短縮
・柔軟な反応
・単位当たりの費用縮小

【SCMの改善】
・製品およびプロセス・イノベーション
・パートナーシップ・マネジメント
・情報フロー
・（競争企業による）脅威および代替製品

【金融面の利点】
・高い利ざや
・キャッシュフローの改善
・収入の増加
・高い資産の見返り

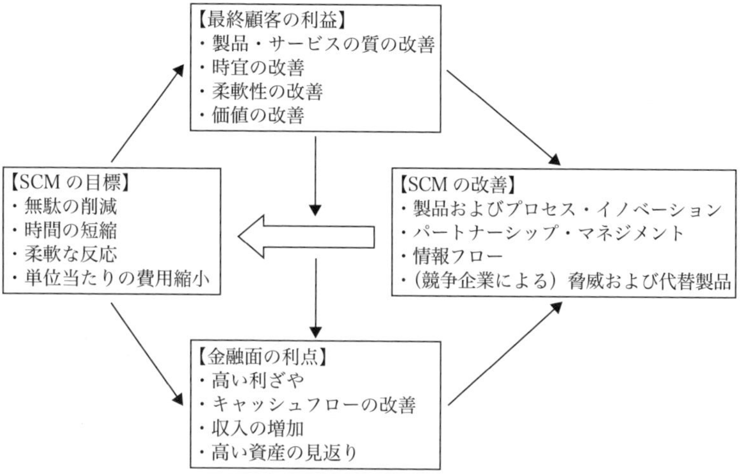

（出所）Berwer and T.W.Speh 2000, p.78 より作成。

チェーン全体の最適化ならびに効果をあげ、結果として個々の企業の効率化に貢献するものとして、次の3つの特徴があげられる（地引2000, pp.11-14）。

第1に、SCMはサプライチェーン全体の最適化と効率化を目的としている。SCMは、「利害関係者の連鎖」の管理と「業務の流れの連鎖」の管理によって、個々の企業の要素を個別に捉えるのではなく、そのつながりを統合的に捉えて全体の最適化をめざすことである。一般的にチェーンには、①需要変動の増幅伝播がある。②個々のチェーンの輪が自由度をもっていて別々の尺度で動く。③チェーンにはどこかに制約条件があり、それがチェーン全体の強さを決定するという特徴がある。したがって、サプライチェーン全体の最適化をめざすには明確な目標設定と制約条件の認識が必要である。つまり、チェーン全体のスループット（売上高－変動費）の最大化と運転資金の最小化を同時に達成し、キャッシュ・フローの効率を最大化することが全体の目標になっている。

第2に、SCMは企業間のパートナーシップの構築を必要とする。サプライチェーンを統合して全体最適化をめざすためには、企業の壁を克服して、サプライチェーンの業務を行う関係企業が共に利益を得るために協力しあうことが必要である。パートナーシップは対等な企業間の関係であり、パートナーシップにより企業がお互いに全体の最適化に取り組むことで、共に利益が得られる方向に転換する、まさに取引から取組みへの変革が求められる。そのためにはパートナーシップにおけるトップマネジメント間の絶対的な信頼関係へのコミットメントが必要である。たとえば、小売業からPOS情報や在庫情報などを通してお互いの情報を交換しながら全体的な視点から業務の効率化に取り組み、また新しい負担やリスクを公平に分配する仕組みを確立することが必要である。

第3に、SCMは顧客・消費者の視点からサプライチェーンを改善することを目的としている。つまり、サプライチェーン全体を一つのシステムとして捉えれば、その先にあるのは顧客や消費者である。そのために、SCMは、顧客や消費者に満足を与え、しかも社会から受け入れられる製品やサービスを生産・販売するというマーケット・イン志向の考え方が強調されている。したがって、購買情報や関係企業内の情報を有効に活用しながら、在庫の削減によるコスト

の削減やリードタイムの短縮を通して，企業と顧客や消費者の時間的な距離を縮めるとともに，顧客や消費者へのサービスを高める商品の企画や販売促進など，新しい付加価値の創出にも努めている。

第2節 サプライチェーン・マネジメントの理論的根拠と発展プロセス

1. サプライチェーン・マネジメントの実践

　わが国では大量生産・大量販売システムのもとでのメーカー主導のマーケティングに限界がみえ始め，それに変わる新しい関係性マーケティングが求められている。伝統的マーケティングは，メーカー主導の投機的な大量生産システムのもとに規模の利益による競争優位をはかりながら顧客のニーズを満足させるものであった。他方，関係性マーケティングは，生産者と販売業者などが情報共有を媒介として，延期的な意思決定のもとに長期的・継続的でリアルタイムの協調関係を通じて新たな顧客価値の共創と共有をはかるものである。

　このような関係性マーケティングへの転換には，バブル経済崩壊後の長期不況のもとで価格競争が激しさを増し，売上が伸び悩むなかで経費を徹底的に切り詰めるロー・コスト・オペレーションが追求されてきているという背景がある。それには企業内の合理化にとどまらず，取引企業間における情報システム化を前提とした受発注の合理化，無駄な在庫や重複機能の削減という企業内外の合理化による競争優位を確立することが不可欠であった。

　この関係性マーケティングの実践としては，大手メーカーと大規模小売業者とが敵対的関係から戦略的同盟関係に転換するいわゆる製販統合，またアメリカ衣料業界における QR（Quick Response）や食品業界における ECR（Efficient Consumer Response）の試み，さらに原材料の調達から製品の生産・販売にいたるすべての過程における業務の流れを合理化し，あらゆる無駄をなくそうとするサプライチェーン・マネジメントなどが普及し定着しつつある（岩永2007, p.185）。

2. サプライチェーン・マネジメントの理論的根拠

　現代の生産・流通システムの方向としては，情報技術 (Information Technology: IT) の発達と情報共有による SCM のもとで「見込み生産」システムからかぎりなく「受注生産」システムへ転換しつつある。こうした転換を分析する場合の有効な概念が，オルダースンの「延期の原理」（石原他訳 1984）ならびにバックリンの「投機−延期の原理」（田村訳 1984）であり，SCM の理論的根拠として有効である。

　これらの原理の核心は，流通チャネル構成メンバーである生産者・卸売業者・小売業者など個々の経済主体が意思決定を延期するのか投機するのかによって，自らが負担すべき危険の度合が大きく違ってくることに注目した点にある。たとえば，生産者にとって最も重大な意思決定は，どのような商品をどれだけ生産するのかに関わる問題である。これを実需（購買需要）の発生時点という時間的基準で考えてみると，延期とは意思決定の時期を実需にかぎりなく近づけることであり，投機とは実需よりも時間的にはるか以前に意思決定を完了させておくことである。延期では，小刻みに伝わってくる最新情報により，意思決定の内容が刻々と変化していく可能性がある。これに対して，投機では，情報投入は一度きりであり，しかもその情報は実需情報とはさしあたり独立している。そして，いったん決定した意思決定の内容は原則として変更されることはない。

　この時間軸における延期−投機の原理が示唆することは，意思決定の時期と経営の不確実性との相関関係である。生産者は，意思決定の時期を延期すればするほど，つまり，それを実需に近づければ近づけるほど，需要予測の精度は高まり，それだけ経営の不確実性ないし危険負担の度合いが低減することを意味する。逆に，生産者が意思決定の時期を実需から遠ざけるほど，需要予測の精度は低下し，それだけ経営の不確実性ないし危険負担の度合いが高まることになる。しかし，生産者が意思決定の時期を延期してしまうと，大量生産という規模の経済のメリットを享受できなくなるのである。要するに，延期と投機はそれぞれ別の経済合理性をもっており，一方を追求すると他方を失うというトレードオフ関係にある（西島 2004, p.57）。

ともあれ，投機−延期の原理が意味することは，製品形態（生産）と在庫投資（流通）の意思決定が実需の発生時点に近いところまで引き寄せられて行われるのか，それとも実需に先駆けて事前に行われるのかということである。延期はある製品形態と在庫投資の決定が引き延ばされるという意味である。製品形態と在庫投資の決定が実需の発生する直前や実需が実際に確定した時点で行われ，それによって生産・流通活動の不確実性の削減効果がもたらされる。これに対して，投機は製品形態と在庫投資の決定があらかじめ行われるという意味である。製品形態と在庫投資の決定が実需の発生に先駆けて前倒しで行われ，それによって規模の経済が最大限に引き出されるのである（矢作 1996, pp.151-154）。

現代の成熟化社会における市場や消費者ニーズの多様化は，製品のライフサイクルの短縮化や需要予測の困難といった市場の不確実性を増大させ，それにともなって物流コストや取引コストを著しく上昇させることになる。このような状況のもとで延期の原理に基づくSCMは，企業間競争における競争優位を確保するために不可欠なものになってきており，実践的にも多くの実業界で開発・導入されてきている。

3. サプライチェーン・マネジメントへの発展プロセス

(1) ロジスティクスからの発展

SCMへの発展プロセスとしては，物流やロジスティクスからの発展方向があげられるが，その他に生産管理からの発展方向，さらにロジスティクスと生産管理の複線型の発展方向があげられる（宮崎 2004, pp.9-11）。サプライチェーンは商品の調達・生産・配送・販売という一連の業務の連鎖であるが，ベースとなっているものは商品それ自体の流れである物流である。もともと輸送・保管・包装・荷役が中心であった物流の業務は，企業内の関連する業務の効率化を取り込んだロジスティクスへ，さらに自社にとどまらずサプライチェーンの関係者を巻き込んだSCMへと発展してきたのである（地引 2000, p.10）。

(2) 生産管理からの発展

SCMへの発展プロセスとして，生産管理からの発展方向もみられる。メーカ

ーは厳しい競争を有利に展開するために，よりよい生産計画の立案とその確実な実行を不可欠としている。この場合，良い生産計画とは，「必要なものを必要な時に，確実にしかも無駄なく作れる」生産計画である。1960年代に登場したMRP（Material Requirement Planning：資材所要量計画）は，部品の在庫や手配中の数量も考慮したうえで，正味の所要量だけ生産計画を立案する段階で調達できるというもので，ある製品の製造に必要な部品の種類と数量を「部品表」をもとに順次計算するものであり，情報技術(IT)の発達にともなって広まっていった。

さらに，1970年代半ばにはMRPの考え方を設備や要員の計画まで拡張したCRP（Capacity Requirement Planning：能力資源計画）が現れた。そして，実際にはMRPとCRPを組み合わせることによって，生産能力を考慮した生産計画が立案され，修正と再計算のループをもったMRPがクローズドMRPと呼ばれるようになった。

1980年代後半になるとこのクローズドMRPは，資金計画・要員計画・購買計画といった他の経営資源計画とも統合されMRP II（Manufacturing Resource Planning：製造資源計画）へと発展していった。このMRP IIは，単なる生産計画を越えて企業全体を統合的に計画していこうとするものであり，この考え方が1990年代のERP（Enterprise Resource Planning：企業資源計画）に引き継がれていくことになる。ERPとは企業全体の経営資源を一元的に管理することによって，業務の無駄を省いて経営資源の効率的な活用をはかろうとするものである。具体的には，購買・生産・販売・流通・会計といった企業の基幹業務を統合した情報システムを指しており，ここからSCMに発展したと考えられているようである（地引2000, pp.5-8）。

第3節　サプライチェーン・マネジメントの生成背景・要因

SCMが生成される背景ないし要因にはさまざまなものがあげられるが，その経済的背景として，①市場の成熟化にともなう消費者ニーズの多様化と製品のライフサイクルの短縮化，②マーケティング戦略の変化，③小売業者の交渉

力増大などがあげられる。また技術的背景・要因として，①情報技術（IT）の発達，②多品種大量生産システムの構築，③多頻度小口配送支援の物流革新などがあげられる（岩永2007, pp.194-201）。

1. サプライチェーン・マネジメント生成の経済的背景
(1) 市場の成熟化にともなう消費者ニーズの多様化と PLC の短縮化

　SCM 生成の経済的背景としては，市場の成熟化にともなう消費者ニーズの多様化と製品のライフサイクル（PLC）の短縮化ならびに消費者の価格意識の向上があげられる。現代においては自動車・家電・衣料をはじめほとんどの分野で市場の飽和化・成熟化が進展し，需要は新規需要から買換需要へと移行している。市場の成熟化によって到達した成熟社会は，従来の画一化された消費者ニーズから個々の個性を重視する多様化された消費者ニーズへと変化し，それにともなって製品のライフサイクルが短縮化される傾向にある。

　同時に市場の成熟化は，消費者の価値観やライフスタイルを変化させるとともに，社会や生活様式の変化をもたらす。成熟社会は経済成長による所得水準の上昇や余暇の増大などを背景として実現化される社会である。そこでの特徴は，①消費者ニーズ・行動が個性化・多様化しただけでなく，サービス部門の比重が拡大し，経済構造全体がソフト化してきている。②消費者の意識やライフスタイルが変化し，また消費支出が生活必需品的なものから趣味・余暇関連的なものに多く向けられ，生活の重点も物質的充足より精神的充足におかれ，社会全体の繁栄よりも自分自身の生き甲斐が追求されるようになってきている（鈴木1999, pp.10-11）。

　ともあれ，最近の長期経済不況下での市場の成熟化にともなう消費者ニーズの多様化と製品のライフサイクルの短縮化のような状況下では，投機に基づく規模の利益が十分に発揮できなくなった。つまり，生産者が消費者ニーズを予測して事前に大量生産するという規模の利益を求める投機的生産は，多様化した消費者ニーズに対応できず在庫の増加や市場リスクを発生させるのである。それに代わって情報共有を媒介とした消費者の実需に基づく延期的生産・

販売は在庫の削減や市場リスクの回避によって規模の利益を上回る効果をもたらすのである（岩永2007，p.195）。

(2) マーケティング戦略の変化

SCM生成の経済的背景としては，メーカー主導のマーケティング戦略の行き詰まりがあげられる。高度経済成長期においては，急速な市場拡大のもとに生産者が大量生産システムを採用することはそれほど困難ではなく，かつ消費者も規格化・画一化した商品を受け入れることにそれほど違和感がなかったので，消費者ニーズないし需要は比較的に安定していた。たとえ，生産者や販売業者が需要予測を誤り，生産過剰や在庫過剰になったとしても，それは単なる一時的な現象に過ぎず，それほど問題とはならなかった。というのは，それを凌駕するだけの急速な市場拡大があり，多少の販売リスクや在庫リスクを負担できるだけの余力をもっていたのである。ここでのマーケティングは，投機型マーケティングとしてメーカー主導のもとにマーケティング戦略を実施しながら大量生産・大量販売という規模の利益を追求することができたのである。

しかし，石油ショックを契機として高度経済成長が終焉を迎え，同時に成熟社会を迎えたのであるが，その後，安定経済成長期における消費者の購買は，基礎的需要の充足のもとに新規需要から買換需要へと重点が移っていったのである。こうした環境変化はマーケティング戦略を大きく転換させた。たとえば，消費者の目先を変える新製品の導入，意図的な市場細分化，需要拡大をはかろうとする製品多様化戦略や市場細分化戦略がそれである。あるいはまた，表層的な製品改良という側面を強調すれば製品の計画的陳腐化戦略といってもよいだろう。いずれにしろ，本来の新製品とも呼べないような新製品が，矢継ぎ早に市場に導入されていったのである。

こうして，従来のメーカー主導の投機的マーケティングは大きな矛盾を抱えてしまうこととなった。つまり，市場に送り出す新製品が多様化すればするほど，販売リスクはますます高まっていった。同時にまた製品多様化は，必然的に製品のライフサイクルの短縮化をもたらしたのである。こうして，市場リスクを回避しながら，製品多様化を推し進める，延期的マーケティングが志向さ

れるようになってきたのである。

　延期的マーケティングは，販売状況や販売予測に基づきながら生産活動やマーケティング活動を事前に調整していこうとするものである。もちろん，ここでいう販売状況とは，販売業者から消費者への販売状況つまり実需を意味している。また販売予測とは，実需にかぎりなく近づけた精度の高い販売予測である。延期的マーケティングでは，どのような製品をどれだけ生産するかという生産者の意思決定が，できるだけ実需の発生という基準点まで引き伸ばされることにある。その基準点を超えてしまうと，いわゆる受注生産である。もしそれが実現すれば，マーケティングにおける最大の課題である販売実現の問題は解決されたことになる。

　しかし，現代の市場経済において，完全な受注生産システムに移行することは不可能である。したがって，現実的には見込み生産を基本としながら，可能なかぎり受注生産に近づけるという方法がとられる。生産と販売との同時進行こそが，延期的マーケティングの真髄である。つまり，生産活動を継続しながら，刻々と伝わってくる最新情報に応じて，それを柔軟に変化させていくのである（西島 2004, pp.70-71）。

(3) 小売業者の交渉力増大

　SCM 生成の経済的背景としては，流通におけるパワー・バランスの多様化とそれにともなう取引関係の質的変化があげられる。とりわけ，IT の発達による消費者情報の把握が PB 商品の開発やその他のマーケティング戦略に決定的な役割を担うようになるにつれ，小売業のパワーが増大し，小売業がチャネル・リーダーになる分野が増大し，メーカーと小売業者の関係が変化してくるのである。

　大規模小売業の成長によってメーカーと小売業のパワー関係は，従来の大規模メーカーと中小零細小売業の支配・従属関係にある商業系列化のものに加え，大規模メーカーと大規模小売業の対等のパワー関係のうえで両者によって維持されるもの，さらに小売業主導のものなど多様なものがみられる。取引関係においても，製販統合（製販同盟）にみられるように，単純な商取引を超えたよ

り密接な協調関係のもとに，流通コストの削減や製品開発など戦略的な目標の達成をめざした関係もみられる（藤岡2002, p.26）。

　また小売業態も多様化しており，従来の伝統的な中小零細小売店や百貨店・総合スーパーなどの大型店に加え，コンビニエンスストアやディスカウントストアさらにショッピングセンターなどの新しい小売業態や小売集積が出現し成長してきている。とりわけ，POSシステムの情報武装型新興小売業態は，消費者に対する情報優位とチェーンシステムによる本部一括仕入体制を整えることによって卸売業やメーカーに対して仕入交渉力を増大させてきている。またマイカーの増加による購買行動の広域化と1回当たりの購買金額の増大，購買品目の増大が小売業の巨大化を促進させたのである（大石2002, pp.119-120）。

　ともあれ，ITの発達にともなうPOSやEDIなどによって，消費者の実需に基づいて意思決定を行い延期の効果を発揮できる小売業がパワーを増大してきている。それによって，これまでのメーカーと小売業者の関係は単純な商取引を超えたより密接な協調関係となり，情報共有によって市場問題に対応することができ，その結果，市場リスクの軽減や在庫削減などによる流通コストの削減が可能となったのである（岩永2007, p.198）。

2. サプライチェーン・マネジメント生成の技術的背景・要因
(1) 情報技術の発達

　SCM生成の技術的背景・要因としては，ITの発達があげられる。SCMは，情報共有ないし情報統合によってサプライチェーンに参加している企業間にリアルタイムで情報が伝達・交換され，サプライチェーンの全体最適化をはかることができる。なお，SCMに先立ってITを基盤とした企業間関係として，QRやECRあるいは製販統合といった企業・組織間の提携的な統合が競争優位を獲得するうえで有効な戦略として形成されている。この意味からいえば，SCMはQR，ECR，製販統合と共通の概念といえよう（木立2003a, p.5）。

　SCMが登場してきた1990年代に入ると，IT革命の波は急速に広がっていった。その背景としては，第1にハードの面ではパソコンの高機能化・低価格化

があげられる。第2にソフトの面ではインターネットの普及・発展があげられる。第3に通信の高速化と通信料金の低価格化があげられる。特にインターネットの普及・発展が情報の共有化と双方向流通を飛躍的に拡大させてきている。

具体的には，POS（Point of Sales）や EDI（Electronic Data Interchange）で情報武装した小売業は，実需に応じながら柔軟に品揃え物を変更していくという単品管理システムの構築に基づき，製品開発から生産システム・価格設定・物流・販売促進にいたるまで大きな影響力をもつようになってきたのである（大石 2002, pp.121-122）[1]。

このような IT の発達は，需要情報の投入のタイミングによって需要の予測から実需に近づいて，生産段階における「見込み生産」システムからかぎりない「受注生産」に近いシステムへの転換を可能にしている（矢作 1996, pp.152-154）。それは，IT が延期型システムを構成する組織間で POS をはじめとする取引情報をリアルタイムで交換し，実需発生点に可能なかぎり近い意思決定と受発注を可能にする技術基盤を提供しているからである（木立 2003b, pp.220-221）。

(2) 多品種・多仕様・大量生産システムの構築

SCM 生成の技術的背景・要因としては，多品種・多仕様・大量生産システムがあげられる。現代の大規模・寡占メーカーの生産は多かれ少なかれ多品種・多仕様・大量生産システムを基盤としている。大量生産システムは，生産量単位当たりコストを大幅に引下げ規模の利益を追求することによって競争優位を実現するのであるが，それは膨大な固定資本によって担われており，その結果，市場には大量の商品が出回り必然的に販売競争を激化させる。大規模・寡占メーカーは，激化した販売競争のもとで販売機会をできるかぎり拡大し大量生産・大量販売を確保すると同時に，最近の消費者ニーズの個性化・多様化の要求にも対応するために，次第に多品種・多仕様・大量生産に向かうことになる（岡本 1996, p.76）。

ところで，多品種少量生産は CIM（Computer Integrated Manufacturing）やそれに基づく FMS（Flexible Manufacturing System），金型交換の段取り短縮化

などによって可能となった。たとえば，コンピュータ管理による混流生産では一つのラインをさまざまなタイプ・色などに分けて生産することが可能となり，需要に対応して製品の種類と生産量を対応させることが可能となったのである。したがって，寡占メーカーはコストをそれほど上げることなく多品種少量生産を達成することができるのである（大石 2002, pp.120-121）。

このように大規模・寡占メーカーの多品種・多仕様・大量生産システムは，①大量生産を維持することによってコストを低下させ，同時に②多品種・多仕様生産を展開することによって販売条件を拡大するための生産システムを確立したのである（岡本 1996, p.76）。

ともあれ，この生産システムが情報技術と連結することによって，実需に合わせて製品の種類と数量を変化させていくという伸縮的生産システム（FMS）が構築されるようになった。それによって，消費者ニーズへの素早い対応が可能となり，商業者の中間在庫（投機的在庫）も大きく削減することになった。しかも，生産コストはそれほど上昇するわけではない。したがって，FMSへの転換は，大量生産自体を放棄したのではなく，生産システムが革新したものとして捉えなければならない。それは，生産者と商業者の情報共有により延期的意思決定を可能とする画期的システムとして，SCMには不可欠の技術的条件となっているのである（西島 2004, pp.69-70）[2]。

（3）多頻度小口配送支援の物流革新

SCM生成の技術的背景・要因としては，多頻度小口配送を可能にする物流革新があげられる。現代における市場の成熟化と消費者ニーズの多様化，それに対応するかたちでメーカーによって細分化・多様化された商品生産，これら商品の小ロットによる多頻度小口配送の実施は，物流コストを著しく増加させることになるのであるが，ITの発達に基づく効率的なロジスティクスの開発・実施によって予想される物流コストの増加を防止することが可能となったのである。

この物流革新の重要な戦略としてサードパーティー・ロジスティクス（3PL）があげられる。 サードパーティー・ロジスティクスとは，物流業者がメーカ

ーからアウトソーシングされて単なる配送から在庫管理までを一括して請け負うことである。このサードパーティー・ロジスティクスは，荷主（メーカー）からすれば一定期間，契約により荷主のロジスティクス業務を部分的あるいは全体的に特定の物流業者に一括委託することであり，物流業者からすればそれを一括受託することを意味している。今後，サードパーティー・ロジスティクスの役割が，SCMにおける物流革新の重要な戦略として高まってきている（柳2004, pp.189-190）。

このようにITの発達と3PLの発展による物流革新は，多様化した消費者ニーズに対応した多品種商品に対して低い物流コストによる多頻度小口配送を実現することを可能にしたのである。

第4節 サプライチェーン・マネジメントの効果と課題

1. サプライチェーン・マネジメントの効果

SCMの効果としては，次のようなものが考えられる（大石2002, pp.122-123，岩永2007, pp.201-202）。

第1に，サプライチェーンを構成する企業間の情報共有に基づく延期的意思決定によって迅速で効果的な顧客・消費者ニーズに対応することが可能になる。

第2に，効果的な顧客・消費者ニーズへの対応は，顧客・消費者の欲する商品・サービスを提供し，顧客・消費者の満足を高め，結果的に売上の増加に貢献する。

第3に，情報共有による延期的意思決定は，より正確な需要予測を可能にすることによって市場リスクが回避される。つまり，延期的意思決定は売れ筋商品やヒット商品を生産する可能性が増加し，必然的に売れ残り在庫を減少させ，また欠品も回避されるということである。さらにいえば，必要な商品を必要な数量で提供することが可能となり，無駄の削減と市場リスクが回避される。

第4に，サプライチェーン全体における商品の調達・生産から販売までの流通時間を短縮することにより，無駄の削減や市場リスクの回避による不要在庫

を削減することによって商品回転率が上昇する。それと同時に商品の調達・生産・在庫・販売コストの削減にもつながる。

第5に，効果的な顧客や消費者への対応，売上高の増加，商品の調達・生産・在庫・販売時間の短縮とそれらのコスト削減，不要在庫の削減，商品回転率の上昇によって利益ないしキャッシュ・フローが増加する。

第6に，SCMはロジスティクスから発展しそれと密接な関係にあることから，SCMによってもたらされる物流が，サプライチェーン全体の物流コストを削減すると考えられる。もちろん，これらの効果は個別企業だけでなくSCMの構成メンバー全体にもたらされ，チェーン全体の利益の増加につながっていることはいうまでもない。

さらに，SCMはサプライチェーンに関わる企業間の垂直的な提携により，企業間が長期継続的な取引関係に入り，新しい付加価値を生み出すというパートナーシップのメリットがそのままSCMにも考えられる。もっとも企業間関係が消費者に対して生み出す新しい価値の内容についてはあまり明確にされていない。ただ，消費者に対して「必要なものを必要なときに購入できる」という利益を与えるだけではなく，消費者ニーズを迅速に正確に把握することで，より消費者ニーズに合致した行動をとることができるものと考えられる（宮崎2004, p.6）。

2. サプライチェーン・マネジメントの課題

SCMは，情報共有に基づいてサプライチェーンに関わる企業間の最適化をはかることによって多くの効果が考えられるが，それと同時に次のような課題ないし問題（大石2002, p.124, 宮崎2004, pp.7-8, 岩永2007, pp.202-204）があげられる。

第1に，情報に関わる問題である。SCMは参加企業の情報共有化が不可欠であるが，個別企業には相変わらず情報秘匿の部分がある。また情報の双方向的な流れにも情報の偏在は依然としてある。これは基本的には企業の機会主義的行動をとることによるものと考えられる。さらにSCMの効果を発揮するために

は，情報基盤の整備が前提となっているが，企業間での情報基盤は必ずしも統一化・規格化されておらず，また情報基盤整備のためには時間と費用がかかる。

　第2に，SCMにおける企業間関係の問題である。サプライチェーンを構成する企業間関係は「win－win」関係にあると考えられるが，「win－win」関係が長期的に継続するということは保証されていない。また，もし「win－win」関係が続くという前提でなければ，長期的取引関係は癒着を生み出し，イノベーションの停滞を招くであろう。またSCMの構築と維持には多大なコストと時間を要するにもかかわらず，その認識と成果配分が明確になっていない。

　さらに，SCMの目標は，チェーン全体での最適化を追求することであり，個別企業やチェーンの一部の最適化である部分最適化とは相容れない場合もある。部分最適化と全体最適化が両立しない場合に，部分最適化を犠牲にして全体最適化を追求するための調整を行うことがSCMであり，結果としてチェーン全体の利益が増大することで，より大きな部分最適化が実現できるというのが基本的な方向である。しかし，SCMは，「利害関係者の連鎖」を管理することによって全体の最適化が可能となるものであり，そのことはあくまでも一定の条件のもとではじめて可能になるのである。企業は，もともと基本的には機会主義的行動をとるのが常であり，その意味でSCMは常に不安定なものである。

　第3に，消費者のニーズと位置づけに関する問題である。消費者は必ずしも自らのニーズを明示的に認識しているわけではない。いかに情報共有化やSCMを強調しても，消費者ニーズを探り当て，それを満足させることは容易なことではない。またSCMの特徴の一つに消費者重視の発想が主張されているが，実際のシステムを通じて消費者にその恩恵が与えられるという保証はない。

　第4に，物流・ロジスティクスに関わる問題である。情報の流通は，IT革命で急激に速めることができるが，物の流通はそうはいかない。SCMはロジスティクスから発展しそれと密接な関連があるとされているが，情報の流通は迅速になっても物の流通はそれと比較して進展しているとは思われない。

　ともあれ，SCMは，サプライチェーンに関係している各企業が長期的・継続的な取引関係によって結び付き，情報共有を媒介として延期的な意思決定を

行うことによって，市場関係ないし市場問題に対応していくことが基本方向である。もちろん，SCMに代表される企業間関係は，固定的で閉鎖的なものでなく柔軟な企業間の提携ないし結合として把握することが現実の姿なのかもしれない（宮崎2004，pp.18-19）。

注
1）西島博樹によると，SCMの応用にとっては実需に応じながら柔軟に品揃え物を変更していくという単品管理システムの構築が必要であり，それを解決したものとしてPOSシステムをあげている。すなわち，「小売業者は，消費者購買の不確実性に対応するために安全在庫を確保しておかなければならないが，その一方で，限られた店舗スペースをできるだけ有効に活用しなければならないというジレンマを抱えている。小売業者は，品切れを防止しながら，品揃え物を増加するという2つの相反する要求を同時に満たさなければならない。ある商品の在庫水準を引き上げると欠品の危険性は低減するが，それだけ他の商品の展示が犠牲になり，バラエティな品揃え物が失われてしまうのである。この困難な問題を解決したのがPOSシステムであった」と（西島2004，p.68）。
2）実需情報に応じて柔軟に生産活動を変更していく生産システムの草分けがトヨタのジャスト・イン・タイム（just-in-time：JIT）方式であった。JITは，部品供給業者との協力関係により，トヨタにおける部品の在庫を極力削減することを可能にした画期的な生産システムである。だが，それは同時に，部品の組み立て次第では，完成品がどうにでもなるという意味で，多品種少量生産，すなわち生産の延期化を実現する生産システムでもあった（西島2004，p.69）。

参考文献
（1）　岩永忠康（2007）『マーケティング戦略論（増補改訂版）』五絃舎。
（2）　大石芳裕（2002）「カタログ制作におけるサプライチェーン・マネジメント」陶山計介・宮崎昭・藤本寿良編『マーケティング・ネットワーク論』有斐閣。
（3）　大石芳裕（2003）「グローバルSCMの現状と課題」日本マーケティング協会『季刊マーケティングジャーナル』No.88。
（4）　岡本博公（1996）「製販統合と生産システム」石原武政・石井淳蔵編『製販統合－変わる日本の商システム－』日本経済新聞社。
（5）　木立真直（2003a）「食品流通におけるサプライチェーン・マネジメントの意義と展望」『生活共同組合研究』Vol.325。
（6）　木立真直（2003b）「ITによる現代流通システムの転換をめぐる展望」阿部真也・藤澤史郎・江上哲・宮崎昭・宇野史郎編著『流通経済から見る現代』ミネルヴァ書房。

（7） 鈴木武（1999）「日本型流通システムの規定要因」安部文彦・森泰一郎・岩永忠康編著『日本の流通システム』ナカニシヤ出版。
（8） 西島博樹（2004）「延期的マーケティングとSCM」『日本文理大学商経学会誌』第22巻第2号。
（9） 地引淳（2000）「サプライチェーン・マネジメントの生成」大阪学院大学『流通・経営科学論集』第26巻第1号。
（10） 藤岡章子（2002）「ネットワークとしてのマーケティング・システム」陶山計介・宮崎昭・藤本寿良編『マーケティング・ネットワーク論』有斐閣。
（11） 宮崎卓朗（2004）「SCMをめぐるいくつかの論点について」『佐賀大学経済論集』第36巻第6号。
（12） 矢作敏行（1996）『現代流通－理論とケースで学ぶ－』有斐閣。
（13） 柳純（2003）「製販におけるサプライ・チェーンの構築とその意義」『福岡女子短大紀要』第61号。
（14） 柳純（2004）「サプライ・チェーン戦略の進展」鈴木武・岩永忠康編著『市場環境と流通問題』五絃舎。
（15） Alderson, W. (1957), *Marketing Behavior and Executive Action*, Richard D. Irwin.（石原武政・風呂勉・光澤滋朗・田村正紀訳（1984）『マーケティング行動と経営者行為』千倉書房）参照。
（16） P.C. Berwer and T.W.Speh(2000), "Using the Balanced Scorecard to Measure Supply Chain Performance", *Journal of Business Logistics*, Vol.21, No.1.
（17） Lovis P. Bucklin(1966), *A Theory of Distribution Channel Structure*.（田村正紀訳（1984）『流通経路構造論』千倉書房）参照。
（18） Robert B. Handfield and Ernest L. Nichols Jr.(1999), *Introduction to Supply Chain Management*, Prentice-Hall.（日本製鐵㈱EI事業部訳（1999）『サプライチェーン・マネジメント概論』ピアソン・エデュケーション出版）。

初出一覧

本書は，著者がこれまでに発表した以下の論文がもとになっている。本書の各章と既存発表論文との対応は下記の通りであるが，各章とも内容を再点検・再構成して大幅な加筆修正を加えている。

第Ⅰ編　商業理論

第1章　現代の流通
「現代流通のアウトライン」岩永忠康監修／西島博樹・片山富弘・岩永忠康編著『現代流通の基礎理論』五絃舎，2013年。

第2章　商業論
書き下ろし

第3章　小売商業
書き下ろし

第Ⅱ編　小売商業の問題

第4章　中小小売商業問題
①「中小小売業の振興政策と街づくりの視点」阿部真也編『中小小売業と街づくり』大月書店，1995年。
②「中小小売商業政策」鈴木武・岩永忠康編著『現代流通政策論』創成社，1998年。
③「中小小売商業政策と街づくり」岩永忠康著『現代日本の流通政策』創成社，2004年，2009年。

第5章　大型店問題
①「大型店撤退問題」岩永忠康・佐々木保幸編著『現代の流通政策』五絃舎，2013年。
②「大型店撤退問題と地域の再生」佐々木保幸・番場博之編著『地域の再生と流通・まちづくり』白桃書房，2013年。

第6章　小売商業調整政策
①「小売商業調整政策」鈴木武・岩永忠康編著『現代流通政策論』創成社，1998年。
②「小売商業調整政策」岩永忠康著『現代日本の流通政策』創成社，2004年，2009年。

第Ⅲ編　小売国際化

第7章　小売企業の国際化
「小売企業の国際化」岩永忠康監修／西島博樹・片山富弘・宮崎卓郎編著『流通国際化研究の現段階』同友館，2009年。

第8章　台湾の日系百貨店
「台湾における日系百貨店の展開」田中冨志雄・安部文彦・岩永忠康・宇野　史郎編著『現代の流通と経済』創成社，2007年。

第9章　中国の外資系小売企業
「中国における外資系小売企業の展開」那須幸雄・安部文彦・岩永忠康・渦原実男編著『マーケティングと小売商業』五絃舎，2008年。

第Ⅳ編　現代日本の流通システム

第10章　日本の流通システム
① 「日本型取引と取引慣行」安部文彦・山本久義・岩永忠康編著『現代マーケティングと流通』多賀出版，2001年。
② 「日本の流通システム」岩永忠康監修/西島博樹・片山富弘・岩永忠康編著『現代流通の基礎理論』五絃舎，2013年。

第11章　日本の流通政策
① 「日本の流通政策の展開」鈴木武・岩永忠康編著『現代流通政策論』創成社，1998年。
② 「日本の流通政策の特徴」安部文彦・森泰一郎・岩永忠康編著『日本の流通システム』ナカニシヤ出版，1999年。
③ 「流通と政府」岩永忠康・佐々木保幸編著『流通と消費者』慶應義塾大学出版会，2008年。
④ 「流通政策」岩永忠康監修/西島博樹・片山富弘・岩永忠康編著『現代流通の基礎理論』五絃舎，2013年。
⑤ 「流通政策の基本枠組み」岩永忠康・佐々木保幸編著『現代の流通政策』五絃舎，2013年。

第12章　サプライチェーン・マネジメント
① 「現代の流通システムとSCM」『現代流通の諸問題』(鈴木武監修／岩永忠康・西島博樹編著) 五絃舎，2007年。
② 「サプライチェーン・マネジメント」岩永忠康監修/西島博樹・片山富弘・岩永忠康編著『現代流通の基礎理論』五絃舎，2013年。

索　引

(あ)

IT	45, 248
アウトソーシング	257
アジア経済危機	194
アソートメント（品揃え）	34
圧力団体	230

(い)

ECR	29
EDI	28, 255
EOS	28, 183
ERP	250
一般的等価物	15

(う)

VAN	183
内なる小売国際化	193
売れ筋商品	45, 257

(え)

HC	68
SSDDS	63
SM	66
SC	61
SCM	29, 46
FMS	255, 256
MRP	250
MRP II	250
延期的意思決定	245

(お)

大型店規制	77
卸売市場法	237

(か)

会員制クラブ	196
会員制倉庫型店舗	195
改革開放政策	192
買換需要	251
外国人投資条例	172
外資系小売企業	187
改正中小小売商業振興法	129
改正都市計画法	109
改正民活法	129
外部経済効果	233
買回品	37, 53
価値連鎖	244
カテゴリーキラー	65
過当競争	82, 177
関係性マーケティング	247
間接流通	21, 35
完全業種店	43

(き)

企業グループ内取引	212
疑似百貨店	123
技術的分業	17
希望小売価格	213
規模の経済	248
QR	29
90年代の流通ビジョン	89, 129
供給連鎖	243
業種別流通政策	237
競争優位性	47, 151, 188

(く)

空間的小市場	37
クローズド MRP	250
グローバル・ネットワーク	154

グローバル化	47	サードパーティー・ロジスティクス	
グローバル購買センター	197		30,256
グローバル小売企業	197	再改正大店法	129
		再販売価格維持契約	219
(け)		再販売購入活動	33
経営の優位性	151	サプライチェーン	149,243
経済のグローバル化	143	サプライチェーン・マネジメント	46,244
経済民主化政策	120	差別的優位性	159
傾斜生産方式	233	差別的リベート	220
		産業構造審議会流通部会	122
(こ)		産業政策	227
交換価値	16	産業用ユーザー	22
公共政策	77,225	参入阻止	216
公共の利益	126	3PL	30,256
公正取引委員会	235		
高度情報化社会	45	**(し)**	
小売二法	124	CIM	255
小売市場	52,177	CRP	250
小売外資参入	188	GMS	67
小売市場の国際化	145	CVS	67
小売企業の国際化プロセス	152	仕入交渉力	46
小売業種	44,59	時間消費型レジャー志向	27
小売業態	44,61	自給自足経済	14
小売業の店舗共同化	87	資源配分の効率化	231
小売構造	56	市場機構の麻痺	236
小売国際化	47,51,144	市場経済	17
小売集積	61	市場支配力	211
小売商業調整特別措置法	85,237	市場スラック	77,209
小売商業店舗共同化事業	86	市場の失敗	228
小売商業連鎖化事業	86	市場の自動調整作用	228
小売商圏	37,52,53	市場の飽和化・成熟化	26,251
小売マーケティング	63	市場問題	254
小売ミックス	59	失業問題	191
高齢化社会	81,93	死に筋商品	45
混合経済体制	228	資本自由化	122
コンビニエンスストア	67	社会環境保全性	233
混流生産	256	社会的価値基準	233
		社会的品揃え物	34
(さ)		社会的弱者	81

社会的分業	17	食糧管理法	81
借地借家法	102	ショッピングセンター	61,102
集中貯蔵の原理	36	ショッピングモール	168
受注生産	248	指令性計画経済	192
趣味・余暇関連商品	27	白色申告制度	81
商業統計表	43,59,77	新規需要	251
消化仕入	173,182	伸縮的生産システム	256
商慣行（商慣習）	148,177	新食糧法	237
商業活動調整協議会（商調協）	121		
商業系列化	22,55	**（す）**	
商業振興政策	236	スーパーセンター	195
商業政策	227	スーパーマーケット	66
商業組織	37	ストアロイヤルティ	182
商業の市場創造効果	34		
商業の社会的機能	40	**（せ）**	
商業の段階分化	40	生協（生活協同組合）	21
商業の分化	38	政策アイデア（政策理念）	230
条件付届出制	124	政策間コンフリクト	235
商的流通	18,208,226	政策主体（アクター）	229
商店街	61,89,132	生産財	42
商店街活性化施策	95	政治問題	229
商店街近代化事業	86	成熟（化）社会	26,93
消費財	42,53	製販統合	46,254
消費者基本法	239	製販同盟	46
消費者行動	26,27	製品のライフサイクル	251
消費者の権利	217	世界貿易機構	133
消費者物価	122	石油危機	126
消費者保護制度	239	セルフサービス・ディスカウント・	
消費者利益	217,232	デパートメントストア	63
消費生活協同組合	21	ゼロ・サム・ゲーム的競争	127
消費のサービス化・外部化	28	専櫃制度	176
商品	13	専門店	65
商品経済	17	専門品	53
商品構成	40	戦略的産業	233
商品購買ネットワーク	197		
情報技術	45,248	**（そ）**	
情報縮約・整理の原理	36	総合商品小売業	168
情報武装型新興小売業	46	総合スーパー	67
商業介在の根拠	35	相対的過剰人口	120

索引　267

（た）

第一次外資参入ブーム	158
第一次百貨店法	119
第一種大規模小売店舗	127
第二種大規模小売店舗	127
大規模小売店舗審議会	131
大規模小売店舗法（大店法）	87,100,,109,123,237
大規模小売店舗立地法（大店立地法）	100,109,132
第三次産業	90
大衆消費社会	188,209
大店法関連法	129
建値制	213
多品種大量生産システム	251
多頻度小口購買	169,210
多頻度小口配送	46,213,256
WHO	133
WWW	29
単品管理	46
単品管理システム	255

（ち）

地域商店街活性化法	94
中小企業基本法	86
中小小売商業振興法	87,108,124,236
中小小売商業政策	87
中小小売商業問題	77
中小商業近代化政策	236
中心市街地活性化協議会	135
中心市街地活性化法	109,132
中心市街地の空洞化	99
注文生産	19
直接流通	21,35

（つ）

| 通信販売 | 24 |

（て）

DS	68
TMO	135
ディーラー・ヘルプス	218
低価格訴求戦略	197
ディスカウントストア	68
テスト・マーケティング	221
テナント制	176
デマンドチェーン	244
電子発注システム	183
伝統的マーケティング	247
店舗密度	44

（と）

投機型マーケティング	252
独占禁止法	120,235
特定商業集積整備法	129
ドラッグストア	69
取引慣行	148,218
取引数削減の原理	35
取引費用節減効果	34
トレードオフ	248

（に）

21世紀に向けた流通ビジョン	89
日米構造問題協議	129,133
日系百貨店	170
ニッチ市場	78,161
日本型混合経済	234
日本型取引関係	211
日本型取引慣行	211,218
日本型流通システム	208
日本式サービス	184
日本標準産業分類	59

（の）

| 能力資源計画 | 250 |

(は)

パートナーシップ	246
バイイング・パワー	46,160,236
ハイパーマーケット	194
売買集中の原理	34
80年代の流通産業ビジョン	88
バッファー在庫	29
バブル経済崩壊	247
販売会社	24
販売時点情報管理	183
販売店援助	218
販売の偶然性	16

(ひ)

PLC	251
PB商品	46
百貨店	65
百貨店審議会	121
百貨店法	107,237
標準化−現地化戦略	152
標準小売価格	219

(ふ)

付加価値通信網	183
不確実性プールの原理	36
物的流通	18,208,226
物流革新	46,256
部分業種店	43
プラザ合意	160
フランチャイジング	157
フランチャイズ・チェーン	57
フランチャイズ契約	68
分業	14
分権型調整システム	131

(へ)

閉鎖的経済	192
変動相場制	161
返品制	221

(ほ)

貿易摩擦	89
訪問販売	24
POS	28,45,183,255
POP	56
ポートフォリオ戦略	159
ホームセンター	68
ボランタリー・チェーン	57,86

(ま)

マーケット・イン志向	246
マーケティング	24,55,123
マーチャンダイジング	181
街づくり会社構想	94
まちづくり	107
まちづくり三法	94,107,132

(み)

見えざる資産	179
見込み生産	248

(む)

無店舗販売	58

(め)

メーカー希望小売価格	219
目玉商品	123
メンバーシップ・ホールセール・クラブ	195

(も)

最寄品	37,53

(や)

屋台	169

(ゆ)

誘導的市場経済	234

輸入品専門売場特例法	129	流通システム化政策	235
		流通振興政策	236
(よ)		流通近代化政策	170
余剰生産物	14	流通政策	225
寄合スーパー	124	流通調整政策	237
寄合百貨店	124	流通問題	229
		量販店	67
(ら)			
ライフスタイル	26	**(れ)**	
		レース的競争	127
(り)			
利益集団	229	**(ろ)**	
リベート	219	ロー・コスト・オペレーション	247
流通革命	77,86,122,209	ロジスティクス	29,196,249
流通寡占化	236	ロスリーダー	123
流通競争政策	235,236	露店商	169,194
流通近代化政策	122		
流通近代化の展望と課題	86,123	**(わ)**	
流通系列化	209,235	ワン・ストップ・ショッピング	
流通システム	207		

著者紹介
岩永 忠康（いわなが ただやす）
　　中村学園大学流通科学部特任教授・博士（商学）
　　佐賀大学名誉教授

（経　　歴）
　　1947 年　長崎県大村市に生まれる。
　　1979 年　福岡大学大学院商学研究科博士課程後期満期退学
　　1986 年　日本経済大学（旧第一経済大学）専任講師，助教授
　　1998 年　佐賀大学経済学部・同大学院研究科教授
　　2007 年　博士（商学）
　　　　　　佐賀大学大学院工学系研究科博士後期課程教授（併任）
　　2011 年　中村学園大学流通科学部特任教授

（主要著書）
単　著
　　『現代マーケティング戦略の基礎理論』ナカニシヤ出版，1995 年。
　　『マーケティング戦略論』五絃舎，2002 年。
　　『現代日本の流通政策』創成社，2004 年，2009 年。
　　『マーケティング戦略論（増補改訂版）』五絃舎，2007 年。

共　著
　　『流通と消費者』（編著）慶応義塾大学出版，2008 年。
　　『流通国際化研究の現段階』（監修）同友館，2009 年。
　　『マーケティングの理論と実践』（編著）五絃舎，2012 年。
　　『現代流通の基礎理論』（監修・編著）五絃舎，2013 年。
　　『現代の流通政策』（編著）五絃舎，2013 年。
　　『地域の再生と流通・まちづくり』（共著）白桃書房，2013 年。
　　『地域活性化への試論―地域ブランドの視点―』（共著）五絃舎，2014 年。
　　『マーケティングの理論と戦略』（編著）五絃舎，2015 年。
　　他多数。

翻　訳
　　『流通システムの日独比較』（共訳）九州大学出版会，1986 年。
　　『ジャパンズマーケット』（共訳）同文舘，1989 年。

現代の商業論　―日本小売商業の理論・問題・国際化―

2014年5月25日　　　第1刷発行
2015年3月25日　　　第2刷発行

著　者：岩永 忠康
発行者：長谷 雅春
発行所：株式会社五絃舎
　　　　〒173-0025　東京都板橋区熊野町46-7-402
　　　　Tel & Fax：03-3957-5587
　　　　e-mail：h2-c-msa@db3.so-net.ne.jp
組　版：Office Five Strings
印　刷：モリモト印刷
ISBN978-4-86434-037-3
Printed In Japan　検印省略　ⓒ　2015